铁臂侠韩其昌

长孙笔下的武林宗师

玉昆子 ◎ 著

华夏出版社
HUAXIA PUBLISHING HOUSE

图书在版编目（CIP）数据

铁臂侠韩其昌：长孙笔下的武林宗师/玉昆子著. —北京：华夏出版社，2013.2

ISBN 978–7–5080–7433–7

Ⅰ.①铁… Ⅱ.①玉… Ⅲ.①韩其昌（1895～1988）–生平事迹 Ⅳ.①K825.47

中国版本图书馆 CIP 数据核字（2013）第 006629 号

铁臂侠韩其昌——长孙笔下的武林宗师

作　　者	玉昆子
策划编辑	陈小兰
责任编辑	罗　云

出版发行	华夏出版社
经　　销	新华书店
印　　刷	北京汇林印务有限公司
装　　订	北京汇林印务有限公司
版　　次	2013 年 2 月北京第 1 版　2013 年 4 月北京第 1 次印刷
开　　本	720×1030　1/16 开
印　　张	20.25
字　　数	319 千字
插　　页	1
定　　价	39.80 元

华夏出版社　地址：北京市东直门外香河园北里 4 号　邮编：100028
网址：www.hxph.com.cn　　电话：(010) 64663331（转）

若发现本版图书有印装质量问题，请与我社营销中心联系调换。

韓氏諱其昌公畫像

《满江红·忆祖父》

年少英豪,痴拳艺,名师门下。
戳脚始,再承形意,百家兼纳。
深县搏猱多问鼎,沪杭竞擂寻争霸。
肝胆怀,称铁臂沱南,传佳话。
京城吒,云高义,国术社,情无价。
助清贫寒士,万难不怕。
面命耳提言艺理,苦心孤诣催白发。
愿平生,唯遍地梅园,同桩踏。

辛卯年初春,玉昆子写于京师

目　录

序　1

前言　1

第 1 章　广生堂掌柜　1

第 2 章　关帝庙闹鬼　12

第 3 章　慈父童心　19

第 4 章　梅花拳和义和拳　27

第 5 章　瞒父学武　36

第 6 章　寻访名师　44

第 7 章　父子情深　53

第 8 章　初识形意拳　58

第 9 章　铁臂沱南侠　66

第 10 章　初识梅花桩　71

第 11 章　喜结连理　77

第 12 章　入师梅花门　84

第 13 章　天津识豪杰　93

第 14 章　从　军　107

第 15 章　闯关东　121

第 16 章　杭州擂台赛　141

第 17 章　上海擂台赛　163

第 18 章　武林中人　177

第 19 章　农家小院　188

第 20 章　健族国术社成立　192

第 21 章　国术社里的共产党　201

第 22 章　大刀队　207

第 23 章　国术社里的特殊徒弟　214

第 24 章　爱好国术的隐居者　224

第 25 章　动荡的北平　231

第 26 章　献艺新中国　234

第 27 章　燕北翁　243

第 28 章　永别凤儿　250

第 29 章　言传身教　255

第 30 章　文化大革命　260

第 31 章　祖孙情　266

第 32 章　乡土亲情　284

第 33 章　梅花桩研究会　290

第 34 章　难别人世间　301

第 35 章　魂归故里　308

序

  数年前，即闻玉昆子道长拟为其祖父韩其昌老前辈作传。此间多次晤面及探访，每问及此事，均答正在撰写中。上月，玉昆子道长忽邀我一叙，并将即付梓之稿赐阅，我有幸先读此书，快慰之甚。

  玉昆子道长书中所叙，均系真人实事，所涉历史事件及人物，也经多方查证。为此，玉昆子道长曾无数次奔波于图书馆、档案馆及当事人之间，查阅资料，寻访故人，其艰难和辛勤可想而知。

  纵览全书，系围绕一个"情"字展开。书中所叙的夫妻情、祖孙情、父子情、乡土情、师徒情、朋友情，真挚淳朴，深沉强烈，感人至深，催人泪下。在玉昆子道长的笔下，一代武林宗师的英风豪气、侠骨柔情跃然纸上，呼之欲出，令人仰慕钦佩，肃然起敬。书中字里行间洋溢着玉昆子道长对祖父的崇敬和怀念，也展现了韩其昌老前辈对武术的执著和对徒辈的教诲。这些教诲，不仅具有丰富的思想和深刻的哲理，而且在武术技击理论上也有独到见解，至今读来，仍发人深省，耐人寻味。玉昆子道长的文情并茂之笔，堪称是纪实体人物传记的一部不可多得的佳作，读之令人掩卷深思，获益匪浅。

  我与玉昆子道长系多年挚友。此书成书之际，玉昆子嘱我作序，我固辞不获，故忝引数言，与读者共勉。

乐得居士
2012 年 5 月 5 日

前　言

　　梅花俏美却不与众花争艳，因她有修养，不露其声色。梅花凌霜傲雪，清雅俊逸，一旦盛开即芳香四溢、沁人心脾。这是她坚韧不拔的毅力体现。

　　韩其昌是我的祖父，您一生练武不辍，且孜孜不倦地教诲弟子，为中华武术的弘扬和传播做出了杰出的贡献。您不仅武艺超群，而且品德高尚。您悲天悯人的情怀和乐善好施、轻财重义的风骨，具备梅花的美德与修养，堪称一代宗师，为人推崇。有诗曰"飒飒西风满院裁，蕊寒香冷梅花开"，亦如我祖父的人生起落与辉煌。

　　祖父出生在河北深州，家境殷实，幼时追随武术名家习武不辍，青年时入曹锟军中任武术教官，曾打过擂台，闯过关东。您一生亲历辛亥革命、军阀混战、九·一八事变，至 1949 年新中国成立。正是这样的社会大背景，才成就了我爷爷。作为您的长孙，我从出生就在您身边生活，数着您额上像小溪一样的皱纹，蹭您扎扎的胡须，喜欢您那粗糙如松树般的大手牵着我的小手，走在街头听您讲那一个个鲜活的故事，疏影横斜，暗香浮动。在爷爷的武术教导中，耳濡目染与当初的踌躇满志让我受益匪浅。

　　我是在祖父的教诲中成长并步入武林的。您老人家常讲："练武要先练心性，其次才是练身体。若只讲打杀，仅是一介武夫而已。"所以我认为，我们练武要遵循您老人家的教诲，并要注重培养良好的武术风范，摒弃门户之见，其实天下武术乃一家。

　　我认为，祖先留给我们的武术，不仅仅是自卫防身之术和强身健体之法，更重要的是能否"武"、"道"相结合，用武学来磨炼自己的意志，用道学来做我们的指路灯。我们只有懂得此理，才能使精神得以升华，身体得

以康健。

　　我希望此书能使读者领悟到武林前辈的练武目的和他们为人处世的风范。前辈们修炼的是精神，磨炼的是意志，崇尚的是为国争光的荣耀，展现的是视金钱如粪土的豪情壮志。他们所尊崇的"大人者与天地合其德，与日月合其明，与四时合其序，与鬼神合其凶，先天而天弗违，后天而奉天时"的哲理，确为现代练武之人要谨记和躬行的不二法门。

　　我作此书之念已久，启笔于数年前。每于法事之余，即伏案笔耕。握笔凝思之际，祖父的言语举止、音容笑貌如在昨天，如在眼前！令我思绪如潮，念切时竟泪眼模糊，难于自抑。此书历经几年，数易其稿，是我心血和思念的结晶，现终能付梓，以飨读者，我以此为幸，并热望读者批评赐教。又逢今年是我祖父仙逝 25 周年的祭年，我可以此书告慰您老人家了！

玉昆子妄作于京师

第1章 广生堂掌柜

清朝，光绪二十一年（公元 1895 年）。

中原的古城深州县城。

>　　乾为金到占大有
>
>　　昌乃业庄集同人

这副雕刻在木质对开门上的对联，见证着这家药铺的沧桑变迁。

对开的大门是漆红色的，门额上面悬挂着由两代帝师翁同龢题写的"广生堂"匾额，字迹苍劲、挥洒，赫然入目。

东街是深州最繁华的地带，街道的两边是一家挨着一家的店铺，有干果铺、山货铺、绸缎庄、果品店，还有饭庄、钱庄、烧饼铺，都高高地悬挂着招牌。县城里所有的店家和商号几乎都集中到了这条街上。

广生堂的掌柜叫韩峰三，他身材魁梧，气度从容；虽然三十岁不到，却精通医术，还懂得西洋钟表、西洋照相和绘画。他承袭祖上的产业，与人合伙经营着这家药铺，也是这家药铺的坐堂先生。来药铺找他看病的人，也都是慕名而来的。

中秋节过去才五六天，就到寒露节气了。随着天气的逐渐变凉，来广生堂求医问药的人也开始多起来了。

韩峰三端坐在店堂的太师椅上，正在给一个老者诊脉。他双目微闭，右手四指轻搭在病人的腕部,沉默良久,似乎要从脉络里读出更多的信息。当他把手从病人腕部拿开时,眼睛立刻显出了聪慧的光芒,他对老者说:"从脉象上看,您只是有点脾胃不和,没有什么大病。现在天气开始凉了,身体有点内热,不要紧的,吃两服药调理调理就能缓解。在吃的方面要多加注意,少喝酒,少食辛辣食物,将养一阵子,自然会好起来的。"韩峰三一边说着,一边拿起砚台上的毛笔,开出了药方。

"好好!谢谢先生!"老者接过药方,起身走到店堂中部的柜台前,把药方交给了伙计,付了银两,等着伙计抓药。

韩峰三看着老者,端起桌上的茶杯。刚饮下一口茶,就见一个中年男子急匆匆地走进店里来,怀里还抱着一个五六岁的孩子。男子满头是汗,眉宇间的忧虑更是沉重,气喘吁吁地把孩子放在椅子上扶着,便急急地说道:"韩先生,快看看这孩子吧!"

椅子上斜靠着的是个男孩,已经昏迷了,男子的手抓着男孩的肩,才勉强让孩子保持在椅子上的姿势。

"是程升啊!怎么回事?别着急,慢慢说。"韩峰三认识这男子。

"韩先生,这孩子昨天晚上就说头疼,身上难受,还痒。晚上没吃饭,我也没当回事,就让他睡了,可今天一早就这样了,现在连话都不会说了。"程升还是用急促的语调说着。

韩峰三靠近孩子,摸了摸孩子的额头,立刻感觉到了滚烫。他双手掰开孩子的嘴,轻轻转动孩子的脖颈,当光线直射到孩子嘴里的时候,他看到了孩子像杨梅一样的舌头。解开孩子的衣裤,孩子浑身都布满了红色的皮疹。

"这是烂喉痧啊!怎么现在才来?"韩峰三低声问道。

"我本来想着,小孩有个头疼脑热的是常事,挺一宿也就过去了。没想到成了这样。再说……"程升低着头,声音也弱多了。

"赶快抓药,回去赶快煎了吃了。"韩峰三一边拿起砚上的笔急速地写着,一边说,"再晚来一天,恐怕就得出人命了!"韩峰三说完,很快就把药方递给了程升。

程升接过药方,并没有走向柜台,而是站在原地迟疑了一下,才吞吞吐吐地说:"韩先生……我……没有钱啊……昨天没来,也是花不起钱啊……您看这……"

"别说钱了，怎么也得先治病啊！"韩峰三边说着，边走到药柜前，依药方抓好了药，递给了程升。

"那可真是太谢谢您了！"程升连忙躬身接过药袋道谢。

"记住，药得分两次煎。两次的药汤混一块儿喝。孩子要是还迷糊，就灌下去。用剩下的药渣子熬成水，给孩子洗身上。"

"好，好。您真是大好人呐！"

"别说这些了，快回去熬药吧。"韩峰三又看了一眼孩子。

程升又向韩峰三鞠了一躬，抱着孩子走了。

"韩老板！扶危济贫，功德无量啊！"县衙门的主簿林聪一直在店堂里，看着刚才的一切，边说边走了过来。

"林先生，让您久等了，快请坐！"

"不用客气了，我今天不是来看病抓药的，是特意来请您的，您可一定要赏光啊！"

"您这才是客气呢！有什么吩咐，您尽管说！"韩峰三和林聪面对面地坐下了。

"今天晚上，我请您吃饭，您可一定要赏光啊！"

"这么客气呀，林先生，您是有什么喜事大宴宾客，还是单请我一个人啊？是不是升官了啊？"

"升什么官！我是单请您一个人，我还有事求您呢！"

"那好，我一定去，咱俩好长时间没在一起喝点儿了。"

"说定了，一定去啊！那我就告辞了，晚上咱们会宾楼见啊！"林聪拱手道别，转身离去了。

"慢走，林先生！"韩峰三也拱手相送。

红日西沉的时候，深州县城的各条街道就开始平静下来了，店铺都挂起了灯笼招牌，可街上的人却少多了。一轮下弦月，缓缓地爬上了树梢，秋风瑟瑟，似乎是在回忆着月满时的清辉。

会宾楼是这个县城里最有名的饭庄了，每到晚上，都是灯火通明，宾客满座。韩峰三刚走到会宾楼的门口，店里的伙计就赶忙迎了上来："韩老板，您来了，请上楼吧。林先生在楼上等您呢！"边说边将韩峰三引到了二层楼上的一个雅间里。林聪看到韩峰三进来，起身拱手，彼此寒暄了一番，就相对坐下了。

店里的伙计在门外低声问道："林先生，现在就上菜吧？"

"好，两个荤的，两个素的，再拿一壶酒来，先上凉菜，热菜过会儿再上。"林聪吩咐着伙计。

伙计摆上了酒菜。林聪斟满一杯酒递给了韩峰三，自己也斟满了一杯。

"韩先生，我得先敬您一杯！今天在您的店里我都看见了，您给那孩子看病抓药，分文不取，真是义举呀！早就听说您是个大善人，今天我是眼见为实啊！佩服！佩服！来吧，干一杯！我先干为敬！"林聪端起酒杯，先干了一杯。

"林先生，您过奖了，我是开药铺的，总不能看着病人没钱买药等死啊！那我良心上也过不去呀！这事要是换了您，您也不会看着不管啊！"韩峰三也饮了一口酒。

"不管怎么说，您可是积了大德啊！"林聪说道。

"哪里哪里！"

"来，再干一杯！这酒不错啊！"林聪又干了一杯。

"韩先生，我得求您帮个忙。"林聪从怀里掏出一块表，递给了韩峰三。

"您看这块表，还能修好不？前天就掉地下摔了一回，我晃悠晃悠，它又走了。昨天早上，我刚起来，又把它给掉地下了，这回是怎么晃也不走了，您给看看，还能修吗？"

韩峰三接过表，先看了看表盘，又翻过来看了看后盖。这是一块英国产的怀表，从精致的做工就看得出，它价值不菲。

"恐怕是摆尖摔折了。现在我也打不开，看不见里边。等我回去找工具打开看看。要真是摆尖摔折了，咱们这里没有这种表的零件，也修不好啊！"韩峰三手里还在翻看着那块英国怀表。

"我知道您是个大能人，要不我怎么找您呢！看病是您的祖传，修表、画画、照相，没有您不会的，您说什么也得想办法把这块表修好，花多少钱都没关系，您知道，这表可有来历呢！"

第1章　广生堂掌柜

"哦？"韩峰三放下手里的怀表，等着林聪往下说。

"林先生，菜上齐了。"伙计端上了几盘热菜，摆好了。

"来来来，先喝酒，一边喝一边聊！"林聪又举起了酒杯，韩峰三也举起了杯，两人对饮了一杯，吃了几口菜，林聪又开口说道："这表是我的一个学生送我的，我带在身边好多年了，是我的心爱之物，现在这个学生已经不在了，我得留个纪念啊！"

"您的学生？您还做过教书先生啊？"

"是啊！我是福建人，老家在福州，我祖上也都是书香门第。同治八年的时候，我在沈大人沈葆桢开办的福州船政学堂当教书先生，那都是二十多年前的事咯。"

"福州船政学堂？就是那个水师头领上学的学堂？"

"正是。"

"那您是怎么到深州来做官了啊？"

"说来话长。光绪五年，知州郑大人来深州上任，我是跟着他一起来的。郑大人也是福州人，和我父亲关系很好，他来深州上任之前对我说，当教书先生挣的钱太少了，不如随他来吃碗官饭，日后也有个升迁的机会。那时我还年轻，就跟着他来了。他来深州两年就调到山西去了，把我留在了深州。说实话，我是个文人，看不惯官场上那一套，也就没想着要升迁，就这么混了十多年，还是个主簿九品小官，惭愧呀！"林聪又举起了酒杯。

"九品小官，我也只是混口饭吃，倒落得个悠闲自在！您看朝廷那些大官们，现在可是不自在啊！"林聪饮着。

"是啊，听说咱们和日本人打仗，打败了？"韩峰三也举起了酒杯。

"打败了还不说，还得给人家赔钱割地，台湾和辽东都得给日本人了，另外还得赔人家两万万两银子！"

"赔人家这么多钱？日本人上咱们这儿来打仗，咱们死了那么多人，还得给他们赔钱？真是不讲理呀！"韩峰三不解。

"这打仗，哪儿有理可讲啊！谁的兵强，谁就能打胜仗，胜了就有理，败了就赔钱，这古往今来，不都是这样？谁让咱们打败了呢！"

"那咱们就不能把兵也练好了，也打他们？"韩峰三放下筷子，等着林聪继续说。

"话是这么说，朝廷里的大官们，也有这么想的啊。当年李中堂和张大人，花大价钱从德国和英国买军舰、建水师，也是想着能有快船强兵，不受外国人欺负。船买回来之后，一切都照英国人的规矩练兵，还有洋人当顾问，连枪炮都从洋人那边买，就这么花钱、这么练兵，不还是打败了啊！"林聪吃了几口菜，继续说，"这仗从去年秋天开始打，打了半年多，到今年春天，李中堂去日本，跟人家签了叫什么马关条约，咱们算是打败了。前些年，咱们败给了英国、法国，现在又败给了日本，总是打败仗啊。"

"咱们买的船不都是洋人造的最好的船吗？"

"船是不错啊！一流的军舰，咱的兵也都不怕死啊！可就是打不过人家啊！"林聪有些感慨地继续说着，"您知道，去年秋天，八月十五刚过两三天，咱们就和日本人在海上打了一仗。"

"这我听说过，咱们那回吃了亏，让日本人给打沉了五条船，有一个船的管带，叫什么来着？我没记住，他也跳海淹死了，朝廷给他家里发了好多的银子，还给他修了墓呢！"

"他叫邓世昌，是我的学生，这怀表就是他送给我的。"

"邓世昌是您的学生？"

"是啊！同治十年的时候，我还是船政学堂的教书先生，我教的课是公文写作凡例。邓世昌毕业以后，就一直在船上做官。光绪十年，他听说我在深州，还托人给我带过信，那个时候，他就已经是船上的管带了。光绪十四年，他去英国接船，就是这回让日本人打沉的那条船，叫致远号。他回到天津以后，就专门到深州来看我，给我带来了这块表，这些年我就一直带着这块表。"

"邓世昌死的时候，才四十五岁，英雄啊！听说船沉了之后，他落水了，水兵给他扔救生圈，他就是不接，他平常船上养着的一条狗，名叫太阳，也游过来叼他胳膊要救他，可他却把狗头一下子按进了水里，和狗一起沉下去了。他是抱着必死的心去打仗的啊！"

"真是英雄啊！林先生，为了您那争气的学生，咱们干一杯！"

"干！干！"林聪有些微醉了。

"可是林先生，咱们到底哪点不如日本人呢？"

第1章 广生堂掌柜

"哪点不如日本人？是朝廷不如日本人！去年秋天打的那场仗，咱们是吃了亏，可没伤着元气啊，水师还有几十条船呢！可是朝廷却让那些船停在威海卫的港里，不许出海！你想，那么好的船，得在海里才能施展开呀！停在威海卫的港里，不就像浅水里的鱼一样，游不动啊！结果，日本人派船把威海卫的出海口给封住了，这下可好了，想出都出不去了！今年春节的时候，正是威海卫打得最紧的时候！日本人在荣城登陆了，断了威海卫的后路，占了炮台。水师在威海卫的那些船，有让日本人打沉的，有自己凿沉的，剩下的也都交给日本人当赔偿了！说起这些来真是丢脸啊！再说人家日本人，从小就尚武，咱们中国人从小学儒学，人家尚武讲究拼杀，咱学儒学就知道忍让，这能干得过人家吗？来，喝酒喝酒！"林聪显得有些激动。

"那……林先生，咱还有什么别的办法吗？"

"有什么办法？仗打败了之后一个月吧，广东来北京赶考的一帮举人，叫梁启超，还有康有为，一共几十个人，给皇上上书，说是要献治国良策，我看也不见得有什么用！"

"照您这么说，这大清是要……"

"这叫天命难违啊！您懂得医术，医谚说，治得了病，治不了命，这命，不就是天命吗？我听老一辈的人说，道光二十年，因为烧鸦片的事，英国的兵舰打过来了，英国兵舰开炮打沉了朝廷的军舰，在岸上看热闹的中国老百姓还拍手称快！英国兵上岸之后，老百姓还主动把吃的和水卖给英国兵。英国军官对此百思不解，便问中国的翻译，翻译答曰，'国不知有民，民焉知有国乎？'民心既丧，这国还能有多少日子啊！"

"天命？"韩峰三怔住了，很快地，他也低声说："真是天命啊！"

"韩先生，咱们接着喝酒！刚才的那些话，都是咱俩的酒后狂言，都已经随风飘走了，可不能让人听见啊！"

"对，对，酒后狂言！可狂言也有道理呀！"

"韩先生，我只求您，无论如何也得把我那表给修好了，让我每天看着它就能想起我那争气的学生来，那我就天天都请您喝酒！"

"您放心，我一定尽力，好等着您请我喝酒啊！"

"哈哈哈！来！干！都干了！"两人将壶中的酒一饮而尽。

第二天上午，天气明朗，光线很好。韩峰三恭敬地拿着怀表，来到了广生堂二楼上的工作室。这个屋子有一个很大的南窗，是为了让屋子里有更充足的光线，以便看清楚钟表里面精细的零件。韩峰三摆弄钟表的时候，还要戴上寸镜。寸镜就是戴在一只眼睛前面的、直径有一寸大小的放大镜。工作室里还有各式各样的修表工具：螺丝刀、镊子、小锤子、锉刀。

韩峰三把林聪要修的那块怀表放到了桌子上。他用一种带有特殊卡具的扳手旋开了表的后盖，戴上寸镜，坐在窗前的桌子边，仔细地查看怀表的内部。他左手拿着怀表，右手拿着镊子，用镊子尖轻轻地拨动着表里的发条、游丝。当镊子尖触到摆轮的时候，他感觉到了摆轮的异常晃动。

韩峰三把表平放在桌面上，取出螺丝刀，拧下了摆轮夹板上的螺丝，将摆轮拆卸下来。仔细观看，摆轮的轴在靠近和夹板接触的端部已经断开了，这是表在受到摔打时最容易损坏的部件，断掉的一端是像绣花针尖般细小的摆尖。

韩峰三找出他原来存着的一些钟表零件，还有一些残破的钟表，希望能找到一个合适的摆轮换上。但找来找去，却没有合适的，他知道，像这样的怀表，要想找到一个相同的零件，是不可能的。

看来，唯一的办法就是把这断成两截的摆轮轴用焊锡对接上。轴的对接可是修理钟表的绝技，对焊接的技术要求极高。对接以后，如果长度过长，摆轮就不能装回到夹板里面了；如果长度过短，摆轮会产生晃动，影响走时的精度。对接上的两截还必须保证在同一条直线上，才能使轴心不发生变化，摆轮的转动才能平稳。焊接的动作要特别快，既要保证焊牢，又要避免零件因为过热而产生变形。

韩峰三从桌子的抽屉里拿出一把极小的烙铁。这烙铁是用一根比针稍粗的铜丝制成的，铜丝的一端锉成了扁平的尖状，作为烙铁头，并向下弯。铜丝的另一端套上了木头手柄。小烙铁配有专用的加热炉子，炉子比酒壶大些，炉膛里只能容纳一小块煤。用炉子的时候，要从别的燃烧着的炉子里夹出一块烧红的煤放到小炉膛里。炉台上有专门放置烙铁的架子，烙铁放在架子上，烙铁头不会直接接触到烧红的煤块，这样烙铁头就不至于过热，也不会沾上煤灰。

在烧烙铁之前，韩峰三先在一块木头的中间挖了一个洞，按照摆轮的大小，让摆轮刚好固定在了洞里，并使要焊的轴端露出来。他用镊子夹住轴端，将断口处锉去了一些,并涂上了一点松香,这是为焊接的接口留出的长度余量。这一切都做完了之后,韩峰三才向小炉膛里加了一块烧红的煤,架好烙铁,并把折断了的摆尖放到了摆轮的附近。

烙铁已经烧热了,韩峰三右手拿起烙铁,把烙铁头在厚布上蹭了几下,就将烙铁头沾上了松香,看到烙铁刚刚冒出白烟时,就把烙铁头移向焊锡。很快地,烙铁头的表面就沾上了一层光亮的、融化了的焊锡。

韩峰三左手用镊子夹住要焊上的摆尖,戴上寸镜,屏住呼吸,在烙铁头向轴端移动的同时,摆尖也同时移向轴端。当摆尖和轴端重合的一刻,让烙铁头紧贴轴端,随着一小股白烟的升起,烙铁头上的焊锡已经流入了轴端和摆尖的缝隙。他右手移开烙铁,左手仍然用镊子夹住摆尖,直到焊锡凝固了,才松开。

韩峰三长舒了一口气,把摆轮从木头洞里拿出来,反复转动摆轮,看着没有抖动,才用锉刀锉去接口的锡渣,把摆轮装回怀表里,拧紧夹板的螺丝,稍转动发条的手柄,摆轮就开始回来转动起来。

韩峰三又屏住呼吸,仔细地听着摆轮转动时发出的声音,听到摆轮的声音轻快、均匀,才满意地放下了怀表。"走几天吧,走得准就给他送去,这回他该高兴了!"韩峰三自言自语地说着,拧上了怀表的后盖。

立冬那天,修好的怀表已经在韩峰三的桌上准确地走时好几天了,他一早就把表送给了林聪。林聪千恩万谢,还要请韩峰三喝酒,韩峰三只得说改天再叙,便辞别了林聪,向药铺的方向返回。

广生堂是个二层的砖楼,一层是药铺,二层是韩峰三的两间工作室。一间用来修理钟表,另一间用来绘画。韩峰三是个极其聪明又极好学的人,年少时就学会了绘画,擅长画人物,能给人画像,还会泥塑,附近十里八乡的神像都是他塑的。

韩峰三的药铺并不能赚很多钱,因为来看病的人多是穷人,韩峰三给他们看病抓药是收不回本钱的。为了弥补药铺的亏空,韩峰三想到了做画像的生意。他把二层一间比较大的屋子布置成了画室,专门用来给人画像。为了让客人能长时间地保持一种固定的姿势,他还特意让木匠做了一把高靠背的椅子,自己则站在画案前面绘画。这样画像的生意持续了几年。

前年，韩峰三去了趟北京，看到北京城里有的画楼里新添了一种叫做照相的生意，很是感兴趣。那个照相的地方叫影楼，不用人在纸上或布上画像了，而是用黑布蒙着的叫照相机的机器，对着要照相的人照一会儿，就将人的模样留在纸上了。照相的时候，照相的人先在照相机前面摆好姿势，等到照相师傅把照相机调整好，照相师傅"啪"的一声拍响惊堂木，这时照相的人就不能动了，听着照相师傅从一数到二十，这像就算照完了，过几天就能拿到相片了。

照相比绘画要快得多，而且还逼真。韩峰三被这个神奇的手艺吸引住了。他回到家里凑足了钱，专门到北京的洋货行里买了一架德国造的照相机，还将洋货行的照相师傅也请到了家。在师傅的指导下，他在画室的屋顶镶上了几块玻璃，以使照相的时候能有充足的光线。玻璃的下面是一个活动的白布蓬。太阳光很强时，就支起白布蓬，使太阳光透过白布变得弱些；太阳光较弱时，就把白布蓬去掉，以适合照相对光线的需要。如果是阴天，太阳光线不足的时候，就不能照相了，只有等到天气晴朗的时候才能照。

在洋货行师傅的指导下，韩峰三很快就学会了照相技术，还有显影药水的配制方法以及修版技术。通过修版，他能把由于光线原因造成的缺陷加以弥补，甚至有些人面部的生理缺陷，也能用修版的方法加以修改，使人的相片更加完美。就这样，画室改成了影楼，广生堂的生意也就更好了。

这些天，韩峰三在药铺里的时间不是很多，他总是惦记着即将临盆的妻子韩刘氏。

韩刘氏是深州大凌霄村人氏，嫁到韩家已经有两年了。韩峰三在县城的药铺里整日忙碌，家里全靠韩刘氏照料。韩刘氏很勤快，在家照顾韩峰三的双亲，缝衣做饭、下地干活样样都行，夫妻俩十分恩爱。

韩其昌母亲韩刘氏。

中午，韩峰三在街上买了些猪头肉和烧鸡，匆匆地回到了家，他要为妻子做顿午饭。饭还没有做好，乡绅杨俊生就匆匆地敲开了门说："韩先生，关帝庙闹鬼了，您塑的神像都打坏了，您快去看看吧。"

"嗯？"韩峰三目光一转，看着杨俊生。

第 2 章 关帝庙闹鬼

杨俊生还没坐下，便急急地说道："韩先生，是这么回事，前天村东头的那个赵家死了个姑娘。不知道是得了什么病死的，昨天晚上，棺材停在关帝庙里，今天早上她家人要抬棺材出殡。到庙里一看，那棺材盖打开了，庙里的关帝神像胳膊也折了，可把他们家人给吓坏了，都说是那个死了的姑娘变成了鬼，从棺材里跑出来了，还和神仙打起来了，把神仙的胳膊都给打折了。"

"有这样的事？"韩峰三也愣住了，直皱眉头。

"是真的，姑娘的家人赶快把那个姑娘下葬了，还生怕得罪了神仙，又是烧香又是磕头赔罪。"杨俊生不禁打了一个寒战，接着说，"这不是忙了一上午，刚忙完就过来找您了。这神像当时是您塑的，现在胳膊折了，要修也还得请您修呀，咱们先去看看该怎么修吧。"

"走吧。"韩峰三也顾不上吃饭了，放下了碗筷，和韩刘氏交代了几句就匆匆随杨俊生向关帝庙走去。

关帝庙里聚集着很多人，众人听说闹鬼的事都来看热闹。大殿外席棚里的棺材早就搬走了，供桌上依然摆着供品和香炉。关公神像持刀的那条胳膊在肩处齐根折断了，整条手臂掉落在地上，铁质的大刀却不知去向。

"您看，这鬼多厉害，连关公的胳膊都给打折了，这可不是一般的鬼呀。"杨俊生指着神像的断臂正色说。

第 2 章 关帝庙闹鬼

韩峰三绕着神像走了两圈,将信将疑地看着神像和断臂,俯首沉思起来。闹鬼的事,韩峰三从小就听大人们说过,可是鬼和神仙打起来,还能把神仙的胳膊打断,他可从来没听说过,可见这鬼来头不小,恐怕是千年大煞现世。

殿堂里,人们也都三三两两地议论着:"把关公胳膊打折了,要是得罪了神灵,这方圆多少里的人可都吃罪不起呀。"

"史大哥,来看看呀。"一直在殿堂里转悠着的韩峰三看到了东小营村的史连生,就和他打招呼。

"是啊,不是听说闹鬼了嘛,还把神仙都给打了,可是神仙的法力要比鬼大多了,怎么能让鬼打了?我觉得这事有点不对劲。"史连生答道。史连生身材威猛,衣衫考究,剑眉星目,练武出身,和韩峰三早就相识,岁数也相仿。

"韩先生,您看看该怎么修呀。"杨俊生问道。

"修?恐怕今天不行,要等几天了。"史连生插话说道。

"怎么?"

"今天早上,我们那个村又死了一个老头,晚上也得把棺材停在这里呀,要修怎么也要过了这两天再说吧。"史连生说。

"是啊,要等人家出了殡再说。"韩峰三说。

"我看这鬼闹的有点怪,如果真是有鬼,那鬼的法力怎么也不如神仙啊,怎么会把神仙给打了呢。"史连生说。

"我也觉得怪,那关公的大刀哪儿去了,让鬼拿走了?鬼要关公的刀做什么?"韩峰三说。

"我看这闹鬼的事,八成是有人在作怪。"史连生横目道。

杨俊生听到他们的话也说道:"这个庙里姓刘的老道早上就走了,他跟我说,昨天夜里他听到殿堂里有动静就出来看,他亲眼看见了那个鬼在殿堂里到处蹦跶,那鬼好像也看见了他,就伸手要抓他,吓得他赶快跑回了屋里再也没敢出来。今天早上他就走了,说什么也不在这个庙里住了。"

"这鬼到底是从外面来的,还是从棺材里跑出来的,现在还不好说,依我看,咱们今天就在庙里守上一夜,看看到底是不是真有鬼。"史连生精神一振,整了整衣衫说。

"在这里等鬼?"杨俊生瞪大了眼睛说。

"是啊，这一夜要是没有动静，那鬼就是那姑娘变的，已经埋到坟里了。要是还有动静，那就是外面来的，咱们就想办法抓住它。"

"你能抓鬼？"杨俊生又惊讶又奇怪。

"我是练武之人，身上有正阳之气，能驱邪避鬼，晚上咱们一块来。"史连生说。

"这我可不敢。"杨俊生害怕地说。

"兄弟你放心，有我呢，今天晚上咱们说什么也要看个究竟，韩老弟，你也一块来。"史连生说。

"行，就依你。"韩峰三也下决心地说。

晚上，史连生先找杨俊生，又找到韩峰三，三人一起进了关帝庙。殿堂里空无一人，殿外的席棚里又多了一具棺材，那是下午送来的。棺材前面的供案上摆着长明灯和供品。

三人在大殿里转了一圈，没有看到什么异样。史连生说："咱把庙的大门先关上，咱们几个就躲在神像的后面，盯着那具棺材，看看这鬼是从棺材里出来还是从门外进来。"

"好，听你的。鬼要是真来了，你可别不管我们呐。"杨俊生的声音中略带颤抖。

杨俊生和韩峰三把庙的大门关上了，三人躲到了神像背后，神像的断臂正好留出了躲藏的空间。

初冬的夜已经有些凉了，阵阵寒风吹过，关帝庙内外一片宁静。三人在神像的须弥座后静静地蹲着，瞪大了眼睛，盯着殿堂门外的棺材。神像下面的供案遮住了视线，他们只能看到棺材的尾部。快到后半夜的时候，突然起了一阵大风，吹开了关帝庙的大门，供案上的长明灯也随之熄灭，殿堂内外顿时黑了下来。

杨俊生打了一个寒战，颤抖地说："刮妖风了，鬼就要来了。"

"别出声，看着。"史连生说。韩峰三不由得也有些害怕，但他看到史连生在旁边，心里也就踏实了些。

殿堂里没有了灯，一片黑暗。微弱的月光散满了殿堂的门口，显得更加阴

第 2 章　关帝庙闹鬼

森和恐怖。风吹动落叶在地上发出的瑟瑟声都听得清清楚楚。

三人都紧盯着棺材。突然，棺材开始发出声音了，先是"咣当"一响，紧接着又是"刷刷"的声音。

韩峰三能听出来，这是棺材的盖子先打开，然后向一边滑动的声音。他用手拍了拍史连生的肩膀，史连生也在向棺材那边看。供桌挡住了视线，只看到了棺材的盖子缓慢地滑动。紧接着，"窸窸窣窣"的声音开始响了起来。

史连生几次想要站起来冲过去，韩峰三都把他的肩膀按住了。韩峰山心想，不用着急，看看这鬼到底要做什么。杨俊生早已吓得魂不附体，连看都不敢看，干脆倚靠着神像的断臂，坐在了地上。

猛然间，棺材里的声音停止了，一个黑影从棺材边径直向神像走过来。这黑影走起路来极轻，没有任何声音，而且走得很快，越走越近，一直来到了韩峰三他们藏身的地方，就站在他们面前，然后开始把手伸向神像的断臂。

史连生突然跳起身子，一招鹞子入林，猛扑向黑影。只听"咕咚"一声，黑影被扑出好远，重重地摔倒在地上。

史连生身形虽高大，身法却是轻巧灵活无比。史连生猛扑过去，身子不知怎么一闪，生生地骑在黑影身上，将黑影按在地上，动弹不得。

史连生大声喊道："赶快点灯，我抓着鬼了。"韩峰三赶忙跑到了供桌前，用火石点着了油灯，三步并成两步来到史连生跟前。灯光下，史连生"刷"地一下揭开了黑衣人的面具。只见这是一个三四十岁的男人，身穿着破旧的黑衣裤，脸早就吓成了土色。

杨俊生也跑了过来，冲着黑衣人咤道："你到底是人还是鬼？"

"我是人，我不是鬼呀。"黑衣人哀号着。

"那你这大半夜的跑到庙里装鬼来干什么？"

"我是想……想从棺材里拿点东西。"

"那怎么又到神像这儿来。"

"棺材里没什么值钱的东西，我听说这神像里都藏着宝贝，放在什么地方不一定，我就想来掏掏，看看有没有。"

"这么说昨天夜里你也来过了？"韩峰三问道。

"来过，昨天在棺材里没有找到值钱的东西，我就把关帝像的胳膊弄折了。本想掏掏有没有宝贝，但断口太高我够不到里面，手又伸不进去。今天早上，我本来想走了，走到村北面又听见了哭声，我知道又有人死了，心想这回死的人可能有钱，就没走。刚才在棺材里又没找到值钱的东西，我就还想在神像里找宝贝。"

"那关公的刀呢？"史连生问。

"我藏在庙外的庄稼地里了。"

"好啊你，装神弄鬼，偷盗钱财，还敢触犯神灵，你这是伤天害理呀。看我不打死你！"史连生从地上拎起了黑衣人，举拳就要打。

"别，别，好汉饶命呀！我也是没办法呀，我家里穷，上有老，下有小，实在是因为没有饭吃，才干这缺德的事。我刚才还以为是关老爷要杀我，吓得我快要死了，大侠悲天悯人，您就高抬贵手，饶了我吧，我再也不敢了。"黑衣人跪在地上不断地磕头。

在他们打斗的同时，杨俊生喊来了附近的村民帮忙。

"有认识他的吗？"史连生问众人。

"这不是王老三吗？"人群里有眼尖者答道。

"他说的是实话吗？"史连生问道。

"是实话，他也是穷得没办法了，放了他吧。"

"算了，饶了他吧，把他送到官府，官府要么把他流放，要么充军，他家老小不就更没有着落了吗？"韩峰三说。

"说得也是啊。"史连生叹了口气说。

"你走吧，以后这伤天害理的事可不能再干了，去把关公的刀拿来，我们就放了你。"韩峰三对黑衣人说道。

"是，是。我再也不干了，谢谢各位了。"黑衣人连连磕头，带着史连生把刀拿回来后就走了。

"这闹鬼的事，算是有个着落了，明天我就开始修神像。"韩峰三对史连生和杨俊生说。

"好，那就有劳您了。"三个人一起走出了庙门。韩峰三一路走着，想起了当年修关帝庙的情景。

第 2 章　关帝庙闹鬼

那是去年夏天的事了。为了重修关帝庙，县里的乡绅们都捐了钱，请了最好的工匠。这些工匠对于修建房屋庙宇是得心应手，可对于重塑关公的神像却是没有把握，生怕神像塑得不好，既得罪了神灵，又有负众望，于是就请韩峰三做重塑神像的指导。

韩峰三几年前随父亲去武强县的时候，看到过塑神像的过程。他先指导工匠们量好倒塌了的神像尺寸，用木材做了一个骨架。把骨架固定到须弥座之后，在骨架受力集中的地方，还做了加固。骨架做好了，他让工匠们用竹片制作了形状和大小各异的竹板，作为塑泥像的工具。

塑泥像最重要的是和泥。韩峰三挑选了一处黏土地，让工匠们取土、挑水、和泥，并将泥中的砂子、石块滤掉，再掺入棉絮、细草和蜂蜜，反复摔打，形成胶泥。淋湿了神像的骨架后就开始涂敷第一层胶泥。待第一层胶泥还没有完全干透的时候，就涂敷第二层泥。如此多次的涂敷，直到泥的厚度和形状能大致地体现出神像的轮廓，便开始修整。修整的时候，用已经制好的竹片工具，雕琢出神像的肢体和面容的各个部分，仔细地打磨光滑后，再涂上油漆彩绘。

韩峰三带着工匠们每天从早干到晚，足足忙碌了一个来月，整尊神像才完工。塑成的关帝像色彩鲜艳，神态端庄，栩栩如生，受到了一致好评。现在要修复神像的断臂和大刀，比当年塑整尊神像要简单容易得多了。韩峰三还是自己在庙里住了几天，按照原样修复了关帝神像。修好了神像，韩峰三想到好几天没去药铺了，就打算去药铺看看。

离开关帝庙时，韩峰三来到了神像面前，给关帝像上了炷香，拜了几拜，才走向自己的药铺。刚出关帝庙不远，韩峰三看到了一个很大的练拳场。他不练武，也不懂得武术，但他看到拳场上练拳的年轻人，仿佛自己的周身也增添了力量。他放慢脚步，一边走一边看着练拳的人。

"韩老板，过来练练呀！教教我们呀！"拳场里的年轻人和韩峰三打着招呼。

"哎呀！这我可不会呀！我哪儿能教得了你们呀！"韩峰三笑着答道。

"你们练的这叫什么拳呀？"韩峰三随口问道。

"这叫梅花拳！"练拳的年轻人回答。

"啊！这就是梅花拳呀！"韩峰三自言自语地说着，他以前也听说过有这种拳术。

进了店堂大门，韩峰三问了店里的生意，看了两个病人，刚要歇一会儿，韩峰三的弟弟就跑进了店门："哥，你是去哪儿了？到处都找不着你！嫂子都见红了，你赶快回去吧，恐怕是要生了！""啊！"韩峰三和伙计们交代了几句，便匆匆地往家里赶去。

第3章 慈父童心

韩峰三回到家里的时候,已经是傍晚时分了。他刚一走进院子,就听到了婴儿的啼哭声,便急忙来到了西屋。妻子韩刘氏拥被侧躺在炕上,头上裹着一块厚厚的棕色头巾,一脸疲惫的样子。看到韩峰三进屋,就用一只手撑向炕面,想要起身。韩峰三赶紧轻轻扶她躺下。

"还好吧?我中午才听说生了,回来晚了。"韩峰三愧疚地说。

"我知道你忙,你就放心吧。快看看孩子吧。"韩刘氏虚弱的声音显得更加轻柔。韩峰三拉过韩刘氏的手,习惯性地摸了摸脉搏,又摸了摸韩刘氏的额头。

"脉象有点虚沉,刚生孩子的都这样。你得好好歇着,千万不能着凉。"

"嗯。"韩刘氏答应着。

不知怎么的,韩峰三进屋以后,孩子的哭声就停止了。

"这孩子怎么不哭了?我在院子里就听见他哭,现在怎么没有动静了?"韩峰三轻手轻脚地把韩刘氏身边的孩子抱在怀里,亲昵地看着。孩子好像是睡着了,鼻子里发出了均匀的呼吸声,小脸红红的,头顶上还长着细细的黑发。

韩峰三把脸轻轻地贴在孩子的面颊上。孩子稚嫩的、温热的皮肤,让他的内心感受到了一种前所未有的喜悦。他生怕惊醒孩子,又轻轻地把孩子放在炕上,对韩刘氏说:"我这就给你做点鲫鱼汤吧,吃了好下奶。咱们有儿子了,以后你可得多受累了啊!"

"不怕。"韩刘氏的声音还是有些微弱,但疲倦的脸上却露出了幸福的笑容。

第二天,来到韩峰三家道喜的人络绎不绝。有村里的乡亲,还有韩峰三在县城里的朋友,就连会宾楼饭庄的掌柜也亲自赶来道喜。客人们送来的贺礼摆满了堂屋的桌面,有猪肉、鱼、鸡蛋、红糖、粮食、点心,还有婴儿的衣服、毛毯。

快到中午的时候,程升来到了韩峰三家。"韩先生,给您道喜了!"程升一进院门就用他那特有的大嗓门喊叫着,身后还跟着一个小男孩。韩峰三听出是程升的声音,忙出门相迎,边说谢谢边请程升进屋。

程升拉过小男孩说:"孩子,快给韩先生磕头,他可是你的救命恩人!"小男孩跪下就给韩峰三磕头,韩峰三连忙把孩子扶起来:"别别别,这可使不得呀!"

"孩子好利索了吗?身上还有干皮吗?"韩峰三关切地问程升。

"好利索了,身上的干皮掉得差不多了。多亏了您啊,要不这孩子就没命了。本来想这几天专门上您的药铺谢谢您,今天听说您喜得贵子,就上您家来向您道喜了。"程升说着,把一个小布口袋递给了韩峰三,"韩先生,这是芝麻,我自己种的。您也知道,我没有钱,这是我的一点心意,您收下吧!"

韩峰三接过口袋,边说"谢谢,谢谢,快到屋里坐吧!"边把程升往屋里让。程升说:"不了,您忙,客人也多,我就先回去了,过几天再来看您。"说完又给韩峰三鞠了一躬,拉着小男孩转身走出了院门。

看着走出院门的程升,捧着芝麻口袋,韩峰三的眼圈开始湿润起来。他站在院子里,许久才转过身来,进了屋。

今年的节气还真准。大雪节气的当天,中原大地上就下起了大雪。这雪从早上开始,纷纷扬扬,飘飘洒洒地一直下到了晚上。一片银装盖住了地上的落叶,也罩住了田里的冬麦。就连滹沱河的水面上,也能看到一层薄薄的冰碴子了。滹沱河是横贯在中原北部一条古老的河,这条河的源头是山西的繁峙,弯弯曲曲地流淌了五六百里,才来到直隶境内。在直隶省的正定、藁城,滹沱河

第3章 慈父童心

向北又东折，形成了一个一百多里的河湾。这河湾的北岸是无极、深泽、肃宁，南岸便是深州、安平、饶阳了。院头村就坐落在深州县城的东南，是个有着百余户人家的农庄。

已经是掌灯时分了，村东韩峰三家的院里的积雪已经有一寸厚了，韩峰三把门口的积雪扫出了一条通道。他从院里的厨房走出来，到了西屋的门口，先跺了跺脚，就掀开门帘，进了屋。

屋子里很暖和。暗淡的油灯里，灯芯在不停地跳动着，发出了噼噼啪啪的响声。窗户上挂了厚厚的布帘，更显得昏暗、封闭。妻子韩刘氏坐在炕头上，正在给孩子喂奶，她一边看着怀里的孩子，一边轻轻地晃动着上身，嘴里喃喃地哼着小调。随着晃动的节奏，怀里的孩子已经渐渐入睡了。

"把孩子放下，吃饭吧！"韩峰三轻声说。看到怀里的孩子已经睡着了，韩刘氏才轻轻地把孩子放在炕头上，自己也起身下炕，扣好上衣的纽襻，理了理头发，就去厨房端菜。

韩峰三把一个小桌放在炕上，很快地，韩刘氏就把饭菜摆到了饭桌上，桌上有馒头、鸡汤、炖白菜和咸菜。

"吃吧，多吃点，这些日子也让你受累了，没落下什么病就算不错了。明天孩子就满月了，月子坐完了，你还得回娘家去住些日子，挪挪窝，住上个十天半个月再回来。"韩峰三边吃边说。

"孩子都满月了，怎么还没起个名！我记得那天让你请个风水先生起个名，你说你又不是不认得字，偏不让请，这都满月了，名总得起一个吧？"韩刘氏轻声地、有点埋怨地说。

"我想好了，就叫其昌吧。今年是羊年，这孩子是九月二十一生的，按说命可不算好啊！九月里的羊，恐怕是吃不着多少嫩草，天就开始冷了，又是个男孩子，命里得受苦啊！给他起名叫其昌，是想盼着他能逢凶化吉，转运隆昌，日后长大了，或许还能有点出息呢！"韩峰三一边说着，一边扭头看着炕头熟睡的孩子，眼里流露出期冀的眼神。

"就依你吧，反正我也不认得字，你说叫其昌好，那就叫其昌吧，这孩子要是能有了出息，也是你起名起得好啊！"韩刘氏放下饭碗和筷子，看着还在吃饭的韩峰三继续说道："刚才你说这孩子的命不算太好，我看还行吧！不管怎么的，生在了咱家，真就算不错了！要是再换个穷人的家，孩子妈都没奶，真养不活呀！孩子不到满月就给送到洋人开的育婴堂里去了，那才真是命苦呢！孩子一进育婴堂，是死是活就真得听天由命了。你忘了，今年刚开春的时候，县城里的田家挖房基地，挖出来十多个坛子，装的都是小孩骨头，听说就是死在育婴堂里的孩子！城里还有人说，教堂里的洋和尚，总去育婴堂挖小孩的心吃呢，吃完了就把孩子装坛子里埋了，多吓人呐！"

听了韩刘氏的话，韩峰三皱眉叹道："这事我前几年也听说过，骨头挖出来的时候，就报告官府了，官府问到育婴堂，育婴堂就说孩子是病死的，官府也没办法，找不出个真凭实据来呀！这些年，洋人的教堂、洋和尚，官府全都不敢惹，有点事都得睁一只眼闭一只眼，谁管得了啊！别说我一介草民，就连深州的县太爷都得让洋人三分呢！那年，山东的一个什么县，洋人教堂里的洋和尚和中国的老百姓，因为房基地的事争执起来，还闹出了人命，那官府不是也不敢把洋人怎么样嘛！"他叹了口气，又道："好了，咱们不说这些了，咱们只盼着儿子能没灾没病的，好好长大成人，有点本事，别受人欺负就行，要是能学点手艺，有个出头之日，那也是他的造化了！"

"那敢情好！"韩刘氏莞尔一笑，把桌子上的碗筷收拾到了一个箩筐里，准备出屋收拾。韩峰三赶忙拉住了她，接过她手中的箩筐："你别出去了，我收拾吧，你就好好歇着，回到娘家还得干活呢。明天孩子满月，我还得请请县城那些朋友，人家都来给咱道喜送礼的，咱们也得请人家，不能让人笑话呀！"

正说着，炕上的孩子发出了一阵急促的哽咽声，接着就开始哇哇大哭起来。"尿了吧?"韩峰三边说着边朝着孩子走去。韩刘氏说："你收拾碗吧，我看看孩子，怕是又尿了。"韩峰三端着装满碗筷的箩筐，出屋走向了院子里的厨房。

雪已经停了，冬夜的天空上，挂着一弯残月，寒星点点，显得格外的清凉。

看着儿子一天天地长大，韩峰三的心里充满了对未来的憧憬。从儿子三岁时起，他就经常把儿子带到药铺，想让儿子从小就受些熏陶，以便日后加以造就。他一心想着把他的全部手艺都传授给儿子，要让儿子成为有手艺、有本事

第3章　慈父童心

的人，将来还要继承他的家业。

韩其昌是个聪明的孩子，他调皮、活泼、好奇又好动，韩峰三特别疼爱他，药铺里的伙计们也都喜欢他，闲暇时都哄着他，逗他玩。

韩其昌每天在药铺里跑来跑去，看得最多的就是药柜、药斗，还有药斗里的那些药材。他看到药铺里的伙计们从各个药斗里拿出药材，混合在一起，包成一个纸包，感到很好奇，就也模仿大人们的样子，从他自己的手能够得着的几个药斗里，抓出了几样药材，也包在纸包里拿着玩。药铺的伙计们看见他从药斗里拿药材，虽然没阻拦他，但却悉心地叮嘱他：拿着玩可以，千万不能放嘴里吃。韩其昌既聪明又听话，从来就不把那些药材放嘴里吃，只是把药材包成纸包，倒来倒去。

看见韩峰三从店门进来了，韩其昌放下手里的纸包，展开双臂，朝韩峰三跑了过去。"爹！"韩其昌一边跑着，一边叫着，跑到了韩峰三面前，抱住了韩峰三的腿，忽闪着大眼睛仰着头看韩峰三。

"其昌，干什么呢？"韩峰三抚摸着韩其昌的头，微笑着说。

"抓药。"韩其昌稚气的声音让韩峰三有些惊奇。

"抓什么药？给我看看！"韩峰三眯着眼睛说。

韩其昌跑到药柜角落的地上，拿起了几个纸包，递给了韩峰三。

韩峰三把纸包放在桌子上，一个一个地打开看，不禁哈哈大笑："傻小子！这就是你抓的药啊！谁教你的？"韩峰三疼爱地把儿子抱了起来。

"没人教我，我看见柜上就是这么抓的啊！"韩其昌一本正经地说。

"柜上抓药可都是照药方抓啊！你是照哪个方子抓的？"韩峰三含笑说。

"药方？"韩其昌怔了半晌，忽闪着大眼睛好奇地望着韩峰三。

"对呀，药是不能随便抓的，得按药方抓。什么药治什么病，这可是大学问啊。你要想知道这个，等你长大了我就教你。你现在太小，就把药的样子记住，再把药的名字记住就行了。"韩峰三边说边把儿子放在了地上。

"药都有名字啊？那这个叫什么？"韩其昌随手拿起一个圆形的棕色干果。

"这是砂仁。"

"这个呢？"韩其昌又拿起一个红色的。

"这个是枸杞。"

"那个呢?"韩其昌的小手指向了桌上的黑色干果。

"那是鸦胆子。"

"都有名啊!"韩其昌有点惊讶,眨了眨眼睛。

"是啊,都有名。现在都告诉你,你也记不住。你一天能记住一两个药名,过上个一两年,咱们店里的药材,你就能都叫上名了。"韩峰三抚摸着儿子的头发说。

"嗯。"

"你记住,不管是什么药,拿着玩行,可不许吃啊,就是尝尝也不行,记住了吗?"

"记住了。"韩其昌一边答应着,一边跑向药柜。

又是一年的春天来到了。冰冻的土地开始松软,中原的农户们也都开始忙碌起来。

韩峰三带着韩其昌在街上逛了一大圈,刚进药铺的门,赵宏承就从店堂里迎了出来。

"韩先生,您回来了!"

"啊!等半天了吧!快请坐!"

看到韩其昌,赵宏承就问韩峰三:"这是您的公子?"

"是,是。其昌,过来给赵伯父见礼!"

韩其昌躬身施礼:"伯父!"

"哎!真懂事!你几岁了?"

"六岁。"韩其昌高声答道。

"赵先生,是要看病抓药吗?"韩峰三递上茶。

"不是不是。是我家的大黑马病了,也不吃东西,趴了一天了,现在正是用牲口干活的时候,我心里着急,就套了车来请您。您现在要是不忙,就屈尊到我家给看看吧!"赵宏承略带焦急地说。

"行,行,正好现在没事,咱们这就走吧。"

听到父亲要出门,韩其昌忙说"爹,我也要去!"

没等韩峰三说话,赵宏承就说:"带他去吧,让孩子也玩会儿。车就在

第3章　慈父童心

门口。"

赵宏承的马车一直等在药铺的门口。

这是一辆专门用来载人的马车。健壮的白马，蓝色的车篷，使马车显得高贵、华丽。赵宏承是东村的财主，家里有几百亩地，骡马之类的大牲口就有十几匹。

车厢里有两排座椅。韩其昌想要看着车把式赶车，赵宏承就让他坐在了前排，韩峰三和赵宏承坐在后排。随着车把式的一声吆喝，马车就向东村的方向驶去。

车厢里，韩峰三在仔细询问了病马的情况后说道："赵先生，这么点事儿，您还亲自来一趟，让伙计来就行了啊！"

"那可不行！谁不知道您韩先生的名气啊！我可不敢怠慢啊！再说我亲自来，一是我有点着急，二是表示我的敬意啊！"

"您真是太客气了！"韩峰三笑着说。

马跑得飞快，一会儿就到了赵宏承家的院门口。韩峰三刚下车，院子里的一条大黄狗看见了他，连蹦带跳地跑到了他的面前，兴奋地张着嘴，摇动着尾巴，一副亲切的样子。

"哈哈，这狗还认识我啊！"韩峰三说道。

"当然认识您啊，去年秋天是您给它治的伤啊！它怎么能忘了呢？大黄，快谢谢先生！"赵宏承大声说。

大黄很听话地竖直站立起来，两只前爪并在一起，做了一个作揖的动作。韩峰三笑了，伸手摸了摸大黄的头，拍了拍大黄的后背。看到大黄高兴的样子，韩其昌也靠近它，摸它的头，开始和它玩耍起来。

"韩先生，先进屋喝口水吧！"

"不用不用，先看看牲口吧！"韩峰三说着就走进了马棚，赵宏承也跟着走了进去。

大黑马在马棚的最里面一间。它半卧在地上，耳朵向下耷拉着，眼睛暗暗的，鼻子喘着粗气。韩峰三靠近马，摸了摸马的口鼻，感到有些发凉。他拉住马的缰绳，想将马拉起来，可是拉了几次，马还是卧着不动。赵宏承忙叫来伙计们帮忙，好不容易才让马站了起来。

大黑马站在那里，拱着腰，低着头，显出很吃力的样子。韩峰三在马颈的双凫处，诊了一会儿脉，又看了看马粪，说："让它卧下吧。这马脉象沉细，是受了风寒，不是很严重，得吃药养几天。"

韩其昌一边和大黄玩耍，一边看着父亲给马诊脉。赵宏承把韩峰三让进堂屋，伙计递上茶水，送上笔墨。韩峰三写好了方子，交给了赵宏承，就告辞走向马车，赵宏承也跟着走了过来。

"赵先生，您就不必送我了，让车把式把药带回来就行了。"

"我正好还得到县城办点事，先把您送回药铺，顺便在您的药铺把药抓了。"

"也好，也好。"

几个人又坐上了马车。大黄跟在马车的后面，一直跑到了村口。韩其昌连声地喊着"回去！回去！"，它才恋恋不舍地站在那里，看着马车走远。

马车进了县城，坐在车里的韩其昌看到了拳场，就问："爹，那些人练的是什么拳啊？"

"是梅花拳。"韩峰三答道。

"爹，我也想学练拳，您教我吧！"

"哈哈！这可把你爹难住了，你爹不是练武的啊！孩子，你好好跟你爹学本事吧，将来也像你爹一样有能耐，多好啊！"赵宏承摸着韩其昌的头说道。

"伯父，这学拳，不也是学本事吗？"韩其昌看着赵宏承问道。

"啊，对！也是学本事！"赵宏承没想到韩其昌能说出这样的话来。

"这孩子！"韩峰三也笑了。

马车飞快地跑着。车里的韩其昌，不时地向后张望着。

第4章 梅花拳和义和拳

燕赵自古有练拳习武的传统，且多为慷慨悲歌之士。在直隶、山东两省交界处的威县、冠县，武林中最有名望的拳师，当属梅花拳传人赵三多了。赵三多是直隶威县沙柳寨村人。他出身贫寒，自幼喜好练拳，拜梅花拳传人张如纯为师，练得一身好武艺。赵三多为人豪爽，行侠仗义，虽已年近六十，却依然是雄风不减，活跃于武林之中，喜交天下豪士。他在威县、冠县一带设有多个拳场，广收门徒，弟子多达三千余人，是当地最具实力和影响且最有声望的武林豪杰。

赵三多有两个师兄弟，叫李老岳和赵老安。多年以来，赵三多和师兄弟们的关系一向很好，亲如一家。可是最近这些日子，因为赵三多收徒的事，李老岳和赵老安却几次与赵三多争论不休。收徒传艺本是件极其平常的事，师兄弟们从没干涉过。然而前些天，赵三多收了冠县的阎书勤、高元祥等18个人做徒弟，却让李老岳和赵老安感到极为不安。李老岳和赵老安坚决反对赵三多收这18人为徒，多次劝说赵三多，都没有说动他。这次，他们又叫上了几个同门师兄弟，一起劝说赵三多。

"师兄，你收过那么多徒弟，我们从来都没说过什么，这回你就听我们的吧！这18个人可不是一般的人啊！在冠县，他们在梨园屯和洋人斗，又和官府作对，村里人都管他们叫十八魁。他们这么大的名声，早晚得惹出大事来呀！这要是闹起事来，出了人命，对咱们梅花拳可是太不好了，你还是让他们回去吧！"李老岳说。

"要不咱们让文场开香堂，看看上天有何旨意？"赵老安说。

"让他们回去？那怎么行！我都收了人家为徒，哪儿有反悔的道理呀，也不怕人家笑话！我看这十八魁能成大事，敢跟洋人干，不怕官府，是真正的英雄！这样的人我喜欢，收徒就得收这样的！"赵三多一点儿也没有让步的意思。

"师兄啊！梅花拳历史古老，传到咱们这辈不容易啊。从祖师爷开始，梅花拳文场掌管文理，请圣迎驾，武场习武护驾。按说武场应该听文场的，咱们练武强身，可不能干犯上作乱的事啊。你可别学洪秀全呀！洪秀全犯上作乱当了天王，后宫有几千个妃子，晚上都得编上号喊来临幸，你也想学他那样？再说，你都这么大岁数了，就别再跟着那些人闹了！"李老岳也劝道。

赵三多听了他们的话，越发不耐烦了。他使劲挥着手说："都别说了！你们说的那些我都想过！现在那些洋人欺负咱们中国人都到了什么地步了？这里还有咱们中国人的活路吗？现在什么都不干，难道就在这里等死啊！这叫民不聊生，官逼民反！不过你们放心，我干什么事都绝对不连累梅花拳！从今天起，我就把我带的那支梅花拳改名叫义和拳，万一我失败了，也不会让梅花拳受牵连，再说，到时候你们还能让我到你们那里躲躲呢！都别劝我了！和洋人干一场，那是免不了的了！"

听到赵三多如此坚定，师兄弟们只好悻悻地离去了。

以阎书勤和高元祥为首的十八魁都是冠县梨园屯人，他们投奔赵三多学艺也是有原因的。

前些年，梨园屯来了几个外国传教士。这些洋教士都身穿黑长袍，戴着十字架，传播天主教，许多中国人成了他们的教民。梨园屯村原有一块空地，村民们在地上盖了一座玉皇庙，成为本村和邻近乡里村民敬神和赛会的场所。两年以前，法国传教士郎日明唆使教民，将玉皇庙所在的土地说成是教会的地产，并且带了几十人要拆掉玉皇庙，修建天主教堂。洋教士的无理行为自然引起了梨园屯百姓的强烈不满，村民们纷纷谴责洋教士和教民，阻止拆庙建堂，矛盾即因此而产生。

村民们反对拆毁玉皇庙，洋教士又不肯退让，官司就打到了县衙。县衙官

第4章 梅花拳和义和拳

吏惧怕洋教会势力,只得偏袒教会,判令梨园屯村民为建洋教堂腾地。村民不服,又告到了省里。巡抚大人更是不敢得罪洋人,还是说要拆毁玉皇庙。有了官吏的袒护,洋教士更加有恃无恐。

阎书勤和高元祥等18人,都是练武之人。阎书勤自幼习练洪拳,又善使大刀。一百多斤的大刀在他手里舞动如飞,人称大刀阎书勤。这18人不甘心受洋人欺负,也不满官吏对洋人的偏袒,在村民中备受推崇,被村民们尊称为"十八魁"。阎书勤说:"官不讲法,我们也就没有法可守了!要想保庙,只有靠动武了!"

十八魁深知,要想武力保庙,仅凭他们几个人的力量是不够的。于是他们就一起投奔到赵三多门下,拜师学艺,试图发展势力。赵三多对梨园屯的事情早有耳闻,也十分佩服十八魁的英勇和无畏,当即答应收下十八魁为徒,并和十八魁一起商量,寻机与洋人一决高低。

光绪二十三年(1897年),梨园屯的庙堂之争进一步升级。法国神父郎日明屡次告到省府,威逼官吏就范。山东巡抚张汝梅不敢违背洋人的旨意,派官军进入梨园屯,准备强行拆庙。

十八魁立即将这一情况报告给了赵三多。赵三多认为,事情已经发展到了这一步,不能再忍了。他和十八魁商量,决定以亮拳的形式,向洋人示威。赵三多向邻近的三县四乡的义和拳徒弟们发出了英雄帖,约定在3月20日,以义和拳的名义,聚集梨园屯亮拳。

3月20日这天,梨园屯像过年一样热闹,义和拳三千多名武士从四面八方涌入了村里。梨园屯的村民百姓纷纷走上街头,奔走相告,一睹义和拳武士的风采。街道上人头攒动,锣鼓喧天。三千多名义和拳武士,分布在各个大街小巷。他们都身穿短衣,腰挎大刀,精神抖擞,英武彪悍。分散在大街小巷的义和拳武士们,按照以往亮拳的套路,有的在街上单练,有的在店铺门口练对打,也有的在空场处讲拳。

亮拳活动中最为壮观的是群练的队伍。一千多人组成的方阵,随着鼓乐的节奏,进退有序,步法整齐。武士们时而收拳腾挪,时而站桩敛气,时而挥刀砍杀,拳场上龙腾虎跃,喊声震天。围观的百姓齐声喝彩,热闹非凡。

赵三多和阎书勤游走在各个拳坛拳场之中。他们早就派出了哨探,紧盯着官军的军营和洋人教堂的动静。

吃饭的时间到了。热情的村民争先恐后地邀请远道而来的义和拳武士到自己家吃饭。在梨园屯好武的村民看来，能把义和拳武士请到自己家里吃饭是很有面子的事。在村民的家里，饭菜是和过年一样的大炖菜。主人没有任何虚假的客套，客人们各取所需，就如同在自己家里一样。

吃过饭，那些拜师的、学艺的、比试武艺的、讲武传道的，就在各家各户的房前屋外摆开了阵势，形成了亮拳的又一番景象。

义和拳在梨园屯的亮拳一直持续了三天。这三天，是义和拳武士们大展雄风的三天，也是梨园屯的百姓们扬眉吐气的三天。

驻有一百名官军的营地，没有任何动静。洋教堂也一直是紧锁大门，一片寂静。

义和拳这次亮拳亮出了自己的威风，也给了洋人和官府一次警告。但赵三多明白，洋人和官府不会善罢甘休的。

一年以后，官府果然动手了。山东巡抚张汝梅下令，逮捕赵三多和阎书勤。捕快到了赵三多家，见屋内无人，一气之下便烧毁了赵三多的家。赵三多和阎书勤等被逼无奈，在冠县的蒋家庄祭旗起事。

拳民的队伍声势浩大，阵容整齐。赵三多为元帅，身穿大红袍，执令字旗。赵三多之子赵桐凤为先锋。各路拳民均以头裹红巾、脚穿长靴为标志，手持刀矛快枪。拳民的队伍编制为：十人一班，头目称十长，打三角小旗。百人为一队，头目称百长，打方形黄旗。全军大旗为黄色飞龙旗，镶狼牙黑边，上书"义和拳""顺清灭洋"黑字。

赵三多宣布的纪律为：不准抢劫百姓财物，不准侵扰百姓，不准奸淫妇女，违者立斩。在赵三多的率领下，拳民烧教堂，杀洋人，势不可挡。沿途百姓箪食壶浆，还纷纷加入拳民的队伍。一时间，冠县、威县及其邻近乡县的拳民纷纷响应，拳民所到之处，官军纷纷躲避，洋教士望风而逃。

义和拳，这支由梅花拳演变而成的中国武士大军，终于向洋人宣战了。拳民的队伍，自冠县的蒋庄开始，先将本村的天主教堂烧毁，并杀死了洋教士和几名教民。两三天时间，冠县境内的红桃园教堂、小里固教堂悉数被拳民攻占,教堂里的洋教士都死于拳民的利刃之下。

望着教堂熊熊的火焰,赵三多和阎书勤感到了前所未有的复仇快乐。

"师父,这些日子咱们在冠县可是出了气了,现在冠县已经没有什么教堂和洋人了。咱们还弄了不少粮食,够这几千人吃些日子了。您看咱们该怎么办?"阎书勤问。

"往北,去临清,临清有洋人,有教堂。咱们去把那个教堂打下来再说。"赵三多挥舞着手臂向北指。

临清县在冠县的东北70里。拳民的队伍一路疾驰,仅用了三天时间,就来到了临清县城的小芦村教堂。小芦村教堂的神父早就听到了风声,远远地看到拳民的队伍,教民们赶快扶着步履蹒跚的神父逃走了。小芦村教堂被付之一炬。由于神父和教民都已逃走,拳民们没有杀人。

在临清,拳民的队伍开始休整。赵三多和他的徒弟们以及各路拳民的首领们,也在研究下一个目标。

"师父,咱们起事有一个多月了,还没碰着官军呢,是不是咱们打的那个顺清灭洋的旗号管点用啊。"阎书勤说。

"我看不见得,咱们现在人多,有好几千,官军短时间内恐怕还来不及凑齐这么多,没碰着官军不见得是好事。"朱九斌说。

"我也这么看,官军是不会放过咱们的,早晚会和咱们打起来。如果咱们现在碰上了官军,咱们能躲就躲,尽量不和官军打,咱们的目标是洋人和教堂,不是官军。要是实在躲不开,只好打。记着,和官军打咱们可不能硬拼,打得赢咱就打,打不赢咱就走,眼前亏咱还是少吃。"赵三多说。

"还是元帅说得对,现在临清就这么一个教堂也拿下了,下一步咱们上哪儿?"刘化龙问。

"咱们还是往北去,如果到了邱县,还没碰到官兵,那咱们就去威县,威县是我们家,也有教堂,咱们还得去梨园屯,找那些洋人出出这口气。"赵三多说。

"好,咱在这再歇上两天,就去邱县。"姚文起说。

不出赵三多所料,队伍刚刚走到邱县的常家屯,哨探就来报告说:

"前面有官军。"

"有多少人?"赵三多问。

"五六百人。"

"现在是躲不开了，好在咱们人多，能打一仗。"赵三多一边说着，一边让传令兵招来了各队的首领。

赵三多的部署是：朱九斌、刘化龙带一千人在正面和官军对攻；石三德、陈老明带五百人从东面策应；项老姓、任长贵带五百人从西面策应；陈八、任长典带五百人急速向北抄官军的后路。阎书勤和高元祥带其余的人留在赵三多身边，他们找了一个高处的土丘，等待着即将发生的激战。

没过半个时辰，激战就开始了。最先和官军接触的是朱九斌和刘化龙的人马。头上裹着红巾的拳民，挥舞着手中的大刀和长矛，勇猛地冲进了官军的阵列。顷刻间，两军相交，刀枪并举，喊杀声、嚎叫声连成一片。战场上飞扬的尘土几乎遮住了招展的旗幡。厮杀了一阵之后，朱九斌和刘化龙的人马渐渐抵挡不住，开始溃败下来。

正在这时，石三德、陈老明带领的人马和项老姓、任长贵带领的人马同时出现在官军的东、西两侧，开始攻击。顿时杀声四起，遍地是头裹红巾的拳民。官军大败，急速向北退去。

赵三多确实有军事天赋。据说拳法和兵法是相通的，再加上拳民的队伍有人数上的优势，拳民又多练过武术，这一仗官军和拳民互有伤亡，未分胜负，只是包抄后路的陈八和任长典的人马，速度较慢，战斗力也不够，仍然有二百多官兵逃回了威县。

队伍休整了一天，赵三多决定还是继续向威县进发。但是这次赵三多失算了。

退回威县的官军早已将情况上报了巡抚张汝梅，张汝梅火速增兵，调遣了五个营的步兵和五个营的马队在威县的魏侯村严阵以待。拳民的队伍进入了官军的包围圈，还没等拳民摆好阵势，官军就开始攻击。

交战一开始，拳民就处于劣势。官军的步兵在正面攻击，马队在四周冲击，拳民们寡不敌众，纷纷向南溃败，仅仅不到半天时间，就已溃不成军。

赵三多集中兵力，向南突围，一直退到了临清县的留善固村。到了村里已是黄昏时分，官军也停止了追赶。

拳民们征战了一天，不仅饥饿、疲惫，有的身上还带着伤。收拢各路拳民

第 4 章　梅花拳和义和拳

的头领，未见姚文起。

留善固村的百姓送来了饭和水，吃过饭，在村南头的场院，赵三多集合了所有的人。

"说吧，不会再来人了。"朱九斌说。

赵三多在场院上站了起来，借助微弱的火光，他看了看眼前的拳民也就剩下两三百人。赵三多的心情格外沉重，他提高了嗓门，对众人说："兄弟们，没想到咱们就这么败了，咱们现在的办法只能是先回家了，官府的告示不是说了吗，罪只在我一人，其他的人只要回家，就一律不问。那你们现在就都回家，散了吧。"

"我们不回家，我们都跟您走，您走到哪儿我们就跟到哪儿！"场院上拳民们一阵呼喊。

"各位，你们都舍不得我姓赵的，我又怎么能舍得下你们？今天这阵势，咱们都看见了，现在要是接着再来，那是白送命，咱们这回败之于南，下回咱们就得胜之于北。大伙儿放心，只要我不死，我誓不与洋人善罢甘休，你们要存心忍着，都在家里等着，三个月之后听我的信，用不了两年咱们就来第二回！你们赶快走，要是等到明天官军追过来，想走都走不成了。"赵三多眼含热泪地说。

拳民们听到这话，都开始散去。场院上只剩下几个头领了。

"咱们也得分开。"赵三多说，"阎书勤、高元祥你俩到运河东边的武城、夏津、恩县，那边你们人熟，也好躲。朱九斌、刘化龙你俩到保定一带吧，你们在那还有势力。"

几个头领互道珍重，都连夜离去了。赵三多只带了几个徒弟，来到了枣强县。

几天以后，赵三多得到了消息，姚文起负伤被俘，在临清县被凌迟处死了。

赵三多在枣强县住了些日子，又到了晋州、正定，然后就沿运河到了沧州、静海和天津外围。赵三多每到一处就到拳场传拳、收徒。同时他也时刻关注着各地义和拳的局势，他得知，在他失败之后，朱红灯和本明和尚在茌平、禹城、平原一带起事了。在直鲁交界区和直隶南部，也有多起义和拳起事，攻打教堂，杀洋人。

光绪二十五年4月（1899），直隶的正定，大佛寺。这天恰逢佛爷诞辰，借烧香为名，赵三多联络了多个义和团的首领开会研究起事。

赵三多首先回顾了失败的过程，各路首领一致同意再来第二次。

"刚才咱们都商量了，既然都想来第二次，我先把攻打的办法说一下，咱们一定要一齐起事，官兵会应接不暇，咱们带着自己的队伍，各打一面。河间的老李师傅，你的人打交河、献县、静海、东光、南皮。朱九斌、刘化龙你们打北京以南、保定以北，良乡、大兴地区。我带人就在滹沱河一带活动。再有，现在官府开始招安义和拳了，毓贤当了山东巡抚之后，听说他也恨洋人，就把义和拳改叫义和团了。听说还得到了慈禧太后的恩准，还给团民发饷，我看这也挺好，咱们也改叫义和团，反正都是和洋人干，叫什么都行。"赵三多一口气说出了他的全面主张，得到了各路首领的肯定。

过了一年，光绪二十六年（1900年）4月。

赵三多在枣强县的卷子镇，借摆会亮拳之机，第二次起事了。这次赵三多打出的旗帜是"扶清灭洋"。

赵三多派阎书勤和高元祥带队伍沿运河向东，攻恩县、武城，自己先带人进攻景州，攻下了朱家河教堂，将教堂烧毁，并将县城的粮仓打开，开仓均粮，不仅士气大振，还备受百姓欢迎。

6月，赵三多的人马渡过了滹沱河。挥师南下，经南宫、威县，又攻克临清县，在威县和阎书勤的人马相会。紧接着，赵三多聚集各路人马，攻打永年县赵庄的教堂。赵庄教堂四面环水，教民们的武装有洋枪洋炮，还有洋人亲自指挥。

赵三多率领的人马将教堂四面围定，连攻数日，都未能攻克。赵三多求胜心切，传令加强攻势。拳民仅有一座土炮，为增大杀伤力，装药过量，引起了土炮炸膛，并将附近的炸药引爆，为此拳民伤亡数十人。由于久攻不克，军心不振，拳民便纷纷散去。当年庄稼歉收，拳民的队伍筹粮也极其困难。

望着河对岸的教堂，赵三多心情抑郁。

"唉，本来在北边搞得好好的，没想到来到咱家乡是这结局。"赵三多自言自语道。赵三多欲进不能，欲罢不忍，率余部与教堂隔河相持两个月，终未能攻克。这两个月的相持，给了官兵调兵遣将的良机。时任山东巡抚袁世凯调集数千精兵，围剿拳民。

第4章 梅花拳和义和拳

拳民很快被打散。阎书勤等七八十人被俘，斩杀于济南。赵三多则潜逃到了巨鹿县。在巨鹿县，赵三多听说义和团已经进了北京，在北京也是烧教堂、杀洋人，又听说八国联军占了北京，慈禧太后带着光绪皇帝西逃到了西安。

光绪二十七年，朝廷和八国联军签订了《辛丑条约》，要给洋人4.5亿两白银的赔款，洋人才退兵。

在直隶的广宗县，赵三多见到了景延宾。

景延宾是武举人，他对广宗知县为凑赔款向农户摊派粮食极为不满。民怨沸腾之时，曾率众去县衙理论，遭官府拘捕，被放出后就决定要起事。

光绪二十八年3月，在巨鹿县的厦头村，景延宾起事，打出的旗帜是"扫清灭洋"、"官逼民反"。

景延宾任元帅，赵三多任先锋。起事之时，官军武右军后营管带鲍贵卿由威县招募的新兵百余人，路经厦头村时被景延宾的人马斩杀。此后，景延宾的人马在巨鹿的刘庄斩杀法国神父罗泽浦，随后进攻威县，继续破官兵，烧教堂，声威大震。

景延宾起事之后，袁世凯即派段祺瑞为总司令，马龙标为前线总指挥，冯国璋为总参谋长，进行围剿。3月末，官军开至南宫县，见人就开枪，见村就开炮。三十余村的数千百姓及义和团数千拳民均遭惨杀。景延宾在成安被俘，在威县被凌迟处死。

赵三多在巨鹿吉家屯被俘，被押至南宫监狱。在狱中，赵三多绝食七天而死。官府将其枭首戮尸，并将其头颅在南宫、广宗、威县示众数日。

八国联军退军之后，朝廷便开始对义和团进行残酷诛杀。朝廷早已得知，梅花拳是义和拳的源流之一，因而对习练梅花拳的人诛杀极其残忍。

在梅花拳广为传播的直隶、山东、河南、山西等省，官军开进村里即逼迫村民指认梅花拳民，并就地斩杀。一时间，梅花拳民被杀无数。

此后，梅花拳几近绝迹。只有极少数梅花拳民得以幸免，他们有的隐姓埋名，远走他乡；有的避难深山，投奔武当诵经修仙去了。从此以后，梅花拳就仅靠父子相传的形式得以流传，且绝不外传，因而梅花拳又称为父子拳。

义和拳带给梅花拳的是灭顶之灾。

第 5 章　瞒父学武

8岁的时候，韩其昌已经有了一个妹妹。韩峰三托人将他送到了本村的一个私塾先生家念书。没过多久，韩峰三就改变了主意，把儿子领回家里来了。在韩峰三看来，儿子念书根本没有什么用，只要儿子有了手艺，就不愁没有饭吃。至于说念书，还不知道要念到什么年月才能有出息呢。于是，韩其昌不念书了，有时候跟着父亲在药铺里学手艺，有时候在家里做些家务，农忙的时候也去地里干些农活。

又是一个麦收的季节，盛夏的烈日把田地里的麦子烤成了金色。农忙的时候，韩峰三也要从县城回到家里，为自家麦田的收成忙碌着。

韩峰三在院子里正摆弄着铁锹，就听到一阵急促的脚步声，儿子韩其昌从外面跑了进来，手里拎着一个装满了麦穗的篮子。

"拣了这么多啊，其昌。"韩峰三高兴地说。

"爹，地里还有呢。我先回来喝点水。"韩其昌一边说着，一边跑到厨房，从水缸里舀出一瓢凉水，边走边咕咚咕咚地喝着。

"别去了，天太热，太阳多毒啊！在家歇歇吧。"韩峰三疼惜地说，"你知道咱家的坯模子放哪儿了吗？"

韩其昌摸了摸头，说："我以前看见过，是不是在后院啊？"

"下午你把那坯模子找着，我记着有两个呢。这两天趁着天好，咱拓点

第 5 章　瞒父学武

坯，把院墙修修。"

"哎！"韩其昌答应着。

"再看看，后院还有什么家伙什拓坯能用得着的，也都拿出来。抹子、铲子，还有一把铁锹，能找着的都找着。我记着后院还有干稻草呢，找出点来，用铡刀铡碎了，和泥里拓坯用。"

"哎。"

"其昌，这几天晚上你都跑哪儿玩去了啊？天天都回来挺晚啊！"韩峰三的语气中略带着些责备。

"爹，我上拳场看练武去了。"

韩峰三怔了怔，皱着眉问："看练武？在哪儿的拳场啊？"

"就在村西边，是大伯开的那个啊。"

韩其昌说的大伯，是韩峰三的叔伯兄弟，叫韩玉庭。韩玉庭原来在镖局里当镖师，因为年纪大了，也想避乱世，就告老还乡，和师弟王玉栋一起在村里开了个拳场，传授些武艺。

"爹，我也想跟大伯学练武功，您跟大伯说说，能收我当个徒弟不？"

"让我去说？我才不去呢！你还想练什么功啊？练那玩意儿不顶吃不顶穿，还费衣服、费粮食，还不如拣点粮食、拓点坯顶事呢！再说，你都快10岁了，也该知道多学点手艺、多干点活了。整天往拳场跑，能长什么本事啊？我早就和你说过，我的那些手艺，哪怕你学会了一门，就够你吃一辈子的了，这才是正经本事呢！练什么武？有什么用啊！"韩峰三说话的时候板着脸。

看到父亲反对自己练武，韩其昌不敢再说什么了。

"快找坯模子去吧！以后晚上不许再去拳场了啊！"韩峰三又叮嘱了一句。

在后院，韩其昌一边翻弄着零乱的农具，寻找着坯模子，一边回想着父亲刚才说的话。他原以为父亲会同意他练武，跟大伯说收下他当徒弟的，没想到父亲不但不同意，以后还不让他晚上出去了，这可怎么办？总得想个办法啊！对了！爹不跟大伯说，我自己去说！想到这里，韩其昌心里拿定了主意。

过了几天，韩其昌趁下地里干活的空闲，来到了大伯韩玉庭的家。进了院门，见韩玉庭正坐在树下喝茶纳凉，韩其昌向大伯行过礼后，便从屋子里搬出一个小板凳，坐在了大伯对面，和大伯聊了起来。

"伯父，我也想跟您学练武，您收我当个徒弟行吗？"韩其昌看着大伯一本正经地说。

"行啊，你是我侄儿，想要练武，我当然高兴啊。你看平常大家学习程朱理学，学到的无非是存天理、灭人欲。可是翻翻我们的历史，看看历朝历代，靠圣人之学、仁义道德当真就能够治国平天下了吗？满口仁义道德是无法挽救一个国家危亡的。咱们所学的四书五经和苦苦研习的八股文，能够抵抗洋人的坚船利炮吗？能够改变贪腐横行、土地兼并、流民千里、国家积弊丛生的局面吗？重名节而轻实务，这里面隐藏着的就是虚伪和虚弱。所以，我们要以武兴国才是出路，咱们练的是不畏强敌的精神和不怕寒暑的体魄。你都快10岁了，这个岁数开始练最好，腰腿都软，能练出功夫来！"韩玉庭说完看了看韩其昌。

"那我白天来不了，晚上来行吗？"韩其昌眨着眼睛看着大伯，生怕大伯说不行。

"晚上练更好啊！练武讲究的是人静心静。晚上清静，更好练啊。再说现在白天也太热，好多人还得下地干活，都是晚上来练，你也晚上来就行。"

听了大伯的话，韩其昌心里算是有了底，打定了晚上出来练武的主意。过了一会儿，韩其昌又说："伯父，您现在教的是什么拳法啊？先给我讲讲是怎么个练法啊？我要是从头学，该从哪儿开始练啊？"韩其昌边说边给大伯倒上了茶。

"我教的这叫戳脚拳，到底谁是祖师爷，我可说不上来了。我能说上来的，就是我的师爷了。"

"您的师爷？"韩其昌好奇地问着。

"是啊，我的师爷叫冯克善，是山东人。师爷是天理教的首领，那武功才叫高呢！天理教的人都管他叫武圣人！嘉庆十八年，离现在九十多年了，天理教的教徒们在京师、河南和山东都暴动了，9月15那天，天理教的一百多人打进了紫禁城皇宫！可是打进紫禁城的毕竟就一百多人，人太少啊！没能成什么事，就让官军给打散了。从这以后，朝廷就开始各处追杀天理教，我师爷为了保护众位弟兄，想去山东德州组织人马增援，可是刚走到献县，就让官军给抓住了，关进了献县的大牢里。那时候，官军兵多将广，天理教才多少人啊，没多少日子就让官军给打垮了。天理教的人死的死，伤的伤，关进大牢的也不少。我师爷仗着一身的好功夫，和一起被抓的几个弟兄，有一个叫杨景，还有

第 5 章 瞒父学武

一个叫唐有义的,愣是从县大狱里跑出来了!"

"能从县大狱里跑出来?真是好功夫啊!"韩其昌听得入了迷,"那后来呢?"

"后来,我师爷就跑到了饶阳的段君道村,住在段老绪家,对外就说是段老绪的师父。经过段老绪帮忙,在饶阳县南边的桑园开了个拳场。过了没多长时间,师爷听说北官庄村也有一个拳场,是一个叫周老亭的开的,就经常去那里练拳、交流。日子长了,周老亭和他的徒弟们都敬佩我师爷的功夫,也敬佩师爷的为人,就尊我师爷为师,一起练拳。师爷在北官庄一住就是 8 年,练的就是戳脚拳。这 8 年里,师爷收了好多高徒,才让戳脚拳流传下来。我的师父李老遂,就是那个时候师爷收的徒弟。"

韩其昌早已听得眉飞色舞,忍不住拍手说:"您的师爷可真了不起啊!那后来呢?"

"后来师爷到了蠡县的赵锻庄,住在刘洛尚家里,教他的三个儿子练拳,教了十多年。这时候,和师爷一起从县大狱里跑出来的杨景,还有唐有义,也跟师爷联系上了,他们都来到了蠡县开了拳场。杨景教十三形,唐有义教地形拳,也叫地趟拳。那时候,师爷经常练拳的地方有饶阳的前辅,还有咱们深州的杏叶、冯庄,收的徒弟都是当地有名的人,这些人原来都练过武,武功也都不错,是因为敬佩师爷的武功和德行才投到师爷门下的。这样一来,戳脚拳的名声就一天比一天大了。师爷当时还写了一本拳谱,这拳谱不光是讲怎么练拳的,还把练拳和兵法联系到了一起。现在想起来,师爷当年隐姓埋名,开拳场收徒弟,不光是为了躲避朝廷的追捕,还想着要东山再起啊!"韩玉庭喝了口水,也叹了口气。

"那您师爷东山再起了吗?"

"没有啊!打我师爷从县大狱跑出来起,二十多年过去了,可是朝廷一直就没有放过他。朝廷也不知道从哪儿打听到了师爷的下落,就又开始到处抓他。师爷听到消息后,就远走高飞去了四川的峨眉,从那以后,就再也没有人见过他。"

"您的师爷真是英雄啊,太神了!可是伯父,这戳脚拳打的是什么劲道呢?这有什么讲究吗?"韩其昌又给大伯倒上了水。

"戳脚拳这种拳法的劲道特点可以简单概括为冷、弹、脆、快四个字。冷含有抖的意思,好像人打冷战时一样,全身为之一震,是由内而外发的劲道;而弹指弹出之意,力在击远;脆是指干净利落、不拖沓,出拳踢脚要毫不迟疑,绝不拖泥带水;快为迅速之意,指运动速度上的快。这几种劲在运用时,要随机应变,能视技击时的实际情况而定才算真正懂劲。而要想运用此劲,在技击中处于不败之地,还须懂得急、快、猛这三个字,急为风驰电掣之意,是由心而发的,带着心力;而这个快是不需要大脑去想的,而是在刹那间心念的转动,是下意识的反应,是人体的自然感知;猛要求的是勇猛、不顾一切的意思,要有'眼前有人似无人'的感觉。只有这样,才能硬攻直进,达到'硬打硬进无遮拦'的境界。"

"那我要学,得从什么地方练起啊?"

"刚开始练,先从抻筋、拔骨练起,也就是先练窝腰、踢腿,这是基本功。窝腰一练就是个把月,踢腿有好多种姿势,什么正踢腿、侧踢腿,还有里合外摆、横截腿,到时候我再一样一样的教你。我现在能先告诉你的是,想练功夫,就得不怕吃苦、不怕累!"

"伯父,我不怕吃苦!我记着您的话,跟您好好学!"

韩其昌从大伯家里出来,一蹦一跳地在路上跑着。一想到大伯就要教自己练武了,心里就有说不出的高兴。他随手捡起了路边的一块扁平的小石头,侧弯下腰,急速地低手把石头掷向远处的水塘。石头在水面上连续的跳动着,激起了一连串的水花。

中原的夏夜又来临了。院头村的生活习惯是天黑了就闩门睡觉,韩其昌每天所盼望的也就是这样的时刻。他住在东屋,每天早早地就把自己屋里的灯吹熄了,坐在炕上,透过窗棂,注视着父母居住的西屋。过了一会儿,看到西屋的灯也熄了,他就轻手轻脚地出了屋门,再仔细听了听,西屋没有什么动静了,这才轻轻地虚掩屋门,快步走到院子里。

院门是锁着的,这是父亲为了阻止他练武而采取的措施。韩其昌来到了院子的东北角,那里放着一根竹竿,有一人多高,手腕般粗。韩其昌拿起竹竿,助跑了几步,双手握住竹竿,让竹竿的一头支在地上,随着跑动的惯力,双手

第5章 瞒父学武

一撑竹竿，纵身跳到了墙外。他随手把竹竿靠在了墙上，走了几步又觉得不妥，赶快回来把竹竿顺墙根放在了地面上，这才放心地向拳场奔去。

拳场上已经有许多人了。韩其昌看到师父韩玉庭在一边溜达，就跑到师父面前说："师父，我来了！"并毕恭毕敬地鞠了个躬。

"来了好啊！就在那儿练吧！"韩玉庭指着拳场的一块空地说："今天就从窝腰开始练起吧，这窝腰是有窍门的，大伯教你呀！首先，双手十指先交叉，而且一定要插实。手往上举，手心朝上，左右摆动，尽量往上够。然后拔腰！手往下送的时候，膝盖不能弯，手心朝前，尽量往前伸，腰也要伸直往前探，屁股往后坐，头向上微抬，一点一点往下振动，腰往下落，看见了吧？这样才能抻着筋、拔着骨。"韩玉庭一边说，一边给韩其昌做示范。

韩其昌一边看，一边学着师父的动作。"哎呀，真疼啊！"韩其昌不禁大叫着。

"不能怕疼！你这是头一天练，练过了这一段就好了，你还能感到其中的乐趣呢。今天就练这个。"韩玉庭说。

"哎！"韩其昌站到了拳场里边，按照师父教的方法，一下一下地开始练了起来。

练到半夜了，韩玉庭走了过来，说："都半夜了，早点回家睡觉吧，这练武可不是一朝一夕的事啊！"

"哎！"韩其昌答应着，恋恋不舍地离开了拳场。顾不上喝口水，韩其昌三步并作两步地跑到了自己家院子的北墙外，在墙根处拿起竹竿，轻巧地又翻过了院墙，回到了自己的屋里。

远处传来了鸡鸣，韩其昌听到母亲从屋里出来的脚步声，就让母亲打开院门，拿了扁担和水桶，去村头的水井挑水。等他挑水回来，正向水缸里倒水时，父亲韩峰三也起床了。看到韩其昌，笑着说："好啊，挺勤快嘛，这才有出息呢！"

开始练武以后，韩其昌白天仍然是按照父亲的吩咐，或者是在药铺里学手艺，或者是在家里干活，困了就在地头小睡一会儿。他每天最盼望的就是晚上去拳场练武。

秋天到了。秋风萧瑟的夜晚，比起炎热的夏夜要舒适了许多。拳场上练拳的师兄弟们不必像夏天那样赤裸着上身了，他们都穿上了一件薄衣。韩其昌还是像往常一样，早早来到了拳场。他站在师兄弟中间，仔细听着师父韩玉庭的讲解。

"今天你们练的这个，叫做上下锤。这是对抗练习，得两个人对练。这么练是为了增加胳膊的力量。你们练的时候，一定要特别注意脚底下要站稳，胳膊要伸直，要画大圆圈，悠荡起来，眼睛还得灵活。眼睛要盯着对方的眼神，观察他的动态。再有就是对练的时候要多加小心，不能太使劲了，不能伤着对方，动作也得小一点，都互相照应着点。你们都是师兄弟，伤着谁也不合适。以后要对练的还有拗势捶和趟根，都得注意，不能伤着对方。"韩玉庭一边说着，一边看着众徒弟。

"前些日子，柱子和石团，还有其昌，你们几个练了悠石锁，练得不错。现在咱们想想，为什么要练这个石锁呢？练石锁要达到什么目的呢？练石锁就是要增加身体的力量和手的抓力，这叫认手。手不但要有劲，还得准，才能在对打时很快抓住对方，所以石锁得悠起来练。真正对打的时候，人家不可能一动不动地等着你抓，练石锁就是要练在对手运动的时候能认准他的方向趋势，自己也在运动当中抓住对方，然后立即发力，攻击对方。注意少练举石锁，因为举石锁会把肌肉练僵了，那麻烦可就大了。明白了这些，以后练起来就知道该怎么练了。现在看着我，我给你们练一遍石锁。"

韩玉庭说完，就走向地面的石锁。只见他右手提起石锁，把石锁悠到了齐胸高，用左手接住，待石锁下落到最低点时，左手就翻腕上提石锁，那石锁在胸前打了一个转，又用右手稳稳地接住。石锁再落到最低点时，右手翻腕上提，石锁又在胸前转了一圈……重复了几次这样的动作，韩玉庭用右手将石锁轻轻地放在了地面。

"都看见了吧！练石锁讲究的是方法，用的是巧劲。我刚才做的是左右悠荡和翻腕的一组，还有前后悠荡的、跨腿悠荡的，意思也和这个一样，都是把眼睛练快了、心练准了。行了，都练去吧！"

师兄弟们各自回到了自己的场地。练窝腰的、练踢腿的、练石锁的、练对打的，一片忙碌景象。

韩其昌每天都比其他师兄弟早到拳场，他先扫地、洒水，帮着师父干点零活，然后给师父放好座椅，端上茶，自己就开始练拳。王玉栋、韩玉庭两位师父对韩其昌格外赏识,指点起来也非常仔细。韩其昌天生聪慧,加上勤奋,这使得他在学武的初期就能得以很快入门。在不到两年的时间里,他不但基本功练得扎实,还学会了戳脚拳中的五花炮拳、金刚拳、四形拳和罗门八步等,收获了初入武门的第一个硕果。

王玉栋和韩玉庭都十分看好韩其昌,认为他是一个练武的好苗子,应该加以培养。

第6章　寻访名师

韩其昌跟随王玉栋、韩玉庭两位师父练习戳脚拳已经三年多了。

看到韩其昌的戳脚拳法已经练到了相当不错的程度，两位老拳师的心里除了充满喜悦和自豪之外，还萌生了让韩其昌多学些绝技的念头。那天刚刚练完戳脚拳，他们就把韩其昌叫到了面前："其昌，这几年你跟我们练戳脚拳，长进可真是太大了，我们可都快教不了你了，我们俩就会点戳脚拳法，你可是天生练武的好料，要是再跟着我们，学不着太多的本事，我们怕耽误了你啊！"

"师父……我……"韩其昌心里有点七上八下。他努力回想着，是不是自己什么事做得不对，或是练武不够用功，师父不爱教了？他一脸茫然的表情，呆呆地瞧着师父，说不出话来。

"其昌，你听说过李题明吗？"没等他醒过神来，师父又开口了。

"听说过呀！听说那老爷子功夫可了不得，在北京城的镖局里，人家是统领过二百多人的总镖头呢！听说这老爷子是个热心肠，可就是脾气有点倔，不是随便就教人的。"

"那是我们俩的师叔。"

"是您的师叔？"韩其昌由迷茫变为惊讶。

"是呀！他老人家只教了我们戳脚拳中的拳术，他还有一路绝活儿的枪法，叫'五虎神钩断门枪'，还有'奇枪对扎'，没教给我们。"韩玉庭略带遗

第6章 寻访名师

憾地说道。

"这是个什么枪法?"韩其昌眼睛一亮,问道。

"这种枪法,都说是隋朝末年的好汉罗成传下来的,所以又叫'罗家枪',这种枪的枪尖后面带着五个小倒钩,每个钩都有一寸多长。这枪法世间少有,用起来可是威风八面,招招制敌啊!据我们所知,只有我师叔李老爷子会,别人还真没听说谁会的。我看你是块习武的好材料,总想着,你要是能学会了这套枪法,不但能本事大长,还能让这个绝世的枪法有个传人啊!"

听了师父这一番话,韩其昌总算是明白了师父的用意,心里感到踏实多了。紧接着他又想道:这枪法这么厉害,又只有李老爷子会,我可怎么才能学到手啊?于是赶紧问师父:"师父,这李老爷子现在在哪儿啊?人家教不教我啊?"

韩玉庭哈哈大笑,说道:"李老爷子前几年就告老还乡了,他家住在饶阳城南边的北官庄村,从这儿走得十几里地吧。你要是能找到他,就跟他说是我们俩的徒弟,想拜师学枪法,至于人家收不收你、教不教你,那可就全看你的造化了!"

"师父,过几天我就去找李老爷子,不管多难,我也得把这'五虎神钩断门枪'学会了,绝不能给您丢脸!"韩其昌说出这些话的时候,他感觉到了自己周身的血液在奔涌,连心都快要蹦出来了。

几天之后,韩其昌很早就出了门,向东北的饶阳方向赶路。等他到了李老爷子住的北官庄村时,已经是中午时分了。李老爷子的名气很大,韩其昌很快就打听到了他家。叩开院门,才得知李老爷子没在家,去地里干活了。韩其昌不想在李老爷子家里干等着,就信步走在李老爷子家附近的庄稼地里,漫无边际地转悠着。走着走着,韩其昌远远望去,看到一个六旬开外的老者正在地里耪地。那老者虽然年事已高,但身形健壮,腰不弯,背不驼,头发黑中带亮,挥舞锄头的动作沉稳而有力,脚下的步伐也灵活轻巧。

看到老者在烈日下辛苦地劳作,韩其昌心想,自己在这里转悠也是闲着,不如帮这老人家干点活,让他早点把这点活干完,也好早点回家歇着。韩其昌拿起了地头上的锄头,就在老者的身后干起活来。老者好像看到了韩其昌在帮自己干活,却没有说话。

韩其昌干农活是把好手，一块地很快就耪完了。

"小伙子，是外乡来的吧？来这村里找谁呀？"老者这才开了口。

"老人家，我找李题明李老镖师。"韩其昌谦逊地说道。

老者抬起头来，眼睛炯炯有神地看着韩其昌，微微一笑反问道："小伙子，你找他干什么呀？"

韩其昌挺了挺胸，接着说："我想学艺，是我师父让我来找他的。"

"你师父是谁？"

"我师父叫王玉栋，还有一个叫韩玉庭，我叫韩其昌。"

"你就是韩其昌啊！我早就听你师父说过你！算是咱俩有缘，我就是李题明。"李题明哈哈大笑道。

韩其昌一听眼前这个老人就是李老爷子，忙说："老人家，我是来拜师学艺的！"

"哈哈！来学艺，却倒先帮我干起活来了！好啊！这都中午了，先跟我回家吃饭去吧！"李老爷子爽快地说。

韩其昌于是跟着李老爷子回到了家，吃过了午饭。

"你师父都教过你什么呀？"李老爷子问。

"金刚拳、四形拳、罗门八步，还有五花炮拳。"韩其昌把师傅教过的拳法一一说给李老爷子听。

"练几下我看看！"

听到老爷子要看他练拳，韩其昌立刻抖擞精神，拉开架势，非常认真地练了一趟四形拳。这套拳法，韩其昌早就熟记于心了，可今天练起来，他的一招一式都格外卖力，生怕面前的武林大家李老爷子挑出毛病来。

收势站稳后，韩其昌躬身施礼，说："师爷，您给评评吧！"

李老爷子"嗯"了一声，说："练得不错嘛！难怪你师父让你找我来了。这么远的路，你来我这一趟也怪不容易的，也算是咱爷俩有缘吧！咱就别那么多规矩了！这样吧，你不是想学五虎神钩断门枪吗，我从今儿个起就教你！"

韩其昌简直有点不敢相信自己的耳朵，他万万没有想到，李老爷子会这么痛快地答应教他！韩其昌站稳身子后，规规矩矩地给李老爷子磕了三个头。

第6章 寻访名师

韩其昌有练武的天赋，又肯下工夫，再加上李老爷子是武术名师，自然是相得益彰。韩其昌隔几天就跑到李老爷子家学一阵，然后就赶紧跑回家，有了空闲就仔细琢磨这枪法的奥妙。韩其昌每次去李老爷子家，都要用自己打零工挣下的钱，买些李老爷子最爱吃的东西送给他。前后几个月的时间，韩其昌竟然能把李老爷子的五虎神钩断门枪法学得精通烂熟，并能运用自如了。

在拳场上，韩其昌将学到的枪法练给两位师父看，韩玉庭看了后说："好！跟你师兄对对竿子吧！"对竿子是练器械的术语，意思是用白蜡杆代替枪，做对扎练习。当然，枪杆是不装枪头的，以防在练习的时候伤人。

师兄马彪比韩其昌大五岁，已经20岁了。在众多师兄中，他的武功还是很出众的。马彪善使单刀，耍起刀来虎虎有声，勇猛异常。

韩其昌和马彪相对而立，各持白蜡杆在手。马彪抢先出手，持枪杆照着韩其昌的腹部便刺！

"中平枪，枪中王，高低远近最难防。"马彪深知这一枪法谚语的含义，一出手就使出狠招，想要看看韩其昌能用什么招式破解。

韩其昌微一闪身，挺起手中的枪杆，搅住了马彪刺来的枪杆，并将自己的枪杆顺着马彪刺来的枪杆的底部，极快地滑向了马彪握枪的双手。为了使自己的手不被伤及，马彪被迫松开了握住枪杆的手。"啪"的一声，马彪手中的枪杆掉落在了地上。

"太好了！这回是学着真东西了，没学个空套子回来啊！"王玉栋高兴地喊着。

转眼间，已是宣统三年（公元1911年）的春节了。

大年初一，韩其昌买了一大块猪肉，赶到了李题明家，他是专程来给师爷拜年的。进了李老爷子的家，韩其昌先给师爷拜年、磕头，然后就和师爷聊了起来。

李老爷子说："其昌啊，你刚十五六岁，才是个半大的孩子，能这么懂礼，真是难为你了，我看你学武入迷，人也本分，没啥子歪心眼，不显摆自己，也不欺负人，是个有德行的好苗子啊。我也老了，没什么大本事，过了年，我就再教你一门绝技——对劈刀，如何？"

"这可太好了，我正想多跟您学几招呢！"

"我要教你的这套刀法，可是我的独门绝技。这刀法叫'连环套刀'，也叫'对劈刀'。这刀法是圈套圈，环套环，一刀接一刀，一刀破一刀，可全都是实用的绝招啊！前些年我在京城镖局里的时候，有个唱武戏的名角，总想跟我学这套刀法，还说要出二百两银子当学资，我都没教他！你知道，练武的人是不能把钱看得太重的，重在看人呐！我教给你，你一定要好好琢磨，不能轻易传给别人，一定要找一个品行好的人，才能传下去！"

师爷的这番话，让韩其昌心里一阵发热。师爷对自己的希望和期待，不光是要练好武功，而且要有武德，还得有好的人品呀！

"过了十五，你就过来吧！前几次和你一起来的那两个小伙子叫什么来着？"

"一个叫王月桐，还有一个叫韩凤环。"

"都是你们村的吧？"

"是。"

"你就把他们俩也带来，一块儿练吧！上回他们也跟我说想学拳，就让你们一起学吧，也好能对练！"

"好好！谢谢师爷！过了十五我就来！"韩其昌赶快答应着。他恨不得这春节赶快过去，再过了十五，就又能学刀法了。

春节过后，韩其昌还是隔几天就和王月桐、韩凤环一起去李老爷子家学刀法，回到家里就和他们一起练习。从春天练到了夏天，韩其昌已经把五虎神钩断门枪和连环套刀练得运用自如了。李题明看到韩其昌练的枪法和刀法，感到十分满意。

韩其昌是个武痴，他一见到好的武术技法，就会抓紧一切机会学到手。

"师爷，我跟您学会了五虎神钩断门枪，还有连环套刀，真得谢谢您老人家了。我还想跟您学几套实战的功夫，您再教教我吧！"韩其昌走到师爷面前，恳切地说。

"你小子想学打人了？你要知道，人可不是那么好打的，我给你打个比方，你屋里放一只活蹦乱跳的大公鸡，你逮它试试，这公鸡连扑愣带脚蹬的，也很难抓它住，何况一个大活人了。打人第一靠的是功夫，第二靠的是技巧，第三全凭智慧,这三样是缺一不可的。不过,孩子,你要记住,练武的目的不是为了打人,打人的方法应是在保家卫国、自卫防身的时候才能使用!这个你可明白?"

韩其昌连连点头说道:"明白明白,您老放心。"

"咱们门里练习实战的方法,那就得说对练'手套'了,其中的代表莫过于八翻手和迷魂巴掌了,你想学哪个?"

"都想学!师爷,您都教给我吧!"

"你可真是个急性子啊!就算是都想学,也得一样一样地来啊!"李题明又笑了。

"那就听您的,您说先学什么就先学什么!"韩其昌又开始按捺不住了。

"那就先学八翻手吧!八翻手有八个招式,动作多点,就先练八翻手吧!"李题明说着,就站了起来。

"好好,就先练八翻手!"韩其昌高兴地说。

"看好了啊!我教你!八翻手的翻手叠手动作要快,步伐也得灵活,要讲究站位!八翻手其实就是八个奇妙的连环招式。这八翻手的第一招,叫'迎面飞仙掌'!"李题明话音未落,一掌就向韩其昌的面门劈砸过来。

韩其昌下意识地抬手接招,猛然间不见了师爷打过来的手,紧接着就感到腹部被击中的疼痛。

"怎么样?看明白了吗?"李题明问道。

"看明白了!"韩其昌还在回想着师爷刚才的招式中的变化。

练了三个多月,韩其昌又想起了师爷曾经说过要教给他迷魂巴掌的事,于是又找到了师爷。

"师爷,今天您高兴,就教我迷魂巴掌吧!"

"行!"李题明打心眼里喜欢这个好学的孩子。

不过练迷魂巴掌可让韩其昌吃了不少苦头。每次跟师爷对练,韩其昌总是弄不明白师爷的手法变化,特别是攻防之间的转换。

晚上,在李题明家,韩其昌又和他对练迷魂巴掌。不知怎么了,今天和师爷对练,韩其昌总觉得不对劲,不仅老是挨巴掌,还不能转换进攻的态势。迷魂巴掌的动作虽然不是太多,但其中的劲道和手法变化多端。师爷已经带练好几遍了，可韩其昌却怎么也学不会。他心里越是着急，就越是手忙脚乱，每次和师爷对练，都是刚一出手就被抓住了破绽，脸上接连被打了几个巴掌，防守与进攻动作老是落后一拍。李题明衣服的袖子又长，手打到韩其昌的左脸，袖子也打到了他的右脸。韩其昌被打得晕头转向，两耳也嗡嗡作响。

"师爷，您动作慢一点行吗？我还没看清楚，您的手就打上我了！"韩其昌皱着眉头说。

"不行！"李题明语气十分坚决，"练了这么多回，你的手和脚总是跟不上趟！动作慢一点可不行，慢了就练不出功夫来了！真的要是跟人家打起来，谁还等你看清楚了再出手啊？就得这么练，多挨几回打就练出来了。接招！"话音未落，李题明一掌又打到了韩其昌的面颊，韩其昌连忙躲闪，可李题明的双掌却像雨点般地打向了韩其昌的脸颊，只听得噼噼啪啪地一阵响，韩其昌自己也数不清挨了多少掌。尽管李题明并没有用多大的力气，仅仅是点到即止，可韩其昌的脸上还是火烧火燎地疼。韩其昌懵懵懂懂地站在李题明面前，一脸苦相："师爷，我还是没弄懂！"

"没懂啊？那就还是没学会呗！这可真成了迷魂巴掌了，把你都给练迷糊了！别着急，先别练了，静静心，好好琢磨琢磨再练，怎么也得把手和脚练到一起啊！你看，都这么晚了，你也该回去了，明天再练吧！"李题明平和地说道。

"行，那我就先回家，明天再来。我也真够笨的，练了这么多回都没练会！"韩其昌边说边往门外走。

"回家吧，明天再练！"李题明送韩其昌出了院门。

从师爷家出来，天已经黑了。韩其昌一边走着，一边想着迷魂巴掌的那几个动作。不知不觉中，他已经走过了村口的岔路口。每次从师爷家回来，韩其昌都是走那条大路的。现在他已经走过了岔路口，也就不想再往回走去找那条大路了。他经过一片麦地，又走进了一片树林，想找到那条小道。走那条小道比走大路要近些，也能早点回到家。现在家里又添了一个弟弟，母亲太劳累了，他想尽早回家，帮母亲干点什么。

田野的夏夜是宁静的。没有月光，四周一片漆黑。韩其昌匆匆地走出了树林，过了一个土坡，看到了一棵老槐树。白天练了一整天的拳，再加上晚上着

第6章 寻访名师

急赶路,天气又热,韩其昌已经汗流浃背了。他来到了老槐树下,靠着树坐下来,想歇会儿再走。

这时已经开始起雾了。恍恍惚惚地,韩其昌好像听到不远处传来了"吱扭、吱扭"的声音。韩其昌对这声音太熟悉了,这是挑水的声音啊!他屏住了呼吸,睁大了眼睛,循声望去,四周一片漆黑,什么也看不见,只听得"吱扭、吱扭"的声音越来越近。

"谁在大半夜的挑水呀?"韩其昌心里想着,"得赶快回家,天亮了我还得挑水呢!"想到这里,韩其昌赶紧站了起来,继续向前走。

走着走着,韩其昌就走进了一片坟地。这片坟地韩其昌并不陌生。他从这片坟地走过几次,也听村里人说过坟地里闹鬼的事,还听说坟地里有鬼火,能听见鬼哭,可他从来都没相信过。走在黑暗的坟地里,他一点儿也不觉得害怕,一心想着得快点回家。韩其昌大步流星地绕过了一个又一个坟丘,在坟地里穿行着。前面又是一片树林。韩其昌心里一阵高兴,再走过这片树林,就离家不远了。

走近了树林,韩其昌一眼看见了那棵大槐树。"这不是我刚才坐过的地方吗?"韩其昌心头一紧。仔细看看那棵大槐树,确实就是刚才他靠着的大树。

"怎么又回来了?"韩其昌自言自语。

"没错呀!我就是往西北走的呀!这条小道我都走过多少回了,怎么会又走回来了呢?"韩其昌顾不上多想,连忙转身,又走进了坟地。坟地里还是那样寂静,韩其昌又穿行在坟丘之中。

刚才没能走出坟地,使韩其昌又一次想到了坟地里闹鬼的传说,难道是真的有鬼吗?"就是有鬼,我也不怕!再说我又没做过什么亏心事,鬼也不能把我怎么样!这两年我又练了点功夫,就是鬼来了,我也能跟鬼干一场!"韩其昌一边想着,一边加快了脚步。很快地,他走过了坟地,又来到了一片树林前,又看到了那棵大槐树。"又回到这里来了,怎么就走不出去了呢?"韩其昌又是着急,又是不服气,转身就向坟地走去。

走进坟地,韩其昌心里在叮嘱着自己:这回可得小心点儿,千万不能像刚才那样,走着走着又回到老槐树底下了!已经走回去两回,时间都耽误了,再不快走,天亮之前就回不到家了。

一个个的坟丘，还是无声无息地分散在那里。几十个坟丘很快又穿行过去了，眼前就是一片树林，走过树林，就要到家了！韩其昌心里一阵高兴，大步跨上了土坡。

还是那棵老槐树！韩其昌有气无力地一下子就呆在了那里。他真的走累了，浑身是汗，腿脚也发沉，索性就靠着老槐树坐下。

一阵夜风吹来，他感受到了一丝凉意，迷迷糊糊地闭上眼睛，好像是要睡着了。朦胧中，韩其昌的眼前出现了一个老人。这老人身形敏捷，虽然是在黑夜里，可老人身穿白衣白裤，还有白色的胡子，韩其昌却是看得清清楚楚。白衣老人走到韩其昌面前，迎面一掌劈向他。韩其昌赶紧举手接招，就和白衣老人对练了起来。

"这不是师爷教我的迷魂巴掌吗？我还没学会呢！"韩其昌猛然惊醒，他回想着跟白衣老人对练的经过，一边自己比划着，一边飞快地向师爷家跑去。

鸡已经叫头遍了。

"师爷！师爷！"韩其昌一边叫着，一边拍打着师爷家的门。

"今天你怎么这么早就来了？"李题明一边系着衣服的纽襻，一边把门打开。

"我就没回家！我在坟地边上睡了一宿，梦见一个白胡子老头跟我对打迷魂巴掌！您看看我这么打对吗？"韩其昌一边说，一边和李题明对练起来。

"这不挺好嘛！昨天练了一天都没练会，怎么过了一宿就会了？看来真是有神仙教你啊！孩子，缘分不浅呐！"李题明也有些惊讶。

还真如李题明所言，自从跟梦中的白衣老人学会了迷魂巴掌以后，韩其昌练武就好像开了窍一般，武功也随之大进。

第7章 父子情深

韩峰三的药铺开在县城的东街,这条街是县城比较繁华的地带,街道的两旁是各式各样的商铺。药铺的生意虽不是很好,可每天来往的人却不少,韩峰三总是和来人打招呼,把客人让进店里喝杯茶,聊聊天,从而结识了许多朋友。

"韩老板,多日不见,一向可好啊!"来人是深州东小营村的杨俊生。杨俊生在县城人缘混得不错,与韩峰三也早就熟识。

"杨老兄啊!还好还好!请里面坐吧!"韩峰三一边招呼着,一边把杨俊生让进堂屋,给他倒上了茶。

"韩老板,今天我是来求您的,您可得给我帮帮忙啊!"杨俊生喝了一口茶就迫不及待地说。

"好说好说,要什么药啊?"

"不是要药,是托您帮我请两个练武高手!"

"请武术高手?找我?"韩峰三看着杨俊生,一脸的迷惑。

"韩老板,是这么回事。城西的那个菩萨庙不是新修了一个佛像吗?过几天就要开光了,那天得去好多有头有脸的人物呢!管事的说,得请两个练武高手,开光完了后演上两场,也好提提兴致。人家管事的指名道姓要请两个人,让我说什么也得把这两个人给请来。您知道,我这整天净是瞎忙活,可练武高手认识得不多啊。我可实在没办法了,就想到了您,您在县城这些年认识的人多,面子也大,只要能帮我把那两个人请来,我真得好好地谢谢您呐!"杨俊生一边说,一边急切地看着韩峰三。

韩峰三听到这里,总算是明白了杨俊生的来意,便顺口问道:"史连生不是在村里开了拳场吗?他那个拳场里就找不着能上场子表演的年轻人啊?"

"他那个拳场有两个年轻的,已经安排他们开光那天表演了。史连生那个拳场是练形意的,管事的还让我再请两个练戳脚的高手,我才来求您啊!"杨俊生又倒上了一杯茶。

"那……您想请谁呀?我认识吗?"韩峰三还是一脸迷惑地问道。

"有一个叫王月桐,是院头村的。"

"王月桐没问题,那是我侄儿,我叫他来就是了。"韩峰三很有把握地说。

"还有一个叫韩其昌,也是院头村的。"

"韩其昌?他会练武?"韩峰三两眼直盯着杨俊生,脸上又露出了疑惑。

"没错啊!功夫还挺不错呢。这十里八村的都知道啊!您都没听说过?"杨俊生也惊讶起来。

"我还真没听说,也真不知道韩其昌还会功夫啊!老兄是行家,我可是一点儿武术都不懂啊!既然都那么看得起他,那我让他来就是了。"韩峰三说这话的时候,表情仍然是半信半疑。

"王月桐是您侄儿,自然是没问题。那韩其昌呢?有把握吗?可别到时候请不来,让我不好向管事的交代呀!"

"您尽管放心,他准能来!"

"哎呀!我就知道您神通广大嘛,没让我白来一趟,行了,等开光完了之后,我可得好好谢谢您啊!您先忙着吧,我就先告辞了!"杨俊生向韩峰三拱了拱手,走出了药铺店堂。

韩峰三坐在那里,一动也不动,仍然在想着杨俊生刚才说的那些话。猛然间,一种恍然大悟的感觉使他一下子就站了起来。

"好小子,连你爹都给蒙了!"韩峰三心里骂道。他叫来伙计照看着店面,自己径直回家了。进了院门,正看见韩其昌在劈柴。

韩峰三仔细端详着韩其昌。儿子是结实多了,个子也长高了。或许是劈柴

第7章 父子情深

感到太热，儿子光着膀子，浑身的肌肉一块一块地鼓胀着，粗壮的胳膊抡着斧子，分外有力。那些树桩、树枝，在斧头猛烈的砍剁下，纷纷折断，发出了很大的响声。

看着眼前的儿子，韩峰三的心里涌动着又心疼又愧疚的情感。这些年光顾着忙店里的生意了，很少回来照顾家。他极力地板起面孔冲着儿子说："其昌，你进屋来，我有话问你！"

韩其昌赶紧放下斧子，跟父亲进了屋。没等韩其昌站稳，父亲劈头就问："好小子！你还在练武，是不是？"

看到父亲一脸的严肃，韩其昌紧张得不知所措。和那年让父亲训斥时的表情一样，韩其昌结结巴巴地说："没……没有啊！"

"哼！你还想瞒我？！我现在全都知道了，人家今天都跟我说了！你说，怎么回事？"韩峰三喝道。

韩其昌知道，这回是真瞒不住了，就耷拉着脑袋把这几年偷偷练武的经过全部说了出来，然后低着头站在那里，大气也不敢出，等待着父亲的训斥。听完儿子的叙述，再看看眼前低头站着的儿子，韩峰三忍不住"扑哧"一声笑了出来，随手一巴掌打在了儿子的肩头。"好小子，还成了名手了，真行啊！"韩峰三展颜道。

等着挨训的韩其昌听到父亲笑，身上又挨了一巴掌，也怔住了，过了片刻，才长长地出了口气。心里虽然放宽了些，但还是傻呆呆地站在那里，头也不敢抬，等着更多的责骂。韩峰三却哈哈大笑起来："行啊小子，今儿个有人请你了！"

韩峰三把县城菩萨庙开光相请的事讲了一遍，最后还说了句："你去吧，好好练！现在有你弟了，我就让他继承我的手艺吧。"

听了父亲的这句话，韩其昌的心里才算是有了着落，知道不会再挨训了，便赶快地"嗯"了一声。

韩峰三又说："你既然是不愿意继承爹的手艺，不想吃爹这碗饭，一心一意要练武，我也就不拦你了，这叫人各有志，不能强求。我是你爹，也不能啥事都替你做主啊！我不会武术，可我知道，练武的人要先有武德，你要学就得学出个样来，不能半路当孬种，也不能惹是生非欺负人，你记住了吗？"

"我记住了，爹，师父也是这么教我的。"韩其昌看着父亲，他第一次感到了父亲的理解。

"其昌啊，这几年你瞒着我练武，还练出了名气。家里的活，还有药铺里的活，你可一样都没少干啊！可真是够难为你的！"韩峰三说着，一只手扶住了韩其昌的肩头，另一只手从怀里掏出了两块银元，递给了韩其昌，"这钱你先拿着。练武得拜师，要懂得孝敬师父，师徒如父子啊，这个道理我懂。你常给师父买点东西送去，也是当徒弟的一片诚心啊！"

"爹，我不要钱，我有钱啊！"

"拿着吧！你打短工挣那几个钱，我还不知道啊！明天我再让你娘多给你做几件衣服，多做几双鞋。你练武，衣服和鞋都得费呀！"

"爹！"韩其昌眼含热泪地看着父亲，什么话也说不出来。

"练去吧！别忘了去菩萨庙给人家表演！好好练，练出个样子来，给我争气啊！"

"哎！"韩其昌答应着。从西屋里出来，韩其昌顿时感到周身轻松无比。揣着父亲给的钱，韩其昌心里开始盘算着：自己打零工挣的钱足够给师父买东西了，父亲给的钱该干什么用呢？

"其昌，吃饭了。"母亲韩刘氏走出了屋。

"哎。"韩其昌帮母亲把饭菜端上了饭桌。

吃饭的时候，韩其昌开始仔细端详着母亲。母亲衣着虽然整齐，但都比较旧了，上衣还有补丁。韩其昌心里有了主意。

第二天，韩其昌就去县城里的绸缎庄花一块大洋扯了两块花布，又在点心铺和熟肉铺里花一块大洋买了点心和肉食，连忙跑回了家。韩其昌一进屋就喊着："娘！娘！"母亲韩刘氏应声走了过来。

"娘，您看看，这是给您买的。"韩其昌捧着布和点心说。

"给我买的？"韩刘氏有些惊讶。

"是给您买的，这布给您做衣服，挺好看的，这些点心也是给您吃的。"

"孩子，你哪来的这么多钱啊？"

"是我爹给的。爹说让我给师父买吃的，我在外面打零工挣的钱，早就给师父买了，我就拿爹给的钱，给您买了这些。娘，我都长大了，该给您买点东西孝敬您了。"

"好孩子。"看着懂事的儿子,韩刘氏的眼睛里闪动着泪花。

自从有了父亲的支持,韩其昌练武就更加认真刻苦了。在城里帮父亲忙碌店里的活计时,还向父亲学习医术,父亲传授起来自然是格外认真。这些医术对韩其昌练武有很大帮助,因为医武同源,练武不懂医很容易伤到自己。除了练武和在店里帮着父亲干活之外,他同时还不忘帮着母亲做家务,这令父亲大为满意。

第 8 章　初识形意拳

　　菩萨庙的开光典礼很是热闹。典礼之后，便是武术表演了。登台表演的一共有八个人。两个是深州南小营村的，是史连生的徒弟；两个是深州院头村的，王月桐和韩其昌；还有四个人是从武强和饶阳请来的。他们都很年轻，最大的也就二十二三岁。他们分别表演了拳术、器械。韩其昌表演了五虎神钩断门枪和金刚拳，虽然只是表演，韩其昌还是像实战一样完成了每个招式，获得了观众的阵阵喝彩。

　　表演结束，主办方宣布武艺切磋开始。这种武艺切磋是当地的一种传统，多由当地的大户、有钱人举办。每次武术表演之后便是私设擂台的武艺切磋，这已经成了当地的一种风俗。出资的大户也想通过这种比武形式来网罗武林人才。切磋使用抽签的方式决定对手和出场次序。王月桐第一个出场，对手是武强县的一个拳手。

　　王月桐先发制人，左手在对方眼前一晃，右脚就横截踢向对手左腿的迎面骨。对手也不甘示弱，稍一侧身，身体向下一蹲，就要抄抱王月桐踢过来的腿。王月桐急撤身，迅速收回踢出的腿，虚晃的左手变成了实打，向对手的面额一个按掌，将对手击倒在地。王月桐连忙扶起对手，嘴里说着"承让！承让"，将对手扶下台。

　　该轮到韩其昌出场了，对手是饶阳县的一个拳手。

第 8 章　初识形意拳

饶阳的拳手首先出手,右掌直劈向韩其昌的面门。韩其昌微微侧身,用右臂画外圆拦截住对方,并迅速前伸右臂,急上左步,已将身体贴在了对手的身后,紧接着韩其昌用右臂勾住了对手的脖颈。撤右步,轻摇转身,将对手轻轻放在了地上。韩其昌拉起对手,连声说:"您承让了!"

"好!"台下的史连生看到了这一切,连声叫好。

武术表演后,史连生找到了韩其昌说:"孩子啊,刚才我看了,你的身手不错啊!想不想在身上再加点劲道啊?你现在虽然出手快,但劲力不足,形意拳能让你身上增加刚猛劲。想学吗,孩子?"

韩其昌高兴地说:"想学,那就谢谢师父了!"韩其昌当下就高兴地给史连生磕了三个头。

过了几天,韩其昌提着自家种的花生和芝麻去看史连生。史连生的家离拳场很近。韩其昌站在史连生家院门外头,看到史连生正在院子里剪花枝。

"伯父!"韩其昌在院门外叫了声。

"哎!"史连生放下了手里的花剪。

"其昌啊,快进来!"史连生把韩其昌让进了屋里。

"坐吧,先喝点水吧。"史连生从灶上给韩其昌舀了碗水。

"今天来学拳了?以后就别带东西了,我和你爹是兄弟,咱们是一家人,就别客气了!"史连生说。

"哎!不带了。"韩其昌嘴上答应着,心里却在想:徒弟给师父送东西天经地义,哪能不带呀!韩其昌深知武林的规矩,给师父买东西是尊师重德的体现。

"师父,今天您就给我讲讲这形意拳的来龙去脉吧!我听说每种拳法叫什么,都是有来历的呢,这形意拳的来历是什么呢?"韩其昌问道。

"这形意拳一开始还真不叫形意拳,叫六合拳。祖师爷是明朝末年的姬际可,离现在两百多年了。姬际可少年的时候就爱练武,据说在终南山寻访名师,得到了岳武穆王,就是岳飞,传下来的六合枪谱,他用大枪的劲道创造了拳法。这就是最早的形意拳。就是因为六合拳法来源于六合枪法,拳的劲道有独特的穿透力,现在练形意拳的人,都还尊岳武穆王为祖呢!"

"那后来这六合拳怎么变成形意拳了呢?"韩其昌好奇地问。

"曹继武跟姬际可学了心意六合拳以后，武艺高强。康熙年间考中了武科，当了陕西靖运总镇都督。后来官场失意，隐退回乡。他家在安徽，要从陕西回家，就得经过山西。路过山西太谷的时候遇到了戴龙邦，曹继武受到了戴龙邦的接济。见戴龙邦为人正直，就将心意六合拳传给了戴龙邦。从此以后，心意六合拳就在山西戴家传了下来。"

"那这拳法怎么又传到咱们这里的呢？"韩其昌听得入了迷。

"这就得靠咱们深州的李洛能李老前辈了。李老前辈是深州窦王庄人，道光十六年，也就是七十年前吧，李老前辈在山西太谷经商，仰慕戴家的心意六合拳，就去拜师学艺，一共学了十年。学成以后，回到了深州。他又结合了道家的养生修道理论，把心意六合拳做了改动，把心意改成了形意，就成了现在的形意拳。"

"这李老前辈现在还在吗？"

"已经走了十来年了，可是他的徒弟多呀！有名的入室弟子就有山西的车永宏、宋世荣、宋世德、李广宇，直隶的郭云深、刘奇兰、刘晓兰、贺运恒。李老前辈还写了一本书，叫《形意拳谱》，这本书可是形意拳的经书啊！在这本书里，李老前辈对形意拳的说明是，根据金木水火土五行和十二种动物搏击形态的原理，又研究了道家内修的含义，定名为形意拳。"

"啊！敢情这形意拳一个拳名，就有这么大的学问啊！"韩其昌感叹着。

"是啊！我这也才说了一点儿啊！形意拳传到现在都已经两百多年了，我知道的也不算多啊！"

"师父，这形意拳和别的拳相比，有什么不一样的地方啊？"韩其昌越听越入迷。

"形意拳在初期练习时，强调'两肘不离肋，两手不离身'，起落钻翻中处处严密，招招紧凑；脚下一动，则步步体现着合抱扣之劲，沉实稳健，落地生根，同时，每一起落均要求手脚齐到，三尖对照，六合齐整。只有在简单、枯燥的反复练习中不断地磨炼自己、整合自己，直至做到身合劲整，才能基础有成。

"形意拳重意不重僵硬，以意领气，以气导力。习练有成时，伸缩自如，刚柔并济，动静相兼，静若书生，动若雷鸣，迅如猛虎。在技击中讲究快攻直

第 8 章　初识形意拳

取，寓守于攻，柔克刚进，顾打兼备，横裹其力，纵放其势。勾、挂、撩、劈、踩、踏、蹬、踢、斩、截、裹、胯、挑、顶、云、领，有莫测之变化、无穷之妙用。

"出拳的时候，讲究身正、步稳，浑身上下就像拧绳一样，不能松懈。'迈步如行犁，落脚如生根。'形意拳讲究六合，即心与意合、意与气和、气与力合、肩与胯合、肘与膝合、手与足合。一发即至。"

"师父，练形意拳得多长时间啊？"

"这得看怎么练了。形意拳的套路不难练，有个一年半载就能练成了。练形意拳的人常说，形意一年打死人，也是这个意思。可是要想练出大成来，一年半载可是不行啊！"

"那我从什么地方开始练呢？"

"先从站桩开始吧！形意拳的三体势是形意拳的根本啊！"

"行，那我就从它开始练！"

史连生当天就开始教韩其昌练站桩。

半年很快过去了。在史连生的指导下，韩其昌已经熟练地掌握了形意拳中五形拳、五形连环、摇身捋手五形拳等的技法。

拳场上，史连生把韩其昌叫了过来："其昌啊！你练形意拳有些日子了，跟你师兄弟们切磋切磋，让我看看！黄三！你跟他比划比划！"

韩其昌和黄三相对站好了。韩其昌心里有些没底，便对黄三说："师兄啊！我可是刚学没几天啊！您手下留情！"

"好说好说！"黄三笑着答道。

韩其昌先出右手，一记崩拳，击向黄三腹部。黄三向右转身，左臂贴住了韩其昌右臂根部，并顺势下滑，紧跟着就一个上步，使出劈拳扑向韩其昌的前胸。

韩其昌见此情景猛地转身跳起，双手画圆，向下振打黄三的双臂，同时上步，进身贴在了黄三的身后，右手肘部吊起，右拳摆打击向黄三的咽喉。

韩其昌在拳快贴近黄三咽喉时，立即收手，并撤步躬身说："师兄，承让了！"

"好！练得不错！"看到韩其昌进步如此之快，史连生喜上眉梢。

"明天咱们就开始练十二形！"史连生说。

又练了一年，韩其昌功力大增。

"其昌啊！这回可得给你引见个名手了啊！"史连生把韩其昌叫到了屋里。

"师父，您要给我引见谁呀？"韩其昌好奇地问。

"这个人比我功夫好多了，他叫李存义，你听说过吗？"

"没有。"

"那天我给你讲形意拳祖师爷的时候，不是说咱深州形意拳的祖师爷李洛能从山西学拳回来以后，教出了八个有名的弟子吗？有一个叫郭云深，还有一个叫刘奇兰，这你还记得吧？"

"这我记得。"

"这个李存义就是郭云深的徒弟，也是咱们深州人，他年轻时家里穷，靠给人家赶车挣口饭吃。后来跟着郭云深、刘奇兰学艺，还当过两江总督的'督标把总'，还曾经在保定开了一个镖局，叫万通镖局。十多年前的庚子年，八国联军打中国，李存义带着徒弟们入了义和团。李存义一把单刀上阵，在天津老龙头火车站，杀得洋鬼子尸横遍野，洋鬼子一听'单刀李'，那是掉头就跑啊！真给咱中国人争气啊！现在他六十多岁了，告老还乡了，你要是能拜他为师，那才是名师出高徒呢！"

"师父，您教得也不错，在您这儿我也学了不少本事，您为什么说

韩其昌形意拳恩师单刀李存义先生。

不教就不教了呢？是我哪里做错了吗？"

史连生叹了口气道："我的儿子不争气，不好武，非得上城里去做生意。我不放心他，想关了拳场，跟他上城里，也好看着他，这败家的玩意儿！我把你引荐给李存义，你就正式拜他为师吧。"

"李存义现在在哪里啊？"韩其昌问道。

"就住这个村，在村北边。"

听到李存义就住这个村，韩其昌眼睛里闪烁出激动的光芒。

"可是，师父，人家愿意教我吗？肯不肯收我当徒弟啊？"

"放心吧！有我呢！他最喜欢好学的后生了！过几天我就带你上他家去！"

"这……行吗？"韩其昌还是有些犹豫。

"准行！实话告诉你吧，我和李存义是把兄弟，我管他叫大哥！前些日子我还跟他提过这事呢！放心！我带你去，他准能收你！"

几天以后，史连生带着韩其昌来到了李存义家。李存义见到韩其昌，让他练了一趟拳。李存义看出韩其昌有一定的功底，异常喜爱，当即就收他为徒。那一年，韩其昌16岁。

做了李存义的徒弟后，韩其昌很快就和师兄弟们熟识了。

韩其昌练武很刻苦。他每天都是天不亮就起床，一个人跑到拳场，先把昨天师兄教的形意拳招式练上一遍，等师兄弟们来了以后，就开始和师兄弟们过招，对练形意拳。

李存义看在眼里，心里想：孺子可教也。中午的时候，李存义把韩其昌单独叫到屋里，传授心法。

李存义跟韩其昌讲的拳经为：意拳者，拳之内家者也。用合天地，化生万物之形；体本五行，循环生克之意。盖天地之初，混混沌沌，茫然大烝，既无归宿之可指，复无界限之可言。逮岁月嬗递，略就范围，渐成一烝。继则轻清上浮，重浊下降，阴阳剖判。阴阳再合，遂成三体。于是五行循环，化生万物。此天地进化之大概也。

"孩子，听明白了吗？"

韩其昌似懂非懂地看着李存义，微微地摇了摇头。

李存义"扑哧"一笑："我跟你这么说吧，咱们形意门的拳理充分体现了天人合一的理念,不仅顺天地运化大道编排拳法的习练程序,而且用五行学说的内圣外王之理论,巧妙地指导人体的运动方式和心性修炼,在身心都有了坚实基础之后,又将道家的内丹修炼之法暗藏于十二行之中。所以形意拳不仅仅是'远取诸物,近取诸身',象形会意,而且寓理于形,以拳喻道,以外带内,以内领外,性命兼修,内外合一,集祛病、养生、护身、修心于一体,是追求强身健体、自卫保身、修身养性、祛病延年的难得方法。孩子,拳不光靠练,还得学会养,从今起,我就教你八段锦和十三太保吧。"

一晃就到了冬天,又是一场大雪,拳场上覆盖了一层厚厚的积雪。雪刚停,韩其昌就和师兄田鸿业扫清了拳场的积雪,开始对练起来。韩其昌和师兄练的是六合大枪对扎。只听得哗啦啦好似核桃摩擦滚动的声音,这是练习六合大枪拿、拦、扎时所发出的特有声音。练着练着,雪又开始下了起来。

刚好,李存义坐着马车从村外回来,远远地看见拳场上有两个人影,在白色的雪景里格外显眼,就吩咐赶车的徒弟把车赶到了拳场。

"师父!"两人看到师父下车,忙打招呼。

"下着雪还练啊!真是不怕苦啊!"李存义看到韩其昌,心疼地说。

"这不已经下得小多了吗!我就跟师兄出来了。"韩其昌笑着回答。

"其昌,来我这里都一年多了,我给你加点硬功吧!这功要是练成了,也就练出金钟罩、铁布衫来了。这门绝技,我还是在参加义和团时,跟一个练梅拳的人学的,他当时跟我说练完此功,就不怕洋枪打了,可是在战场上,教我练金钟罩的那个练梅拳的兄弟还是死在了洋枪下。不过在我练习这门功法当中感觉到它能促进内劲外发,对我们练形意拳是有帮助的,其中的拍打功又能增加自身的抗击打能力,还能使你身体的肌肉坚硬有力起来。其昌啊,你练好了这门功夫的话,在与强敌交手时是不会吃亏的。"

"弟子明白。"韩其昌答道。

为了练金钟罩、铁布衫,韩其昌吃了不少的苦。每天用杉木棒拍打自己的全身。杉木质地较轻,初练时用杉木拍打不致受伤,再加上杉木有活血的药性,最适初练使用。自从练上了金钟罩、铁布衫以后,韩其昌就连晚上睡觉都睡在鹅卵石上。韩其昌懂得配制草药,为了化解拍打后产生的热毒,他用自己配制的药水擦洗身体。用杉木棒拍打了一段时间以后,再用铁尺拍打自己的两肋。几个月后,韩其昌的腋下已结出了厚厚的茧子,他的双臂也因而练得如同铁棍一般坚硬。

看到韩其昌如此苦练,李存义仿佛又看到了自己年轻时的身影。

第 9 章　铁臂沱南侠

　　过了芒种时节，中原就是盛夏天气了。烈日的持续烘烤，使得田野里的风都变得干热起来。在热风的吹拂下，没几天的工夫，田野里的麦浪就由绿色翻滚成了金黄色，这就是夏收的季节了。夏收是中原农户一年当中最忙的季节。在这个季节里，决定农户收成的往往是天气了。

　　5月的天，是烈日和阵雨交替的时节，有时候一天就要交替几次。农户要趁着晴天的时候尽快地收割田里的麦子，将麦粒铺到场院上晒干，还要在收割了麦子的地里种上玉米。农户们把这种忙碌叫做"抢收抢种"。他们最怕的就是遇上连续几天都不出太阳的阴雨天，不仅割下的麦子不能晾干，就是那些在田里没有收割的麦子，也会因为雨淋而长出麦芽。赶上晴天的时候，收麦子也都是在赶早或者拉晚。因为那时相对凉快些，干活时能躲开烈日的烘烤。待到太阳出来时，也正好把割下的麦子送到场院上去晾晒。

　　韩其昌家也种着几亩麦地。这天天还没亮，他和父亲韩峰三就赶早在地里割麦子，干到天色微明的时候，韩峰三看了看东方说："其昌，你看，东边都没有红色，今天肯定是阴天，弄不好还得下雨。咱们不干了，赶快把捆好的麦子送回去吧！"

　　"哎！"韩其昌一边答应着，一边麻利地把麦子一捆一捆地装到了手推车上。

第9章 铁臂沱南侠

"装完了吧?我先把车拉回去。你不是说还得去你师父家看看吗?你就别跟我回家了,现在就去吧!"韩峰三说。

"那您自己拉车行吗?"韩其昌不放心地问。

"怎么不行啊?你爹还没老呢!把镰刀也搁车上!"韩峰三边说边拉动了车。

韩其昌沿着田地里的小路,向师父家走去。还没走多远,就看见前面有一群人围在一起,吵吵嚷嚷地说着什么。韩其昌以为是什么人在打架,就快步走了过去。自从他练武以来,遇到打架的,他总是尽力劝解。

走近人群,韩其昌才看到人群围住的是一辆马车,车上装的是一捆一捆刚割下来的麦子,垛得很高。这是辆两轮马车,一个轮子已经深深地陷在了泥里。昨天的雨实在是太大了,田地里的道路上还积着一个个的水坑,车轮碾过的地方也留下了水沟。

"驾!驾!"车把式用力抽打着驾车的马,那马虽然用力,可陷在泥里的车轮就是不转,马越是用力,那车轮就越是向下陷,车上的麦垛本来就够高的,车已经开始歪斜了。

"别这么赶了!这么赶车,越陷越深啊!再赶还不翻车啊!"人群里有人大声说着。

"得找几块砖头垫车轱辘底下,现在车轱辘底下都是泥,不垫硬东西,怎么使劲也上不来啊!"

"这都是庄稼地,哪有砖头呀!就是有砖头也早就扔出去了!"车把式叹着气说。

"没有砖头,那就找把锄头也行啊,用锄头把子垫在车轱辘底下也行啊!"

"这几天都割麦子,大伙儿带的都是镰刀,谁家割麦子带锄头啊?"车把式不断地摇着头。

"说的也是啊!镰刀把子太细了,车轱辘轧上就得折,锄头把子都保不齐不折啊!"

"要不就把车上的麦子先卸下来?车轻了就好出来了啊!"

"卸车?现在都掉雨点了!这雨说下就下来,麦子堆地上可不是一时半会就能装车上的,让雨一浇,还不等着发芽啊!"车把式无奈地说。

"就算是找锄头把子、木头杠子，也得有个工夫啊！等找回来，这雨早就把麦子浇透啦！"车把式把眉头锁得更紧了。

"这可怎么办啊？麦子最怕雨浇啊！"人们开始七嘴八舌。

天空中又响起了几声闷雷，雨点也随着密集了。

韩其昌走到了车轮旁边。他蹲下身子，仔细地看了看车轮和泥坑，又看了看车上的麦垛，然后撸起了衣袖，侧躺到了地上，直起上身，把胳膊伸进了车轮前边的泥里，随后就喊了一声："赶车！"

正在马车前面发愁的车把式听到有人喊赶车，连忙回头，看到韩其昌躺在车轮旁边，吓了一跳，赶快跑过来拉住了韩其昌的肩膀。"兄弟，这可不行啊！车上这么沉的麦子，非得把你胳膊压折了不可啊！这车我可不敢赶啊！"

"这还了得啊！陷了车，浇了麦子，都是小事啊！可别搭上一条胳膊啊！"人群也开始吵吵嚷嚷。

"是韩其昌吧？听说他练过金钟罩、铁布衫呢！那功夫能刀枪不入，也许能行呢！"人群里有认识韩其昌的人高声说。

看到人们都在犹豫，韩其昌急了，他大声地喊叫了起来："快赶车啊！都什么时候了！没看见这雨要下大了吗！牲口旁边的，把道让开！都帮着推一把啊！"

车把式还是有点犹豫，可看到韩其昌如此坚决，就说："兄弟，你可小心啊！"

"没事啊！快赶车吧！"韩其昌叫着。

"啪！啪！"

"驾！驾！"

车把式挥鞭吆喝着。

驾车的马一声长嘶，奋力向前。马车的后面和两侧的人们也一起用力推，车轮开始向前移动了。

韩其昌的胳膊开始感受到了车轮的压力。就在车轮完全轧到了胳膊上的一瞬间，他随着车轮的转动，顺势扭转了胳膊一下。车轮轧过了韩其昌的胳膊，马车驶出了泥坑！

"吁！"

第9章 铁臂沱南侠

车把式将车停下，推车的人们也都围了过来。韩其昌站起身来，胳膊上挂满了泥水。

车把式急切地拉起了韩其昌的胳膊，仔细地看看，又摇晃了几圈，生怕韩其昌的胳膊有什么闪失。胳膊上只有泥水，并无半点伤痕。

"兄弟，你这胳膊是肉长的还是铁打的啊？那么沉的大车轧过去，什么事都没有！好功夫啊！"车把式赞叹着。

"真是铁胳膊啊！"人群也一阵惊叹。

"他就是韩其昌啊！铁胳膊啊！"

韩其昌甩了甩胳膊上的泥水，说："没事了啊！大伙快回去吧，要下雨了啊！大车也赶快走吧！"

韩其昌把胳膊垫在车轮底下的事，很快就传开了。"铁胳膊韩其昌"的绰号不胫而走，传遍了十里八乡。

韩其昌在当地的名声越来越大，他并不把这些当回事，还是照样练他的拳。不过有时候，韩其昌的名声倒是能给他带来意想不到的帮助。自从练武以来，韩其昌最看不过去的就是那些仗势欺人、恃强凌弱的场面。每当他看到这样的场面时，总是毫不犹豫地挺身而出，好言相劝。多数情况下都能化解纠纷，特别是当人们知道他就是"铁胳膊韩其昌"时，也都能顾及面子，听从规劝。遇到非得动武的情况时，韩其昌也是能把握分寸，尽量避免伤人，从容地应对挑衅。

秋收刚过，院头村的北部就起了一场火。起火的是杨俊生家。那火是从灶前烧起来的，很快就烧到了厨房和正房。几间草坯房在浓烟和烈焰中顷刻间化为灰烬，幸好杨家的人都逃了出去。

听到着火的消息，韩其昌跑到了杨俊生家。

杨俊生家人借宿在了邻居家，只有杨俊生自己在废墟前面发愁。周围的邻居们都在劝说着他。

"大伯，我刚听说，就赶紧过来看看。人没伤着就好，您别着急。"

这时一个村民随口说道："人是没伤着呀！可是什么都烧光了。今年又是旱年，我们家的粮食都不够过冬的。"村民又叹了一口气，垂下了头。

"您等着!"韩其昌说完飞快地跑回了家,在自己家里,拎起了一袋粮食夹在了腋下,侧身又拎起了一袋扛在肩上,伏下腰,一路小跑到杨俊生家。

"大伯,您先吃着,过两天我再给您送来。"

不等杨俊生答话,韩其昌已经跑远了。

逐渐地,韩其昌的名声就由他的家乡深州,开始传到了邻近的武强、饶阳、安平,并且远播到了滹沱河南岸的更多地区。人们又给了他一个更加文雅的称号——"铁臂沱南侠"。

第 10 章　初识梅花桩

学了两年的形意拳，韩其昌已经 18 岁了。

每年的春节过后，深州的大尹村都要举办庙会。大尹村的庙会已经延续了很多年，每年的庙会都吸引着附近十里八乡的游客。庙会上，做生意的、唱戏的、摆摊的、练杂耍的，应有尽有，是一年当中最热闹的时候。深州是武术名城，庙会上自然也少不了武术表演。

自从韩其昌成了武术名手以后，就经常受到邀请，去参加武术表演和武艺切磋。韩其昌总是有求必应，并且在表演之前精心准备，反复演练。他总是说："人家请我，那是看得起我，咱就不能给人家丢脸！"

韩其昌愿意参加武术聚会，还有一个原因，就是他总想通过各种机会结交武术高手，多看看人家有什么功夫，多跟人家学几招。

这次庙会上，韩其昌表演的项目是步下花刀。台下观众的阵阵喝彩，令台上的韩其昌精神倍增，他一气呵成地完成了表演。走到台下，韩其昌松了一口气。

对于在表演中赢得的喝彩，还有"铁臂沱南侠"这个绰号，韩其昌并不觉得有什么了不起。在他看来，他现在练出的这点功夫，比起教他的武林前辈来，还差得太远了。他觉得，找机会多学点技艺，才是正道。

韩其昌没有参加武艺切磋。他想在庙会里逛逛，看看有什么新鲜的东西，给母亲买点带回去。韩其昌离开了表演的台子，信步在庙会里游逛。走过了一个中药摊，又走过了一个煎饼摊，前面是一个杂耍的圈子，围了很多人。韩其昌看了一眼，就又向前走去。

韩其昌走到了庙会的东南角，突然看见有一群人围着一个拳场。只见两个十三四岁的男孩，正在表演拳术对练。

韩其昌只看了一眼，就立刻被这两个男孩身上的招式吸引住了。这两个男孩表演的拳术，真是太精彩了。只见他俩拳似流星，步如飞箭，忽分忽和，时进时退，真是好比龙争虎斗。韩其昌看得目不暇接，眼花缭乱，感觉这种拳似曾相识。突然，韩其昌眼睛一亮，猛然间想起，小时候坐在马车上看到的可能就是这种拳。

此时，两个孩子练毕，抱拳施礼谢过了观众，把观众扔在地上的铜钱一个一个地捡了起来。

观众们渐渐地散去了。韩其昌还是如醉如痴地站在原地，琢磨着那两个孩子的拳法。对于嗜武如命的韩其昌来说，能见到这样的拳法，真是太难得了。他赶忙跑到圈子里，拦住了那两个小男孩，问他们是哪个村的，练的是什么拳，可那两个小男孩根本就不搭理他，背起包袱就和一伙人走开了。

韩其昌自讨了个没趣，却又不甘心。他在原地怔了半晌，左思右想，还是想要探个究竟，于是远远地跟在这伙人的后面，一直跟到了北溪村。

眼看着这伙人进了院，韩其昌也跟到了院里。这伙人进了屋，院里只有一位长者在溜达。

韩其昌忙向长者躬身施礼："伯父，我是院头村的韩其昌，我刚刚在庙会上看到两个小兄弟练的拳法太好了，请问这是什么拳呀？"

听到韩其昌这个名字，又看了韩其昌一眼，长者展颜一笑，说："你就是韩其昌呀，我听说过你！你功夫不错，既然来了，就跟四多试试吧，让我们也开开眼！四多！四多！"不等韩其昌答话，长者就向屋子里喊了两声。

"哎！"随着一声答应，一个男孩轻快地跑进了院里。

"爹！您叫我？"男孩站在长者面前。韩其昌一看，正是刚才庙会上练拳的孩子。

"四多，这位就是韩其昌，人称铁臂沱南侠！他想看看咱们的拳，你跟他

第10章 初识梅花桩

试试吧!"长者对四多说。

"哎!"四多答应着。对于练武的人来说,试试的意思就是互相比试一下,体会一下对方的劲道和技艺。

"这边请!"四多转过身来,对韩其昌说。

"好!"韩其昌随着四多走到了院子中间。韩其昌一边走,一边心里琢磨着:我只是想跟人家学拳,也没说要比试啊!哪儿有一进门就试手的啊?可是人家已经说出来要试试,我又不好拒绝!他看看身边的四多,比他小几岁,人也比他矮一头,心想可不能伤着人家。想到这里,韩其昌从容地来到了院子中间。

院子很大,容纳两个人交手绰绰有余。两个人相对站好,抱拳施礼。韩其昌身材高大,又练过些硬功夫,生怕伤着四多,一交手就没敢使劲,只是想逗逗四多。可他刚一出手,不知怎么的,眼前的四多就站在了他的身后。四多一把揪住了韩其昌的衣领,往后一捭,左脚一个勾堂腿,韩其昌立刻失去了重心,仰面倒地。

韩其昌急速地从地上爬起来,拍打着屁股上的土。他没想到四多的身法居然会这么快。韩其昌不敢再小看四多了。他双手在四多眼前虚晃了一下,紧接着就是一招猛虎扑食,扑向四多。只见四多向后一侧身,借着韩其昌向前的扑力,顺势捭住了韩其昌的右臂,又是一个勾堂腿,韩其昌不得已,向前扑倒在地。

韩其昌再次爬起来。他觉得身上的力气根本没有用武之地,自身的武艺根本无处施展,想和四多交手搏击,却根本抓不着对方。韩其昌不敢再以力相搏了,他在寻找着以巧取胜的机会。他变换着步伐,试图寻找四多的破绽。无奈四多步伐严谨,不仅进退很有章法,还在不停地变换手法,根本就不给韩其昌进攻的机会。

韩其昌毕竟是见过场面的。第二次被打倒在地的时候,他就十分清楚,自己根本就不是四多的对手,就凭自己现在的技艺,别说赢四多了,就是想要靠近他都难。韩其昌深知,今天输在了步法上。

"认输!"韩其昌抱拳向四多说。

"今天没摔着你吧!"四多也向韩其昌抱拳说道。

"没事！"韩其昌微笑着说道。

韩其昌连忙走到长者面前，双膝跪下。"晚辈技不如人，让您见笑了！我今天尾随而来，不是来挑战的，是想来学艺的，求您务必收下我！"韩其昌恳求着说。

看着韩其昌，长者心里不禁一阵感慨。他早就听说韩其昌是个武痴，今天他叫四多来试手，也是想试试韩其昌的功夫。他扶起韩其昌，笑着说道："好吧！想学我这拳就先跟着练吧！什么时候入门，等以后再说！"

"谢谢师父！"韩其昌站起身来，又给长者深深地鞠了一躬。

"敢问师父，您贵姓？这拳法叫什么啊？"韩其昌问道。

"我姓尹，叫尹墨池。这拳叫梅花拳，不过你可记住了，跟谁都不能说咱们这拳是梅花拳！记住了吗？"尹墨池低声叮嘱说。

"记住了！师父，今天您也累了，我改天再来拜访您！"韩其昌又给尹墨池鞠了一躬，便离开了尹墨池家。

几天以后，韩其昌拿出了他打零工积攒下的所有积蓄，买了一块猪肉、两只烧鸡，又带上了本村特产的花生和芝麻，来到尹墨池家。见到再次到访的韩其昌，尹墨池很高兴。他接过韩其昌手中的东西，拉着韩其昌的手进了屋。

"喝口水吧！以后来就不用再拿东西来，你也不容易呀！"尹墨池关切地对韩其昌说。

"今天就先让四多教你练小梅花拳吧！"尹墨池又说道。尹墨池虽然嘴上说着，但心里却盘算着：此人一定要多加考验，方可将真功夫传给他。

尹墨池的考虑是梅花桩拳自古以来的传统。梅花拳也叫梅花桩，是一种古老的拳种。相传起源于商代，祖师爷为云磐老祖。梅花桩的练功方法，不仅承袭了道家习武修身的内容，也吸纳了儒家和佛家有关心性修炼的理论，容乾坤之正义，纳儒释道三教之内涵，叙五伦之义理，是一门博大精深的武林精粹。

最初的梅花桩练习，是在木桩上进行的。长方形的拳场上，栽上了一百多根木桩。木桩的间距和高度都有一定的规格，并且随着练功者的功夫程度加以变化。一般桩距为一步，桩高不低于三尺，习练者在上面走桩。到了清代，由于栽桩费用较高，费时费力，也不便于推广，梅花桩先辈就把桩上练功改成了

第10章 初识梅花桩

地面练功,仍然保持了梅花桩的全部动作和上、中、下三盘的招法,这就是"落地干支五势梅花桩"的来历。

梅花桩的基本拳法叫做"盘架子"。"架子"有五种基本的拳势,称为"桩步五势",这五势分别叫做"大势"、"顺势"、"拗势"、"小势"、"败势",五势宛如盛开的梅花的五朵花瓣。练功者行走在各个木桩之间,其路线如同梅花的树枝和树干,将标志着桩步五势的梅花紧密连接起来,因而得名"干支五势梅花桩"。

梅花桩的收徒是极其严格的。拜师学艺之前,要先苦练三年的"架子",也就是基本功。在全面考察了弟子的人品、德行,练功的刻苦程度,对师长和师兄弟是否长久保持谦逊卑恭的态度等多方面的考量之后,还必须有"引师"、"保师"的推荐和担保,此后,门里还要开会确定入门者的"带师",经过如此严密的程序,徒弟才能正式拜师入门。

了解到梅花桩的历史和门规以后,韩其昌就更加勤奋地跟着尹墨池练功了。他从来不把自己的功夫当成本钱,而是更加严格地按照师父尹墨池的要求,从最基本的"站桩"开始练起。他每天都是很早就赶到师父家,练到很晚才回去。

那天,韩其昌又和师兄弟们练到了很晚。临走的时候,大师兄柱子告诉其昌说,明天师父家盖房子,大家都去帮忙,天一亮就都得到师父家集合。

第二天早晨,还没等到天亮,师兄弟们就都聚集到了师父尹墨池家里。

大师兄柱子把师兄弟们分成了几个组,有和泥的,有运泥的,有搬砖的,还有砌墙的。师兄弟们各自找到了工具,就开始干了起来。他们一边干着活,一边说笑着,把干活中的各种动作也当成了练功的机会,互相吆喝着,很是热闹。

韩其昌和师兄四多一起,负责筛土、挑水、和泥。泥和好之后,先把泥装到一个草包里,用独轮木架车把泥包运到房子的墙根处,柱子和雨春把泥包直接扔到房子的高处,供砌墙用。

墙已经砌到接近房顶了,柱子和雨春都没觉得吃力,还是一个人拎起一个泥包就扔到了房上。每个泥包都得二三十斤重,墙头上的山根和老栓负责将扔上来的泥包接住,再送给砌墙的师兄弟。

柱子又奋力向上扔出一个泥包，墙头上的山根伸手去接，却没有抓牢，那泥包被抓了一下后，改变了方向，翻滚着就朝偏出柱子几步远的地方向下落。离柱子几步远的雨春正从车上卸泥包，注意力全在地面的车上。眼看着泥包就要砸向雨春，房上的师兄弟们一片惊呼。这时，只见推车的四多一个箭步上前，在左手推开雨春的同时，一个转身使出了后撩腿，右脚从身后向上猛摆，只听得"嘭"的一声，那泥包被踢得又飞回了墙头。

　　这只是一瞬间的动作，房上的师兄弟们的惊呼声戛然而止，慌忙将飞回来的泥包接住。

　　"好！"房上房下一片喝彩。被推出几步远的雨春也刚刚明白过来，大声喊着："行啊，四多！这蹶子脚没白练，真够厉害啊！"

　　正在和泥的韩其昌，刚好把这一切都看在了眼里。他放下手里的铁锹，跑到了四多面前。"师兄，你这腿劲也太大了，你是怎么练的啊？"

　　"就那么练的呗，天天咱都在一起练，你也都看见了啊。"四多有些不好意思地说。

　　"那你教教我吧。我要是有你这功夫就好了！"

　　"你多练就行了，还用我教啊？"

　　"师兄，我得练多长时间才能有你这腿劲啊？"

　　"我也没练几年，也都是按师父教的练的。"

　　"师父每天都教你吗？"

　　"也不是，师父只是说一回该怎么练，就让我自己练去了。过一阵子，怎么也得十天半个月吧，师父让我把练过的给他看一遍，再指点指点。练功靠的是自己练，师父只是指点。"

　　"那我还得自己多练才行啊，师兄，你有空时还得多教教我，你的功夫真是太好了。"

　　"喂！别聊了！上泥呀！"房上的山根和老栓冲着房下喊着。

　　看到房上的师兄弟们都在往下看，韩其昌和四多赶紧跑回去和泥了。

第 11 章 喜结连理

民国四年（1915年），韩其昌20岁了，父亲韩峰三准备给儿子张罗一门亲事。韩峰三考虑，儿子也不小了，整天在外面练武，也该娶个媳妇在家里照料了。再说，早点抱上孙子，也是韩家的大事啊！春节一过，趁着农户们还没开始忙碌，韩峰三就求了媒人，去给儿子相亲。

没过几天，媒人就带来了好消息：深州南河村的王家，有一个18岁的闺女，还没许配人家。王家父母都是老实本分的农户，家境还算不错，两个儿子都已经娶亲，只有这一个女儿等着出嫁，应该是门好亲。

韩峰三在深州交际很广，他向好几个人打听过，南河村王家的情况确如媒人所言，就和妻子韩刘氏合计着：南河村离院头村也就二三十里路，王家又是老实本分人家，姑娘人品又好，相貌也不错，娶进门来应该能和儿子好好过日子。

韩峰三再求媒人，拿了儿子的庚帖，去王家提亲。过了半个多月，媒人满面喜气地带来了王家闺女的庚帖。姑娘名叫王凤仪，乳名凤儿，光绪二十三年（1897年）腊月初八生。

按照多年的习俗，女家回复了男家提亲的庚帖，就表示同意了提亲，一切等待着男家的安排。韩峰三大为高兴，给了媒人谢礼，就开始修葺新房，置办酒席，并且给王家送去了"对月贴"。"对月贴"写明了成亲的日子：三月十六日。一切都准备好了,韩峰三才把要娶亲的事告诉韩其昌。

知道了父母很快就要给自己娶亲,韩其昌想得最多的就是:将要娶进门的这个媳妇长得是什么样?和自己过日子能不能合得来?自己总是在外面练武,她会不会不愿意?

成亲的前一天上午,王家送来了满满一大车嫁妆。下午,韩峰三给王家送去了"四色礼":酒、肉、点心和绸布。

成亲的时刻终于到来了。一顶花轿由人群簇拥着,在韩家的院门口停了下来。迎亲的人们和送亲的人们相互招呼着,吹鼓手们卖力地吹打着,鞭炮声夹杂着鼓乐声震耳欲聋。新娘子由两个伴娘搀扶着下了花轿,走上了铺在地上的红毡子。红毡子一直铺展到了院子里的天地桌旁。

韩其昌穿了一件崭新的长袍,戴着礼帽,胸前还挂上了一朵大红花。他目不转睛地看着那一身红装、头顶着红盖头的新娘子走下了花轿,走上了红毡子。远远看去,新娘子身材高挑,一双小脚步态轻盈,这让韩其昌的心里充满了喜悦。

新娘子离天地桌越来越近了,韩其昌的心不由得像小鹿般乱撞起来,几乎要跳入嗓子眼里。

新娘子在靠近天地桌时停了下来。天地桌上有一个长条形的盘子,里面放着许多红纸小包。新娘子先取出一对小茶碗和一双筷子,放到了桌上,然后就伸出手在盘子里抓了一把红纸包,放在了衣兜里。这叫"抓富"。

趁新娘子"抓富"的时候,韩其昌的伯父拿走了桌上的茶碗和筷子。这叫"偷富"。

看到新郎新娘都已经在天地桌前站好了,司仪的声音就响了起来:

"一拜天地!"

韩其昌和新娘子拜向天地桌。

"二拜高堂!"

韩其昌和新娘子拜向父母。

"夫妻对拜!"

韩其昌和新娘子相对而拜。

这是韩其昌离新娘子最近的时候,他还是在猜想着,那红盖头罩住的新娘

第11章 喜结连理

子的脸到底长得什么样。一直到新娘子已经伏在地上磕头了,韩其昌才醒过神来,赶快跪倒在地,给新娘子磕了头。

"扶入洞房!"

伴娘扶着新娘子走在前面,韩其昌跟在后面。

走近洞房门口的时候,韩其昌的伯父递给了他一根秤杆。秤杆是用来挑开新娘子的盖头的,寓意是"称心如意"。

伴娘扶着新娘子进了洞房坐下,就站到屋子外面去了。韩其昌拿着秤杆进了洞房。

眼前就是自己的新娘子,红色的盖头好像火一样耀眼。韩其昌的眼睛似乎什么都看不见了,他的心也仿佛要从嗓子眼里跳出来了。他想象了无数次的新娘子模样,现在就要得到证实了!

韩其昌极力控制住自己的情绪。他调整了呼吸,定住了神,用秤杆轻轻地挑下了新娘子的盖头。一张桃花般红润的脸,展现在了韩其昌的面前;秋水一样的眼睛,正在仰视着他;樱桃般的红唇微微上翘,好像是要说什么,又好像是在等着他说话。

韩其昌此刻只是呆呆地看着新娘子,什么话也说不出来。伴娘把新娘子的盖头拿出了洞房,塞到了母亲韩刘氏的怀里。"抱孙子喽!抱孙子喽!"宾客们大声喊着。韩刘氏笑得合不拢嘴。

屋外的喊声,让新娘子羞红了脸,却让韩其昌的心情开始平静下来了。他终于说话了:"凤儿,累坏了吧?快歇会儿吧!"韩其昌也未曾想到自己竟出口说出了这句话。

"我不累。"凤儿的语声娇滴清脆,宛如黄莺出谷,轻微的声音里,带着腼腆和羞涩。

"饿了吧?吃点东西!"韩其昌边说边把桌上的点心递给凤儿。洞房里早就准备好了点心和茶。

"你也吃点儿吧!过会儿还得出去敬酒呢!"凤儿声音还是很轻。

"行,我也吃两块点心。"韩其昌说着,又倒了一杯茶,递给了凤儿。

凤儿接过茶杯,开始环顾洞房。洞房里摆满了宾客们送的礼物,有食品、衣料,还有很多红布包,都整齐地放在柜子上。

"那些都是乡亲们送的。"韩其昌说。

"天地桌上的那些红包是谁送的啊?"凤儿的声音已经不是那么轻了。

"有乡亲们送的,也有我的师兄弟送的吧!"韩其昌答道。

"我娘说,摸着盘子里的纸包,就用手抓一把,抓得越多以后的日子就越富,呵呵!"凤儿开始笑了。

"那你抓了多少啊?"韩其昌问。

"我那时候心慌,也看不见,使劲抓了一把就都放兜里了,这不,都在这儿呢!"凤儿说着,从怀里掏出了红纸包。

"嘿嘿,不少啊!咱俩准能过上富日子!"韩其昌也笑了。

"真的吗?"凤儿忽闪着大眼睛,笑面如花。

"新郎官!快出来敬酒啊!悄悄话留着晚上再说吧!"屋外有人喊着。

"我得先去,你好好歇着啊!"韩其昌已经开始有点舍不得了。

"去吧,别喝太多啊!"凤儿关切地说。

韩其昌最先来到了父母的桌前,桌边坐着的还有父亲的朋友以及年长的乡亲。韩其昌给各位长辈一一敬酒。

离开了父母的饭桌,韩其昌又在众乡亲的饭桌间游弋,给各位乡亲敬酒。

最后,韩其昌来到了师父和师兄们的饭桌。围坐在这一桌的,有师父尹墨池、韩玉庭、王玉栋、李题明、史连生、李存义。师兄弟王月桐、四多、喜旺、柱子和山根围坐在另一桌。

"师父,给您敬酒了!"韩其昌斟满酒杯,双手递到尹墨池面前。

"好啊!其昌,给你道喜啊!"尹墨池接过酒杯,一饮而尽。

"谢谢师父!"韩其昌也一饮而尽。

韩其昌给每位师父都敬了酒,才来到师兄弟的一桌。韩其昌将各师兄的酒杯一一斟满,说:"各位师兄!我给各位敬酒了!"

"那你也得满上啊!"柱子也给韩其昌斟满了酒。

"干了!干了!"众师兄弟一齐喊着,全都是一饮而尽。

"师父,今天这酒您可得多喝几杯啊!"韩其昌又回到师父的桌前,给尹墨池倒满了酒。

"是啊!喜酒嘛,是得多喝!大伙都为你高兴啊!"尹墨池一饮而尽。

第11章　喜结连理

"其昌，过些日子你还有喜事呢！"尹墨池干脆把酒杯直接递给韩其昌，等着斟酒。

"还有喜事？还有啥喜事啊？"韩其昌看着尹墨池。

"到时候你就知道了！到时候咱也再办几桌酒席，也得好好热闹一阵子啊！"尹墨池又端起了酒杯。

"好啊，师父！那我就等着了啊！"韩其昌又陪师傅干了一杯。

酒席上笑语欢声，杯觥交错。满座宾朋开怀畅饮，热闹非凡。酒宴一直持续到了晚上，宾客们才慢慢散去。

韩其昌回到了洞房。见到韩其昌进屋，凤儿忙起身相迎。

"呦！这么大酒味，今天可是没少喝吧！快喝点水吧！喝完酒都渴。"凤儿倒了杯热茶，递给了韩其昌。韩其昌接过茶杯，端在手里，眼睛看着凤儿。

看到韩其昌盯着自己看，凤儿不好意思地低下了头，脸上又泛起了红晕。

"快歇会儿吧！我给你烧点水，洗洗脸吧，看你脸上都是汗！"凤儿疼爱地说道。

"啊！今天可真是没少喝啊！"韩其昌说着，眼睛还是直勾勾地盯着凤儿。

"那就早点歇着吧！明天还得回门呢！到了我们家，又得够你应付的了，我爹，还有我大伯他们，都特别能喝酒！"凤儿扬起了头，不再躲避韩其昌的目光。

看到凤儿迎合了自己的目光，韩其昌忙移开了目光，红着脸说："那你还不替我挡着点？"

"我怎么挡啊？喝酒是男人的事，我也不能替你喝啊！"凤儿调皮地说。

"那明天我非得喝醉了起不来不可！"韩其昌装作无奈地说。

"那可不行！新姑爷第一天进门就喝醉了，你也不怕我爹说你呀！"凤儿开始认真了。

"那怎么办啊？"

"怎么办？少喝点不就行了？"

"少喝？你爹要不高兴呢？说我不实在，那也不好呀！"韩其昌还是想逗逗凤儿。

"那你说怎么办啊？"凤儿有些着急。

"反正你得替我挡着！你要是不替我挡啊，这关我可就过不去了啊！非得醉倒在你家不可啊！"韩其昌不紧不慢地说。

"我可怎么挡啊！要不，明天你们喝酒的时候，我多进去几趟，多给我爹敬酒，这样我爹就顾不上总让你喝了，不就给你挡了吗？你看这么办行吗？"凤儿忽闪着大眼睛说。

"嗯！行！还是你有办法啊！我说还是得靠你吧！"韩其昌喝了口茶，把茶杯放到了桌子上，转过身来看着凤儿，忽然"咯咯"地笑了起来。

"你笑什么呀？我给你挡酒，你还笑啊！"凤儿也笑了。

"你给我挡酒？你就不怕我还没等到你进来，就已经喝多了，把咱俩刚才的话跟你爹说了啊！看你爹不揍你啊！"韩其昌说完就哈哈大笑。

"好你个没良心的！人家心疼你，怕你喝多了，才想出这么个办法来，你还想先告诉我爹，让我爹揍我！看我不先揍你！"凤儿说着就伸出了手，打向韩其昌的肩头。

韩其昌下意识地绷紧了一下身体。

"哎哟！"凤儿轻轻叫了一声。"你这身子怎么那么硬啊！就像石头似的，打得我手真疼！"凤儿娇嗔地说。

"我这是睡石头上练的。"韩其昌这才意识到，刚才他一绷身子，让凤儿的手疼了。

"弄疼你了吧？我看看！给你揉揉吧！"韩其昌拉起了凤儿的手。这是他有生以来第一次拉女人的手，他感到一股暖流闪电般地传遍了他的全身。

"哎呀！是这只手！"凤儿把右手伸给了韩其昌。

韩其昌握住凤儿的手掌，轻轻地转动凤儿的手腕，按摩着。他根本就不敢用力，生怕把凤儿弄疼了。

凤儿也不说话，只是看着韩其昌。

"还疼不？"韩其昌轻声问道。

"早就不疼了！"凤儿忍不住笑了。"你这么有劲、这么结实，真好！我爹说你还有功夫，咱俩以后过日子，要是有个拌嘴的时候，你可不许跟我动手呀！你那么大劲，要是打我，还不把我打扁了啊！"凤儿又是娇嗔地说道。

"看你说的！我怎么能打你呢？我爹早就跟我说过，男人打女人最没出息了!"韩其昌放开了凤儿的手。

"那就好!那我要打你,你也不许还手啊!"凤儿自己转动着手腕说道。

"行,我不还手!刚才你没打着我,现在你打吧,我让你打!"韩其昌边说边把身体放低,等着凤儿打。

"我可不打了!我还怕手疼呢!"凤儿笑了。

"你以后也教我练拳吧,省得我老吃亏。"凤儿又说。

"好啊!我盼的就是这个啊!我教你!"韩其昌又拉起了凤儿的手。

凤儿端来了水,让韩其昌洗脸。韩其昌脱去了长袍,露出了强壮的臂膀。

凤儿铺开了被子,把被子里的红枣、花生、栗子都扫到了笸箩里。见到韩其昌正盯着自己看,凤儿害羞地低下了头。

韩其昌坐到了床上,靠近凤儿。

凤儿把自己的发髻打开了。一头的乌发,如瀑布般地泻下了肩头。

屋外的满月,高高地悬在夜空。屋内的红烛,映照着一对新人。

韩其昌夫人王凤仪女士。

第 12 章　入师梅花门

　　结婚三天以后，韩其昌便来到了尹墨池家。师兄弟们一见到他，便起哄地说笑道："不在家里陪新娘子，又到这儿练拳来了。"

　　韩其昌有些不好意思。

　　见到韩其昌来，尹墨池笑着说："其昌啊，进屋来。"在屋里，尹墨池说："从今儿开始，你就练拉架子吧。"拉架子是梅花桩的基本套路，就是站桩。

　　尹墨池说："梅花桩是内家拳，不但要'外练筋骨皮'，还要'内练一口气'。功夫练到一定程度的时候，内气收发自如，极其轻盈；等到架子练到十分成熟的时候，就能死练活用，随机应变，脱离死套而走活套，这时便到了'拳无拳，艺无艺，无艺之中是真艺'的境界了。此时便能练成形气合一、内外一体的境地了，正如'梅花桩'拳理《浑元论》讲的，'浑元一气吾道成，道成莫外吾真形，真形内藏真精神，真经内藏气擎停；欲将形形求真形，须将真形合形形，真形合来有真诀，合到真形彻底灵'。"说到这里，尹墨池喝了一口水，又接着说道："梅花拳基本套路之中，分桩步和行步，桩步的基本姿势有五个，即大势、顺势、拗势、小势、败势，合称为桩步五势，为静止的拳势，是练全身之力和全身之气的主要方法。由于桩步五势左右对称练习，宛如盛开的双瓣梅花，才叫梅花拳。梅花拳的桩步不光增长力量，也具有实战技击的作用。"

第12章　入师梅花门

说到这里，尹墨池站起身形，把衣襟向上一撩，便亲自练了起来。他一边做姿势，一边讲道："大势桩：气敛丹田站当中，留神细看来人形；南来顺他向北往，东来顺他上西行；见劲使劲借他劲，不可争力逆进行。"说完又变换姿势，讲道："顺势桩：单鞭伸开一条线，四路来人能改变，一变昆捶挂裹手，二变豁山捶当先，三变手眼身法步，四变扫腿带地盘。"

当练到拗势桩时，他讲道："拗势伸开似龙行，合肩扣步走东西；横走竖撞迎风掌，斜身拗步令人惊；左翻右转横摆腿，栽捶快捶不留情。"只见他身形一变，继续讲道："小势桩：小势站稳赛如钉，踢点截撞似猴形；刁拿锁带靠山肘，勾挂踩扁步法精；摧腿扣腿迎风腿，上下变转快如风。"紧接着，只见他左右身形一晃："败势桩：败势伸开回头看，左劈右扣随他便；前后左右撑拔腿，前豁后挑上下翻；脚打七分手打三，千变万化快为先。"

五个姿势演示完毕后，尹墨池问韩其昌："孩子，明白其中深意了吗？"

韩其昌一脸茫然，摇了摇头答道："不太理解。"

尹墨池笑道："梅花拳讲，艺打自然之妙，非力运之所能，诚可谓智巧兼优，意力与脚手结合，手不虚动，动必有由。重如奔雷坠石之奇，鸿飞兽骇之姿，鸾舞蛇惊之态。重如崩石，轻如鸿毛。能去能就，能柔能刚，能进能退，能弱能强。不动如山岳，难测如阴阳，无穷如天地，炫耀如三光。欲知天文之旱涝，先知地理之平康。察对方之动态，揣敌人之短长。孩子啊，理解了这些，你就该明白这功该往哪方面练了。"

"是。"韩其昌说道。

就这样，韩其昌跟着尹墨池一练就是三年。这三年中，韩其昌每天都要跑十几里路，到尹墨池家练架子。

尹墨池也早就考虑着让韩其昌拜师入门的事。这天，借着去武强县办事的机会，尹墨池来到了师父任俊杰的家。和师父寒暄了几句以后，尹墨池话锋一转，提起了韩其昌。

"你说的那个韩其昌，我也听说过，好像还见过一次吧？现在他跟着你练呢？"任俊杰问道。

"是啊！跟我练了三年了。"尹墨池说。

"练得怎么样了？"

"不错,是个好苗子,要是好好培养,肯定能有出息啊!"

"那就收了吧!这个韩其昌要真是块好材料,你也能给咱梅花门的发展找到一个好苗子啊。"任俊杰大笑道。

"是啊!咱们收徒,不就是图的这个吗?"尹墨池也笑了。

"你收他啊?"任俊杰又问。

"我想让我师兄收他。"

"赵英廉啊?"

"是啊。"

"你怎么不愿意收他啊?"任俊杰有些不解地看着尹墨池。

"师父,不是我不愿意收他。这孩子真是有练武的天分!让他跟着我,我还真怕耽误了人家啊!再说,我师兄功夫比我好,会的又比我多,名气也比我大,现在手下又没有什么徒弟,我看,还是让我师兄收他的好!"尹墨池十分认真地说。

"行啊!有胸怀!这事你跟你师兄商量过了吗?"任俊杰赞叹地说。

"前些日子说过,他说他听您的。"

"行!那就按你说的办吧!过几天不是还要打公拳吗?就在我这里办吧!咱们连公拳带拜师,全都按照梅花桩的规矩办,还得办得热热闹闹的,也好让咱梅花门好好风光一回啊!"任俊杰说完就哈哈大笑起来。

"那好,那好,我这就去找师兄商量一下,把日子定下来!"尹墨池兴奋地说。

"你们定下来日子,得赶紧给我送个信来啊!我也得准备准备呀!打公拳,一来就是几十号人,连吃带喝,我也得有个准备的时间啊!"任俊杰嘱咐说。

"我这就找师兄商量去!商量完了就回您这儿来!"尹墨池也是个急性子,起身就去找师兄赵英廉了。

几天以后,在武强县任俊杰的家里准备拜师仪式。为了准备这场打公拳和拜师仪式,任俊杰特意杀了一口猪,蒸了五大锅馒头,还搭起了长棚,摆上了酒席。

在梅花桩门,打公拳就是群练的一种形式。一个人站在当中,众师兄弟用各种方法进攻他,看他如何应对。练得好的,便会忽东忽西,指南打北,大进

第12章 入师梅花门

大退,如同饿虎斗群狼一般。梅花桩门通过这种形式来增加徒弟们的实战技击能力。

公拳练毕,拜师仪式正式开始。仪式由赵书径主持,完全是按照梅花桩的规矩,庄重而严肃地进行着。祠堂里供奉着梅花桩先祖先师的牌位。师爷任俊杰率众弟子,先给各位祖师爷上香,然后依辈分顺序跪伏在香案前,向祖师爷行叩拜大礼。向祖师爷行过叩拜大礼之后,就是拜师的礼仪了。

尹墨池和师兄赵英廉,先给师父任俊杰行了磕头礼。接下来是韩其昌给师爷任俊杰磕头,再给引师尹墨池和师父赵英廉磕头,最后向众位师兄行礼。

礼毕,师爷任俊杰带着韩其昌诵读了入门誓词。"梅花桩列祖列宗,各位先师在上,弟子韩其昌自愿投师梅花桩门下,当严守门规,谨遵师命,勤奋克己,弘扬门风。今立此誓,永不反悔,如有食言,甘愿依门规受罚。"

宣誓仪式完毕,众师兄弟问道:"师爷,梅花桩拳是受义和拳的连累,遭到清朝政府的诛杀,那咱们这一支,是如何传下来的?"

任俊杰笑道:"咱们梅花拳历史悠久,每到社会动荡的年代,咱们梅花拳都参与了。可每次参与都是不幸的结局,都会被连累、被诛杀,这就是咱们梅花拳父子相传的原因。最近的一次诛杀就是因为义和团。人们都知道义和团,知道八国联军,但多数人并不清楚两者的关系。咱们梅花拳的师爷赵三多,当时不听劝告,带梅花拳民成立义和团、杀洋人,当然,这其中也有朝廷的扇动,他打出了'扶清灭洋'的旗号。其实,义和团才杀了几百个洋人,可滥杀中国人有好几十万人哪!当时咱们梅花拳已经控制不了局面了,因为加入义和团的,还有其他武术门派,这里面鱼龙混杂,再加上清廷态度多变,后来才有八国联军打到北京,才有屠杀拳民。从那时候起,咱们梅花拳又变成了父子相传了。这都是你们的师爷赵三多不听劝告惹的祸!好了,不说这些了,我就给你们讲讲我学艺的经历吧。

"现在都是民国了,那时候还是清朝呢!那时我还年轻,在咱们武强县城北十五里有个村庄,名叫王家庄,村外有座关帝庙,由于庙较小,还年久失修,庙里只住了一个六七十岁的老和尚。一天傍晚,来了个流浪的老汉,要求在庙里投宿,老僧收留了他。老汉与庙中老僧聊得挺投缘,一夜之间竟成了朋友,从此就在庙里住了下来。这老汉姓李,平时也做点小买卖,靠卖烧饼油条度日。离关帝庙不远有个练武的拳场，每天村民们忙完一天的活后，就到拳场来，跟师父学练武。李老汉也时常挎着个烧饼篮子蹲在拳场边看热闹，练拳的人们练饿了，也经常买他的烧饼油条吃。日子久了，村里的人们都认识这个卖烧饼的李老汉了。由于李老汉买卖公道，说话和气，大家都很喜欢这个外乡来的老头。

"有一天傍晚，大家正在练拳，突然有个过路的布贩慌慌张张地跑进院里，跪在地上朝师父便拜，口中还不停地求师父救命。原来布贩卖布时，从村边不远的坟地经过，突然窜出三个人来，将他打了一顿，还把布匹也全抢走了，一家老小还等他这小本经营挣点钱养家糊口呢，布叫人抢走了，赔了本还怎么活呀！布贩越说越伤心，竟大哭起来。

"拳场师父听了布贩的诉说，一边把布贩搀起来，一边说，'这伙强盗竟敢光天化日之下在我村边为非作歹，这还了得？徒弟们，快去给我将他们拿回来！'众徒听后，各操兵刃在手，一齐赶去。众人走后，蹲在旁边看热闹的李老汉说：'我也去看看吧！'这时练武场上兵器架上已空无一物，他就顺手取了一副牲口套车时用的套枷，随后赶去。

"一会儿工夫，徒弟们就把三个强盗绑缚押来，抢去的布匹也如数扛回来了。拳场师父大喜，布贩也千恩万谢。这时师父高兴地问道，'是谁先和强盗交手的呀？又是谁把这三个强盗拿住的？'

"徒弟们听后面面相视，无人回答。师父非常奇怪，再三追问，才有人说，'我们刚刚赶到半道，就见卖烧饼的李老汉手里提着一副牲口套枷，扛着布匹迎面走来，我们问他时，他只说三个贼人都在前边躺着呢，你们快去捆上吧！我们跑过去一看，果然两个已躺在坟地里动弹不得，另一个在离十几步远的大道旁，腿已被打断，也躺在地上哼哼呢。'师父听了众徒的话，拍着脑门说，'哎呀！我真是有眼无珠了，这个李老头一定身怀奇功，是隐姓埋名在咱们这儿的。赶快将李老汉请来！'

"李老汉来了，只说：'我哪里会什么武呀！我天天在拳场看您教拳，日久天长偷学了几手，今天强盗正好叫我碰上，也就用上了。'

"师父不信，从此用心观察，细看李老汉的眼神、走路及动作，总是觉得这老汉绝非等闲之辈。过了些天，拳场师父与众徒商量好，摆了一桌酒席请李老汉喝酒。席间闲谈，李老汉竟博古通今，见识极广，真是问一答十，举一反

第12章 入师梅花门

三。但是只要一谈起拳法，他便推说什么也不会。

"从此每晚李老汉来拳场看练拳，就不像从前那样蹲在角落里看了，而是随着师父坐在一起观看。但不论师父怎么说，怎么问，李老汉始终也不承认自己会拳术。

"日久天长，拳场师父终生一计。原来练武之人见到别人练拳时，特别是遇到练武高手练到兴头上，自己在旁观看便会按捺不住，总想自己也练练，习武之人称这种现象为'技痒'。如果大家练得正兴奋，突然散去，产生技痒的人一定会找地方去练，以此来发泄心中的技痒。因此，拳场师父就利用习武人'技痒'的心理，订出了计策。

"这一天，拳场徒弟们来得特别齐全，大家练得也格外卖力。正当练得热火朝天的时候，有的推说家里来人了，有的说明早要出远门提前回家准备准备。拳场师父说，既然这样咱们就早散了吧！热热闹闹的拳场顿时冷清了下来，显得空荡荡的。李老头也只好无奈地退去。

"回到庙中，李老汉心中技痒按捺不住。只见他放下烧饼篮子，洗完脸、漱了口，脱去长袍，盘起了辫子，在庙中院子里便打起拳来。只见他上下翻飞，左旋右转，形神力气混为一体，拳到之处呼呼生风，脚步轻得又如狸猫捕鼠，叫人看得眼花缭乱。接着，他轻轻走到殿内关公神像前，向关公神像行礼后，走到周仓像前，抽出周仓手中的青龙偃月刀，练起春秋大刀来。只听呼呼风响，刀光所向，杀气逼人，招式奇特，步法精绝，神出鬼没，令人生畏。人们从来没见过这般精彩的招法，不禁鼓掌叫起好来。

"李老汉已知中计，忙收势停住，并高声请埋伏在庙房四周的众人出来。李老汉与拳场师父相见施礼，拳场师父说：'今天我真是大饱眼福，看到了您练的拳和刀法，才知道我的功夫远不如您。您这么好的功夫，传给徒弟们吧！'说罢忙叫众徒过来给李老汉行礼，再三恳求拜李老汉为师。李老汉推托不过，便与拳场师父结为兄弟，并答应留在王家庄教众徒弟练拳。

"原来李老汉名叫李庭吉，山东威县城东二十里瞿家庄人。他所练的拳法名叫梅花桩拳。李庭吉深得梅花桩拳精传，他在家因抱打不平，打死了恶霸的护院，为了躲避官司，逃亡在外，后来又参加了义和团。义和团被朝廷诛杀，李庭吉被迫流落他乡，几经辗转，才在王家庄落脚住了下来。

"李庭吉在王家庄教拳收徒，一晃就是几年。我当时就是李庭吉的徒弟。

"有一天，我正在家中练拳，矮墙外边走来一位颠脚老人，向我要口水喝，我看了看颠脚老人，就把他请进了屋里。颠脚老人边喝水，边和我闲谈了起来。

"颠脚老人问：'你练拳练了几年了？你师父是谁呀？'我说：'练了四五年了，我的师父叫李庭吉。'颠脚老人说：'你练的还算可以，只是有些招法还不到家，真要动起手来，不见得用得上。'我听后，心中很不痛快，暗想一个颠脚老人能有多大的本事？如此口出狂言，便毫不客气地说：'您说我招数用不上，愿向老先生请教。'说着我就摆了个架势。

"没想到，刚一交手，只一个照面，老人轻伸二指，我就被点了个跟头，我连忙爬起来，又接连进招，可那老人神态自若，如老叟戏顽童一般。只见老人不用拳不用掌，凭借身形，用右手二指就轻易地把我点倒在地，但并不伤及我的筋骨。这时我才恍然大悟，知道遇到了异人，叩头便拜恳求指点。

"老人见我心诚，便说：'好吧，我就在你这里教你几天，可有一条，你得记住，不然我就不教你。'我忙说：'您说吧，我一定照办。'老人讲：'我教你练拳的事，你不许对任何人讲，也不许说我住在你家。'我连忙称是。从此，颠脚老人就住在我家，我每天除了向颠脚老人偷偷学武之外，也照常到李庭吉师父的拳场学艺。

"几个月过去了，我的功夫大长，与师兄弟们比试之时，招式与众不同。李庭吉师父心知其中有异，并不理睬。一天，师父突然招集众徒弟，大家不知什么事，纷纷赶到拳场。只见师父坐在拳场中间，让我当众跪下，严加盘问，我推托不说，师父一怒之下，命全体徒弟都跪下，不说出实情谁都不许起来。

"师兄弟之间有些耳闻的，便跪在地上劝我：'师兄快说吧！别把师父气坏了。'我不得已，才说出了和颠脚老人偷学武艺的实情。

"师父听后，哈哈大笑：'我早就看出你偷学的是咱本门的招法，这些招法是我弟弟惯用的手法，我认得出。果不其然是他来了，快带我去你家见他。'

"兄弟一见面，便抱头痛哭。颠脚老人确实是李庭吉的弟弟，叫李庭桂。兄弟二人同师学艺，都功夫非凡。李庭桂也曾参加过义和团，在战场上他手使九环锡杖方便铲，有万夫不当之勇。别看他走路时有些颠跛，可练起武来，却

第 12 章　入师梅花门

是异常灵便。

"李庭桂也是为躲避朝廷追杀,从家乡出走,来到此地。一见我所练的拳便知是自家门派的拳术。他老人家和我比武试探后,更加确信是他哥哥所传,便有意留住在我家,想和我师父开个小小的玩笑。他老人家告诉我师父,现在朝廷追杀义和团的风声已经不紧了,朝廷现在都盯着革命党呢。家里人都很想念他,请他回家去看看。

"当时,师父心中也非常想念家乡亲人,很想马上回家去看看。可又一想,便对李庭桂说道:'兄弟,我也想马上回老家去看望亲人,可是拳场的徒弟们刚刚练出点味道,如果我一走,会影响他们练功,太可惜了。'兄弟二人商量来商量去,想出了一个办法:师父回家去探亲,由弟弟李庭桂留在拳场,继续教众徒弟们练拳。

"徒弟们都为师父的良苦用心而感动,从此我们就跟着李庭桂在拳场继续学练梅花桩拳了。因此,我的师父就是这二位。"

听了任俊杰师爷绘声绘色的讲述,徒弟们才对梅花桩拳在武强县的复兴和传承有了新的了解。

入师梅花门之后,韩其昌练武更加努力刻苦了。对于师父讲授的每一个姿势和动作,他都悉心体会,刻苦练习,力求把每一招式都做得准确、完美。

秋天到了。韩其昌自己在院子里琢磨着八方步。这是师父刚刚教给他的。韩其昌练了几遍,总觉得有点不对劲,总是拿捏不好分寸,腿和手的配合也掌握不好。他想再找师父问问,可是师父正在屋里和别人说话,又不好马上就去打扰,只好自己先练着。韩其昌又做了几遍,还是没做好。韩其昌有些急躁了,他使劲跺了跺脚,叹了几口气,在拳场上踱起步来。当韩其昌转过身的时候,看见一位老者正看着自己。

老者走近韩其昌,笑着说:"年轻人,别太心急啊!"

"我都练了半天了,还是没练好,让您见笑了!"韩其昌不好意思地说。

老者说:"这八方步啊,分为小八方步、中八方步和大八方步。小八方步的脚步落点为三点,是迅速寻找敌人身后的一种步法。中八方步脚步落点为五点,可进可退。大八方步脚步落点为乱点,依托的是梅花拳的三法四门,且内含小八方、中八方，传说中的四门兜底阵就是它，能把对手带入五里雾中，使敌分不清方向，乱了阵脚。像你现在练的中八方，在与敌交手的时候，你伸出去的这只手，可不是一个简单的动作，是用来测量你和对手之间距离的，就像一把尺子，是虚手。可你现在伸出的手是实手，这当然就造成你的身体死板别扭了。"

闻听此言，韩其昌茅塞顿开。"是啊，我怎么就没想到呢！"韩其昌刚要说几句感谢的话，就听到了师父赵英廉的声音："师兄啊！怎么来了也不先进屋，就先提点起小辈来了？"

"啊，我也是刚到，看这孩子练得卖劲，就跟他说了几句。"老者说。

"那就进屋吧！天有点热，咱们先喝点水吧！"赵英廉和老者边说笑着，走进了屋子。

看着师父和老者走了，韩其昌有些发愣，连一句感谢的话都没跟人家说，韩其昌心里有些过意不去。

这时，师兄喜旺从屋子走到了院子。韩其昌叫住了他："师兄，刚才和师父一起进院子的那个人是谁啊？"

"那是李师伯呀，是咱师父的师兄，老上咱们这儿来！"喜旺一边说着，一边东张西望。

"是师伯啊！说话真和气，功夫又好。刚才人家教了我半天，我还没来得及跟人家说句谢谢呢！"韩其昌又说。

"那就过会儿去师父屋里再说吧。其实，也不用那么客气，咱梅花桩和别的拳不一样，只要是拜师入门以后，上一辈的师父、师伯、师叔都会尽心教你练功夫，师兄弟之间也都能相互交流学习。有时候，徒弟还有可能比师父学得还好呢！也有超过师父的徒弟啊！你听说过吗？'珍珠倒卷帘，徒弟倒把师父传'，说的就是咱梅花桩里，徒弟的功夫好，就能反过来教给师父啊！"喜旺索性和韩其昌聊了起来。

"你先练着吧，师父让我去叫人，我差点给忘了，我先走了啊！"喜旺赶紧跑开了。

韩其昌心里琢磨着，此拳有意思，有一种大家庭的感觉。入门弟子与长辈都亲如一家，没有那么多的清规戒律，也没有那么多的是非之争，韩其昌心里倍感温暖。

第 13 章 天津识豪杰

民国六年（1917 年）。

自从把凤儿娶进了门，韩其昌就开始有了一个时刻让他惦念的家。凤儿聪明又伶俐，不仅家务做得井井有条，农忙时还跟着韩其昌一起下地干活。今年的夏收时节，连续半个多月的晴朗天气，再加上有凤儿的帮忙，麦子很快就收割完了，地里又种上了玉米。凤儿说，秋天收了玉米，全家人一年的粮食就够吃了。

"今天你有空，就去城里爹的药铺也帮着忙活忙活吧！地里的活也干完了。"凤儿对韩其昌说。

"哎！"韩其昌答应着。

玉米长到一尺高的时候，天开始连续地下起雨来。大雨一刻不停地持续了五天，滹沱河两岸早已经沟满壕平。滹沱河水在暴涨了三天以后，终于像脱缰的野马一般冲开了河堤，涌向了河南岸的平川。不到半天的工夫，滹沱河南岸的深州、冀州、衡水、安平几十个州县就变成了一片汪洋。雨还在下，水还在冲，白茫茫的大水漫到了房顶、树梢，水面上漂着木头、麦秸，还有人和牲畜的尸体。

"滹沱河年年发大水，碌碡十年不翻身。"这是当地的谚语。不过今年的水也真是太大了。老人们说，三四十年没有这么大的水了，今年的水能和光绪九年的水相比了，那年死了多少人哪！过了半个月，水才退了下去，田野里留下的只是一片泥泞的废墟。

韩其昌家的地势稍高，房子总算没塌。水退下以后的两三天，道路干燥了些，能走人了，韩其昌便开始逐个走访师父和师兄弟的家。他先去了赵英廉家，然后是李存义家，还有几个师兄弟家。

师父和师兄弟们的情况都差不多。家人都平安，房子倒得也不算多。庆幸之余，他们也在发愁：这一场大水，方圆几百里的秋粮都颗粒无收，冬天吃什么呀？滹沱河南岸的农户，有的开始外出逃荒了，总得混口饭吃，找条活路啊。

走访了师父和师兄弟以后，韩其昌的心情格外沉重。师兄弟们都在想着外出挣钱养家。大水一冲，谁还有心思练武啊！

韩其昌在家里心烦意乱。

"吃饭吧！"凤儿端来了饭菜。

"嗯，你也一起吃吧！"韩其昌疼爱地说。

"家里还有多少粮食啊？"韩其昌问。

"就是夏天收的那些麦子了。水泡了以后，都拿出来晒了，还够吃几个月吧。秋天是没有收成了，你也都看见了。"凤儿也是愁眉不展。

"爹的药铺怎么样啊？"凤儿接着问道。

"爹那个药铺你还不知道啊，虽说是个买卖，可是一年到头也挣不来什么钱，爹都拿药交朋友了。"韩其昌轻声说。

凤儿嫁到韩家已经两年了，韩其昌从心里喜欢这个媳妇。凤儿人好、勤快，又会体贴人。韩其昌出去练武，一回到家，凤儿总是端来热饭热菜，等他一起吃。韩其昌的衣服，凤儿也总是洗得干干净净，让韩其昌感受到了无限的温馨和关爱。可是现在……一想到凤儿要跟着自己挨饿，韩其昌一阵心酸。

吃完了饭，凤儿收拾好了碗筷，回到屋里和韩其昌说话。"这几天，你上你师父还有师兄弟家看了？他们都怎么样啊？"凤儿问道。

"和咱家差不多。深州这个地方，稍微高一些，水不是特别的大，人还都算平安。冀州还有滦县的水比这大多了，人也死得多。"韩其昌说。

第13章 天津识豪杰

"人都在就好。现在最怕的就是没有粮食吃,这点夏粮是吃不到冬天的,总得想想办法啊!"凤儿声音越来越低。

"我听师兄弟们说,有的要去北京,有的要去石家庄,都是想到这附近的城里,去找个混饭吃的地方,都在各想各的办法。那天我去我师父家,他说马上就要去天津,还问我去不去呢!师父说,如果我要是想好了,就去天津找他,也许能有口饭吃。"韩其昌看着凤儿说。

"哪个师父啊?是教你形意拳的那个李存义吗?"

"是啊。"

"那你怎么跟他说的啊?你就跟他去呗!"

"我还没想好呢,再说这事得跟你商量啊!"

"你师父去天津干什么?他在天津有亲戚啊?"

"我师父在天津住过好几年呢。当年义和团的时候,在天津,他可是有名的单刀李啊!是杀洋鬼子的英雄呢!他在天津有好多朋友,其中一个师兄弟叫张占魁,在天津特别有名,我师父和他一起在天津办了一个中华武士会,收了好多徒弟呢!我师父说,要是能跟着他去,就能让我多会会这些武林高手,也能多开开眼,长长见识。"

"那你怎么不去啊?"

"我不是不想去,是有点惦记家里,也舍不得你啊!我要是去天津,把你一个人扔在家里,我不放心啊!"

"这有什么不放心的?我在家里还不是一样?把咱爹妈照顾好了,也能让你省点心啊!再说了,你就是在家里,不也是这样吗?也是挣不着钱,等着挨饿,还不如到外头闯一闯,见见世面呢!你有一身好功夫,要是跟着师父去了天津,混口饭吃还算难啊?要是再混好点儿,挣点钱回来,那也是家里的福分呀!你是个男人,不应该总在家里守着,得出去多闯荡,那才叫有出息呢!你说是吧?"凤儿睁大了眼睛,看着韩其昌。

听着凤儿的话,韩其昌心里阵阵发热。他怎么也没想到,凤儿这个没什么文化的农家女子,竟能有如此真知灼见,能如此豁达开通。

"你说的对,我听你的!我这就给我师父写信,跟他说我去天津找他!"韩其昌说着,穿上衣服就准备往门外走。

"那也不用这么着急啊！过会儿写也来得及啊！我还得给你准备准备呢！"

"准备什么呀？"

"得给你拿点儿衣服啊！你这一走，还说不上什么时候回来呢！"

"等我挣了钱，给你买块花布，做件好看的衣服！"韩其昌看着凤儿说。

"我不求你能挣多少钱，我只盼你能混出个样来，能给我长脸。"凤儿笑了。

"我还没给你争脸啊？那回上你家，跟你爹喝酒，你爹多高兴啊！你爹都喝多了，我一点儿都没喝多！"韩其昌又在逗凤儿。

"你还提这事！"凤儿一边笑着，一边猛地推动韩其昌的双肩，把他推倒在了炕上。

"嗬！我教你的虎扑练得不错呀，用我身上了！"韩其昌"扑哧"一笑。

凤儿按着韩其昌，不让他起来，还娇嗔地把头埋在了他的胸前。

三天后，带着凤儿准备的包袱，韩其昌辞别了父母，他先到了饶阳县滹沱河岸的吕汉码头。停靠在码头客船的老大认识韩其昌，便问："上哪儿啊？"

"上天津，多少钱啊？"韩其昌一边说着，一边从包袱里掏钱。

"船钱不用给了，最近不太平，你在船上帮我压着点，如遇到事您给我照应照应就行。"

韩其昌说："那就谢谢了。"

船沿滹沱河顺流而下，经子牙河到了天津的独流镇。船刚一靠岸，码头上就来了一帮拿枪的，上船就吆喝："每人交三块，否则谁也别想走。"

韩其昌慌忙起身上前道："各位老大，今儿兄弟在这压着呢，给个面子吧。"

那伙人当中有一个像老大模样的人怪声怪气地说："这不是傻昌嘛，我在饶阳看过你跟别人试手，大伙都说你练武傻练，有东西还给别人，说你傻了去了。今天碰着你了，算哥几个倒霉，算了，都走吧！"

"那就谢谢了，今儿承蒙哥几个照应！"韩其昌一边抱拳，一边和这伙人说笑着。

第13章　天津识豪杰

天津中华武士会的会馆在子牙河与南运河交汇的三条石街。张占魁是武士会的会长，李存义是总教习。为了让韩其昌在天津能挣点钱，李存义很快给韩其昌找到了一份教"家馆"的差事。

这个家馆离三条石很近，就在鼓楼北面的一个胡同里。家馆是一个叫周玉林的上海人开的。家馆的学生里有周玉林9岁的儿子，还有十几个年纪都是10多岁的男孩，主要是学些武术的基本功和拳法。

周玉林在天津做珠宝生意，开了两家店铺，人也很厚道。由于是李存义介绍来的师傅，他每月给韩其昌的薪水是二十块大洋。对于韩其昌来说，在这样的家馆当师傅是件很轻松的差事。他每天在指导那些孩子练功之余，还能有足够的时间自己练武。

在中华武士会，他很快结识了张占魁的徒弟韩慕侠、赵德清、郝恩光和马其昌，并且经常和他们一起切磋武艺，相交甚欢。

周玉林也喜欢结交练武的朋友。这天，他带来了一位身穿西洋式运动服的小伙子，向韩其昌介绍说："韩师傅，这是我的一个练击剑的朋友。听说你的对劈刀练得不错，这刀法你师父二百两银子都没卖，肯定是绝技啊！不知能不能跟洋人的击剑比划比划，让我也开开眼？"

穿着西洋式运动服的小伙子也不客套，拿起一根细长的木棍做剑，晃动着手腕，就将木棍指向了韩其昌。韩其昌看到这阵势，只得应对。他顺手从桌子上拿起了一根筷子，注视着小伙子。

小伙子一个急进，一剑刺向韩其昌的前胸。韩其昌微微侧身，用手里的筷子拨开来剑，紧接着就是一个上步，左手托住了小伙子持剑的手，再跳步，这时，韩其昌已经贴近了小伙子的身后，手中的筷子架在了小伙子的脖颈上。

"哈哈！韩师傅，您这可是犯规呀！击剑是不能接触对手身体的呀！"周玉林笑着走了过来。

"还是他的步法快呀！还没等我的剑抽回来，他就到了我身后了！他要是拿着剑，输的肯定是我！"小伙子赞叹道。

"规则不一样嘛！我练的是中国武术，您练的是西洋击剑，各有千秋啊！"韩其昌拍着小伙子的肩膀说。

"对对！各有千秋！韩师傅，好功夫啊！"周玉林拍掌大笑道。

"周先生，孩子今天的课上完了，晚上要是没有别的事，我想去武士会看看我师父。"韩其昌说。

"好啊！去吧！请代我向李先生致意！"周玉林答道。

来到武士会，韩其昌看到李存义正在和张占魁喝茶聊天。

"其昌啊！家馆教得怎么样啊？人家还满意吧？"看到韩其昌进屋，李存义很是高兴。

"还行！那几个孩子挺用功的，可是今天来了个击剑的。"韩其昌把下午和西洋击剑对练的经过说了一遍。听完韩其昌的叙述，李存义笑了："哈，傻孩子，人家这是在试你的功夫呢！"

正说着，突见大门咣当一声打开，一个中等身材的四十多岁的男人站在门口，此人一言不发，每往厅堂走一步，就听得哼一声，脚下的方砖应声而碎。等此人到了厅堂，脚下的方砖已被他踩坏了十几块，留下了一溜印痕。

韩其昌忍不住叫道："好功夫！"

此人到了厅堂，拱手说道："谁是张占魁张先生？"

张占魁起身抱拳道："我是，请问贵客来者何意？"

此人言道："听说你功夫了得，我想跟你比试一二如何？能否请在下移步堂院？"

张占魁微笑道："不必了，就在屋里吧。"

二人一搭手，只见张占魁双手一抖，此人便飞出了屋子，倒在了院里。

张占魁拱手道："承让了！"

来人起身拍拍屁股，自觉艺不如人，低头悻悻而去。

韩其昌连忙问道："师叔，此人功夫了得，进门把方砖都踩坏了一溜，可为何跟您一搭手便败了？"

张占魁笑道："此人功夫甚是不软，不过他是蓄力而发，每次发劲必须要有一个蓄力的过程，如果等他蓄完力打上你，那便要吃亏了。如果不给他蓄力的过程，他则没有用武之地了。"

听罢，韩其昌恍然大悟。

转眼到了民国七年的春节，韩其昌惦记着家里的凤儿。他把积攒了几个月的薪水，连同刚买的一块花布，一起寄给了凤儿。他心里想着，凤儿要是穿上了这样的衣服，一定很好看。

夏天的时候，凤儿托人带了信来，说家里都好，麦子都收完了，今年没发大水，秋粮这几天就能收了。还说让韩其昌不用惦记家里，好好练武。

子牙河畔的秋风来得真快，几阵秋风，就吹尽了往日的暑气。

武士会的会馆里，张占魁正看着一张天津出版的《益世报》。他看着看着，猛地把报纸摔到了桌子上，拍案而起。"这个叫什么康泰尔的老毛子，也太欺负人了！"张占魁愤愤地说着。

李存义看了看报纸上的照片，说："这个人以前我见过呀！就在天和医院的小花园里举铁球，还扯铁链子，有不少人围着看，大伙都以为他是个走江湖卖艺的洋人，怎么这几天在北京摆上擂台了？"

"报纸上说，这个康泰尔是俄国大力士，走遍了世界46个国家，没遇着对手，一共得了十块金牌。这回在北京中央公园摆擂，又特意做了一块大金牌，凡登台比武者，胜一场就给一块金牌，如果能胜十一场，就把全部金牌都给出来！"张占魁手撑在桌子上说。

"这话可说得够大的啊！"李存义越听越生气。

"这是不拿咱中国人当回事啊！师兄，咱们练了这么多年的武，总不能让那俄国老毛子在咱家门口耍威风吧？咱说什么也得去会会他呀！咱要是不去，咱这中华武士会的牌子也就别挂了！你说呢？师兄？"张占魁看着李存义。

"对！是得会会他！我也忍不下这口气！可是，怎么个会法呀？咱俩可得先商量好了啊！别着急，坐下说！"李存义先坐下了。

"师兄，我是想，让我徒弟韩慕侠出马，他年轻，功夫又好，打过几回擂，都赢了，我就想让他去！"张占魁也坐下了。

"行，就让韩慕侠攻擂。咱们还得多带几个徒弟去，也好有个照应。我这边把韩其昌带上，他岁数虽不大，但功夫不错，让他去也能有个照应。"李存义说。

"就这么定了！晚上把徒弟们都叫来，商量好了咱就上北京，会会那个老毛子！"张占魁的目光里闪耀着坚毅。

第二天一早，李存义、张占魁师徒几人乘火车赶到了北京。在前门火车站附近的打磨厂胡同找了一家客栈，安顿好了之后，师徒几人就直奔中央公园。

擂台搭在中央公园五色土旁边的空场上。擂台的四周高高地挂起了中文的横幅："环球世界第一大力士"、"打遍四十六国无敌手"。擂台周围聚集了许多看热闹的人。

"肯定就是这儿了！"张占魁说。

"你们几个先去看看！别一起去！分开！"李存义对几个徒弟说。

韩慕侠和韩其昌一起走，赵德清和马其昌一起走，在擂台的周围转了几圈。擂台上没有人。台子下面有几张桌子，坐着几个西装革履的外国人。

韩慕侠和韩其昌走过去问："请问哪位是康泰尔先生？"

一个打着领结的高个子、会说中国话的洋人说康泰尔先生没在这里，他是翻译，有事可以跟他说。韩慕侠便和翻译说了想要比武打擂。

翻译听明白了，于是从桌子的抽屉里拿出了一叠纸，交给了韩慕侠。

韩慕侠接过来，看了看。这是中文和俄文两种文本的生死文书。中文本的文字为：某人与俄国人康泰尔于公元1918年9月15日在中央公园自愿比武，如遇人身伤害及生死事故，均由本人一方承担，不究任何他人之责。

"拿笔来，我签字画押！那康泰尔呢？"韩慕侠对翻译说。

"请先生先签字，我会把文书送给康泰尔先生签字以后，再送给你。"翻译边说边拿来了笔墨。

韩慕侠拿起毛笔，沾了墨，就要写上自己的名字。这时，一只手伸向了文书，挡住了韩慕侠的笔。"这位兄弟，先等等，我有话说！"说话的是个穿着黑色制服的警察，旁边还有一个警察。

"怎么回事？"韩慕侠问道。

"兄弟，还是别打了！人家是外国人，真打起来，万一有个三长两短，我们可吃罪不起啊！"

"你们吃什么罪？这不是有生死文书吗？生死和谁都没关系啊！"

"说是这么说，可要是真的打出事来，可就不是没关系了！洋人咱惹不起啊！"警察叹气说道。

"这不是公开打擂比武吗？怎么不让比？你是不是中国人？怎么替洋人说话？"韩其昌忍不住了，冲着那两个警察喊了起来。

第13章 天津识豪杰

"打擂的事,我们不知道。兄弟,我也是奉了上峰的差遣,到这儿例行公事。大哥,您别难为我,要不我带您去见见我们的上峰,我们也好交差。"另一个警察的口气似乎客气些。

"好,我不难为你。现在就去吗?"韩其昌问道。

"好好!那就请吧!"警察做了一个请的手势。

张占魁和李存义师徒几个,一直在旁边看着韩慕侠和韩其昌跟警察说话。听到两人要跟警察走,李存义把韩其昌叫了过来,小声说:"到了那儿先问问怎么回事再说。切记,别硬顶!"韩其昌点了点头,和韩慕侠一起跟着警察走了。

警察总署就在东单的总部胡同,很快就走到了。会客厅里,警察总监吴炳湘满脸堆笑:"啊!嘿嘿!二位大侠,二位的来意我都听说了。二位能如此深明大义,如此为国争光,真是国人的骄傲,兄弟我佩服!佩服!"

"那怎么还不让比?"韩其昌紧缩眉头问道。

"这个,大侠有所不知呀!兄弟我也是奉了上峰的旨意,实在是不得已而为之啊!这比武之事,关系到外国邦交,一旦引出纠纷,咱们政府不好处理呀!您也知道,一沾上外国人,事情就不好办了啊!"吴炳湘一脸的苦相。

"这报纸上不是明明写着,摆擂公开比武吗?我们还有生死文书啊!"

"这报纸上怎么写的,兄弟并不清楚。就算你有生死文书,还得问问咱们政府同意不同意呢!再说了,那报纸上有几句是实话呀?还不都是睁着眼睛说瞎话!二位大侠,还是给兄弟一个面子,别攻擂比武了!实在不行,咱把比武改为演武,两边都别动真的,二位看如何啊?"

"演武?光演不比,那怎么分出高低?那不更得让那个康泰尔瞧不起,更得说咱们中国没人了?"

"那,也只好如此了。请二位大侠一定要理解兄弟的难处啊!"吴炳湘声调更低了。

"如果我们非要比武呢?"韩慕侠紧盯着吴炳湘说。

吴炳湘脸上的笑容立刻全部收敛起来了。他从沙发上站了起来,直了直身子说:"二位大侠,刚才我把这利害关系都和你们说明白了,我想,二位也是聪明人。如果二位一定要比武,不给兄弟这个面子,让我没法跟上峰交代,那可就是要砸我的饭碗啊!我可就不能客客气气地让你们走了!二位就在我这儿委屈几天吧。"吴炳湘说话的时候,脸上开始显露出了一副官相。

"要抓我们?凭什么?"韩慕侠瞪起了眼睛叱道。

"凭什么?执意妨碍外交公务,扰乱治安,不听劝诫,拒不悔过,有潜在威胁,这还不够关你几天的?"吴炳湘一副公事公办的样子。

韩其昌极力控制住自己的情绪,说:"没那么严重吧?"

"事关国际关系,这事说大就大,说小就小!"吴炳湘停顿了一下,眼睛滴溜溜地一转,接着说:"是啊,本来也没什么大事,只要二位不再坚持比武,我又何必得罪二位大侠,跟各路武林高手结仇呢?还是不比为好啊!"吴炳湘的脸上又开始酝酿着笑容。

"也好!我们先回去,跟大伙商量一下再说!"韩其昌顺水推舟。

"这就对了啊!二位大侠能如此深明大义,真乃俊杰!还望能好自为之啊!二位请回,不送不送!"吴炳湘微笑拱手,将二人送出了客厅。

出了警察总署的大门,韩其昌才说:"还是师父说得对,咱没必要跟他们较劲!"韩慕侠"嗯"了一声,两个人都加快了脚步。

回到打磨厂的客栈,大伙儿正等着他们。韩慕侠把在警察总署见到警察总监吴炳湘的经过详细说了一遍。

"师父,您看该怎么办?"韩慕侠问道。

"你说该怎么办?"张占魁反问。

"师父,咱要是就这么回去了,可太憋气了啊!说是摆擂比武,真要比了警察还不让,那个老毛子还得说这说那,拿着金牌显摆,这不是欺负人吗!这口气我忍不下去,咱就是拼了命也得去会会这老毛子!这擂,不打也得打!"韩慕侠越说声音越大。

"对呀!师父,那老毛子也太狂了!咱们大老远来一趟,不能白来呀!就这么看着老毛子没人敢惹,咱那功夫不就白练啦!"韩其昌也有些激动了。

"对!师父,我们也不服气!不能就这么便宜了老毛子!"众师兄弟也一起叫了起来。

"师兄,你看怎么办?"张占魁转向李存义。

"那还用说!既然都来了,怎么也得比试比试啊!要不咱们回天津怎么向武士会交代啊!"李存义的声音依然是很稳重。

第13章 天津识豪杰

"那好,既然大伙都不服气,那咱就打!可是到底该怎么个打法,咱得好好商量一下。"张占魁停顿了一会儿,又接着说,"依我看,中央公园的擂台咱是打不成了。要打,咱就得找到老毛子住的地方去打。我刚才问清楚了,老毛子住在六国饭店,咱就上那儿会会他!到了六国饭店,就能知道这老毛子住在哪个屋,然后咱就上屋里找他去!咱们这么多人,得分成几拨。"张占魁心里早有了盘算。

"我和韩慕侠一拨,目标就是进屋打老毛子。慕侠,你先进去,我在门外头等着,万一有个什么闪失,我就进去。咱非得把这老毛子打趴下不可!"张占魁看着韩慕侠说。

"韩其昌再带两个人,跟着我,也是在房门外头等着。你们的目标是守住楼梯口,不许有人上来。再一个,万一有警察上来,也好有个接应。"张占魁看着韩其昌说。

"师兄,您多带几个人,得把六国饭店大厅,还有饭店周围的警卫给看住了,不能让他们叫喊,也不能让他们乱动。你们先管住了那些警卫,我们几个才好上楼打老毛子啊!"张占魁的目光转向了李存义。

"什么时候去呀?"韩慕侠有点等不及了。

"今天晚上就去!这事不能耽误,要是让那些警察有了防备,咱就是想去都去不成了!咱现在就找个地方吃饭去,吃饱喝足了,咱会老毛子!"张占魁站起了身。

"好啊!"众师徒齐声答应着。

北京的秋天是清凉的。一轮秋月高挂的时候,晚风吹来的是肃杀之气。东交民巷的六国饭店,和往常一样,依旧是灯火辉煌,车水马龙。

李存义带领十几个徒弟,轻而易举地控制住了饭店周围和大厅的警卫。韩慕侠从警卫的口中问出,康泰尔住在二层的豪华套间里。张占魁带着韩慕侠和韩其昌等几个徒弟,紧跟着就上了二楼。

楼道里很安静。韩其昌守住楼梯口,冲张占魁点了点头。张占魁向韩慕侠挥了挥手,韩慕侠走进了康泰尔的房间。康泰尔正斜倚在沙发上昏昏欲睡。看到眼前的不速之客,康泰尔不由得一怔。他已经猜到了几分,就向里间说了句什么，里间应声出来了一个人。韩慕侠认出，里间出来的就是上午在中央公园见到的那个翻译。

韩慕侠抱拳冲着康泰尔说："是康泰尔先生吧？听说你挺厉害啊！你说没人能打得过你，还看不起中国人。今天我来了，特地向你讨教讨教！"

听完翻译的传译，康泰尔上下打量着韩慕侠。韩慕侠身材并不魁梧，说话还算文雅，康泰尔上下打量了一下韩慕侠，脸上立刻就露出了傲慢的神态。

"先生，你的身材太矮小了，我会像摔小鸡一样把你摔死的！"翻译把康泰尔的原话翻译给了韩慕侠。

"我打死你，就像打死一只耗子！"韩慕侠还是不紧不慢地说。

见眼前的这个身高、体重处于明显劣势的中国人竟敢如此蔑视自己，康泰尔有些被激怒了。他猛地甩掉了身上的西装，大喊了一声："来吧！"就摆开了拳击的架势。韩慕侠后退了一步，说了声："请！"就紧盯着康泰尔的脚步，等待着他的进招。

在康泰尔看来，自己占有身材的绝对优势，只要自己迅速出手，就能立刻将对方击倒在地。他移动步伐，直扑韩慕侠。康泰尔出手很快，他晃了一下上身，一记左直拳直奔韩慕侠的面门。韩慕侠忙向右移步，躲过了康泰尔的左直拳。

就在韩慕侠躲闪康泰尔左直拳的同时，康泰尔迅速向前跨步，凶狠又凌厉的右勾拳也随即自下向上打出，击向韩慕侠的下颌。韩慕侠急速闪展，又躲过了康泰尔的右勾拳。

康泰尔狂怒了，他没想到韩慕侠能如此灵活地躲过他的两记重拳。这也是他从来没有遇到过的强劲对手。康泰尔又一次向前猛扑。他伸出右手，想要抓住韩慕侠的左臂。

看到猛扑过来的康泰尔已经伸出了右手，韩慕侠一跃而起，右手向下压砸康泰尔的手臂，同时身体稍向下蹲，以左手护住肩部，身体猛然向上蹿，就像蛇发起攻击一般迅猛，撞向康泰尔的身体。

康泰尔受到撞击，立即失去了重心，身体开始向上飞起。可韩慕侠这招还没使完，在他身体撞击康泰尔的同时，他的右臂也向前弹打，他的右拳正好打在飞到半空中的康泰尔的前胸上。

第13章 天津识豪杰

韩慕侠出拳的力度巨大,康泰尔应声倒地。他手捂着胸口,身体在地上扭曲着,翻滚着。突然"哇"的一声,康泰尔呕吐了。

"起来!再打!我这才打倒你一次!你不是十一块金牌吗?今天我要再打倒你十次!"韩慕侠喝道。康泰尔挣扎着,用手撑住地面,却始终没能再站起来。

通过翻译,康泰尔表示认输,撤掉世界第一大力士的牌子,取消日后的摆擂,并愿将十一块金牌全部让与韩慕侠。

韩慕侠得胜以后,张占魁、李存义率众徒弟迅速离开了六国饭店,并于第二天就返回了天津。韩慕侠打败俄国大力士的消息不胫而走,很快传遍了天津,传遍了全中国。韩其昌和师兄弟们一起,分享着扬眉吐气的喜悦。

中秋节到了,又乘着打败俄国大力士康泰尔的喜悦,中华武士会举办了中秋赏月会。会馆的花园里摆放了十几张桌子,桌上放着月饼和茶点。各路武林高手云集,月光下人来人往,欢声笑语。

韩其昌独自坐在靠角落的一张桌子边,手拿着一块月饼慢慢嚼着。每逢佳节倍思亲。他想凤儿了,也想家乡的亲人。来天津一年多了,凤儿怎么样了?又该收秋粮了,今年的收成该不错吧?韩其昌心里思忖着。

"啊嘀!一个人坐在这想家呢!"张占魁边说边坐下了。

"没,没有啊!我坐这歇会儿。"韩其昌低着头,不敢看张占魁。

"来这儿都一年多了,能不想家吗!我还不知道!"张占魁拍了拍韩其昌的肩膀。

韩其昌给张占魁倒上茶。

"其昌,这么长时间了,你一直是在教家馆,真有点屈才呀!"

"别这么说,师叔,我跟几个师兄学了不少呢!"

"现在,有个当兵的机会,不知道你愿意不愿意去?"张占魁很认真地对韩其昌说。

"当兵?当什么兵?"

"是去保定,曹大帅那里想找几个武术教官,我看,你去挺合适。在军队吃粮当差,待遇高啊,吃穿全管,每月还给四十块大洋呢!"

"师叔,这个曹大帅是什么人啊?"

"啊，曹大帅名叫曹锟，他现在是直隶督军，四省经略使，驻防在保定，手下有二十万人马呢！这个曹大帅对武术是特别爱好，专门成立了一个武术营。这次是想找几个武术高手，专门训练他武术营的那些兵。说是武术营，实际上就是曹大帅的卫队和贴身保镖。你在那里当教官，不必担心会上前线，也没有什么危险。"

"师叔，您认识曹大帅啊？"

"我不认识曹大帅，但认识他的武术教导营的营长。这个曹大帅是天津人，家在静海，他手下好多带兵的军官都是天津人。武术营营长叫孟凡友，就是天津人。大清光绪年的时候，我在县衙门当捕快，孟凡友在我手下干过。前些日子，他从保定托人给我捎来一封信，信里说，求我帮他找个武术教官，我就想到了你。"

"师叔，我要是去，那家馆可就教不成了。"

"教不成就不教了呗！其昌，你来天津也一年多了，也没遇着什么好机会。我总在想，你年轻，功夫又好，应该能有更好的机会啊！教家馆也不是长久的事，不教就不教吧，到时候我再给周老板找一个教家馆的师傅就行了！"

"那我就得谢谢师叔的栽培了！"

"我为你想过，到了曹大帅那儿，凭你自己的功夫，当个教官，教教当兵的练武，应该是没有什么问题的。要是混得好，能混上个一官半职的，将来也能有个出头之日啊！这总比你教家馆要强多了吧！"

"是啊！师叔，我听您的！"

"保定离你家还近点，你都出来一年多了，也该回家看看媳妇了。"

"那我就先回家，然后再到保定。我得把当兵的事跟我爹妈说一声啊！"

"那好，你这两天就抓紧准备吧！我给孟凡友写封信，你走的时候带着。等到了保定督军府，找孟凡友就行了。把我的信给他，他就会给你安排！"张占魁说着就站起了身。

"那就谢谢师叔了！"韩其昌也站了起来。

张占魁又去招呼别的客人了。

韩其昌没有回到他原来坐的位置上，他开始在会馆的花园里踱步。思乡的忧郁，变成了对军旅生活的憧憬。他想象着，那里该让他有用武之地了。

第14章 从 军

韩其昌告别了师父和师兄弟们,给父母买了衣料,给凤儿买了天津的特产十八街麻花,便离开了天津。回到家里,父母自是万分高兴,凤儿更是喜上眉梢。

提起当兵的事,韩峰三说:"当兵也行,能干出点事来,能有出息就行!现在哪里都在招兵,咱们县城里,也有招兵的。"

"咱们县城里有招兵的?"韩其昌眼睛一亮,问道。

"有啊!昨天刚来的,就在药铺北边那个空场,我看人还不少呢!"韩峰三答道。

"那我明天先上县城看看去!"韩其昌迫不及待地说。

第二天,韩其昌来到县城,果然找到了招兵的地方。上前一打听,才知招兵的是保定督军府,招考的是武术教官。

真巧了啊!韩其昌心里想着:师叔介绍我去的也是这个督军府,也是当武术教官。现在人家又在这里公开招考武术教官,我何不在这里报个名,考一番,也看看我自己有没有当这个教官的本事,省得拿着师叔的信去当了教官,而人家考进来的教官个个本事都比我大,让人家看不起不说,还给师叔丢人现眼!想到这里,韩其昌报上了名。

深州是武术之乡,将军们在这里招考武术教官自然是有的放矢的。报考武术教官的人有百十来个当地的武术高手。经过十几轮的苦战选拔，韩其昌拔得头筹，如愿以偿地考中了。

韩其昌回到家里，把投考的经过讲给凤儿听，凤儿拍掌娇声说："好啊！这回你又找着一个有用武之地的地方了！你要是当了兵，升了大官，该不会不要我了吧？"

"哪儿能啊！你这是想哪儿去了，我可不是忘恩负义的人。再说，我当的是武术教官，就教当兵的练武，升什么大官啊！"说着把凤儿揽进了怀里。

"那就好。不管怎么样，只要你能有出息就好！"凤儿一边娇滴地说着，一边把头深深地埋在了韩其昌的怀里。

第二天，韩其昌上了军用卡车，一路颠簸，直奔保定。卡车直接开到了督军府的大门口。

一个军官先下了车。"给他拿着行李！"军官冲着大门口两个当兵的说。当兵的拿起了韩其昌的包袱。韩其昌便跟着军官走进督军府的大门。大门口有站岗的卫兵，见到军官进门，都持枪敬礼。

军官把韩其昌领到了一排房子前，进了靠近里面的一间屋子，并让韩其昌坐下，给他倒了一杯水。

"你叫什么名字啊？"

"在下韩其昌。"

"你先歇会儿，过会儿我带你去找武术营的孟营长，办个手续。"

韩其昌还没来得及回话，就看到一个军官一步跨进了屋里，一边走还一边说着："哎呀！佟教官！听说今天没空手回来呀！"

"孟营长，我正想把人给你带过去呢，就是他！您看行吗？"

"只要是你佟教官看上的人，还有不行的？你都物色了好几天了，保准错不了。在这营里，练武的事你说了算！我孟凡友也得听你的啊！"军官说完就哈哈大笑起来。

听到孟凡友这个名字，韩其昌想到了师叔张占魁给他的信，说："您就是孟凡友孟营长？"

"是啊，怎么？你认得我？"

韩其昌从包袱里拿出了张占魁的信，交给了孟凡友。

第14章 从 军

孟凡友看了信,说:"原来是张老爷子介绍你来的呀,你怎么不拿着这信直接来找我啊?怎么还去考场了?何必呢?"

"我正好路过那儿,就进去试了试。"韩其昌有点不好意思地说。

"你要是早来,也省得我在好几个县城摆场子招考啊!只要是他老人家引荐来的,肯定是武术高手,还用考啊!"佟教官哈哈大笑起来。

"来了就好啊!看来咱们是有缘分啊!早就该是一家人啊!先找个屋子住下,收拾收拾,晚上我请客,佟教头也得赏光呀!"孟凡友一边说笑着,一边走出了屋子。

穿上军装,韩其昌成了督军府武术教导营的教官。

督军府的府邸名叫光园。这名字是曹锟给起的,曹锟仰慕明朝将军戚继光,就给这座带有西洋风格的院落起名为光园。光园不仅是曹锟的督军府,也是曹锟的住处和办公处。武术营的驻地也在光园,实际上就是曹锟的警卫营和贴身卫队。

武术营的士兵个个都年青、健壮。他们都练过武术,因而教起来容易多了。韩其昌教这些士兵们拳法以及擒拿格斗,并不觉得有什么困难。

韩其昌最先熟悉的人是佟忠义。佟忠义是摔跤教官,韩其昌是武术教官。两人既是同业,又很投缘,很快就熟悉起来了。佟忠义是沧州人,比韩其昌年长近20岁。他6岁就开始习武,摔跤的功夫极深,大江南北未遇到过对手。民国初年,佟忠义就在察哈尔骑兵团当武术教官,后来才到了曹锟的武术营。

佟忠义为人持重、仗义,令韩其昌十分敬佩,特别是他超众的武功,也使韩其昌大为羡慕。韩其昌闲暇时,经常找到佟忠义切磋武艺,时间久了,大有相见恨晚之感。韩其昌向佟忠义学习了摔跤,佟忠义则向韩其昌学习梅花桩。二人互教互学,情投意合,终成莫逆之交。

民国八年(1919年)的春节,是韩其昌第一次在军营里过春节。士兵们都放假三天,伙食也比平常好多了,有酒有肉。白天,士兵们多数是到街上去游逛,晚上才回到营房。

除夕夜，保定城内外的鞭炮声响成了一片。韩其昌听到窗外的鞭炮声，思乡之情油然而生。佟忠义早晨就让一个保定的朋友请到家里去过年了，孟凡友一整天都在和几个副官喝酒打牌。

韩其昌在屋子里踱了几圈，还是走出了屋门。屋外飘着雪花。寒风中，韩其昌似乎感受到了一丝清醒。隐约地，韩其昌听到了弹三弦的声音。他觉得有点奇怪：军营里还有唱戏的？他寻着声音传来的方向走去。

三弦的声音是从三连的连部传出来的。这是一个很大的屋子，透过挂满冰花的玻璃窗，能看见屋子里面灯火通明。韩其昌在屋外清楚地听到了激越、清脆的三弦声。

与三弦声交替传出的还有圆润、浑厚的说书声：

有人得上一个戍	那吃不缺来穿不愁
有人能得上两戍	龙门的秀才也当先
有人得上三个戍	在本朝能当个二品官
将军你得了四个戍	王封你国公你坐长安
我算你有钱你真有钱	金银入库堆满山
我算你有官你真有官	万岁封你呀坐长安

真是说书的啊！韩其昌轻轻推开门，走进了屋里。说书的是个士兵，他手弹着三弦，腿上还绑着一个木板，敲打着节拍。

说书人的对面，围坐着几十个士兵。他们有的瞪大了眼睛，有的微张着嘴巴，都在聚精会神地听着说书。说书人的眼睛，开始眯成了一条直线，声调也放得平缓了：

三十六计下瓦岗	破孟州你登上一个小暗栏
你把孟州的军事问	他字字行行都说明
字字行行都说的对	你不该将他的性命伤
他娘人家哭得断肝肠	他姐姐哭得面皮黄
这是你将军四件的短	折你的阳寿又十年

韩其昌早就被这说书人吸引住了。他轻轻关上门，站在门口接着听。

说书人的声音又变得激昂，三弦声也急促、响亮。

第14章 从 军

道人摆手说我不要　　　　我送你银头路上做个盘缠
我的这个算卦倒并不灵　　南街上又过来一个算卦生
哄得一个罗成他向南看　　太白金星上了天
罗成这边里回了朝班　　　低下个头来暗盘算
那罗成做事太见短　　　　淤泥坑倒叫个乱箭穿
这就是我劝咱们行善莫要行凶　行凶霸道天不应
行善自有千家护　　　　　行凶霸道天不应

"好！"众军士齐声叫好，屋里一片喝彩声。一个士兵认出了韩其昌，忙站起来给他敬礼。

韩其昌连忙上前，拍拍士兵们的肩膀说："都坐下！都坐下！弟兄们，我是在外面听见这里头唱得好，才进来的。今天过年了，大伙儿一块热闹热闹，就不用那么多规矩了。以后见着我，只要不是训练和执勤，就都不必敬礼！我和大伙儿一样，也是当兵的啊！"见韩其昌面带微笑、语气平和，士兵们就都坐下了。

韩其昌转过身来，问说书人："兄弟，你叫什么啊？"

"俺叫赵宝隆。"

"你这连弹带唱，这叫说书吧？"

"对，俺说的这叫陕北说书，也叫三弦书。"

"那你是陕西人啊？"

"是啊，俺是陕西榆林的。"

"跟谁学的说书啊？"

"跟俺叔，俺叔一说书，俺就去听，听多了也就学会了。"

"你刚才说的这段书，叫啥名啊？"

"这段叫罗成算卦。"

"你来咱队伍有几年了？"

"有半年了吧！这不，过年了，弟兄们非得让俺说一段，热闹热闹。"

"你这书，说得可真好啊！一听就知道是下了工夫的，了不起啊！我想跟你学学弹三弦，行吗？"韩其昌看着赵宝隆，十分诚恳地说。

"学三弦？跟俺学？你要是真想学，有啥不行啊！"赵宝隆腼腆地说。

"那好，我可就认你当师傅了啊！"韩其昌十分高兴地说。

"别别，你可是教官啊！我哪儿敢当你师傅啊！"赵宝隆先是一怔，紧接着连连摇头说道。

"那有什么啊！练武术，我是你师傅！弹三弦，你就是我师傅！谁有本事，谁就是师傅！"韩其昌一本正经地说。

士兵们都笑了。

"行啊！赵宝隆！年还没过就成了教官的师傅了！"一个士兵高声说。

"赵宝隆，再说一段吧！"又有人在喊。

"对啊！再说一段过瘾的啊！新夫妻大乱红绫被啊！"

"那我可不会啊！"赵宝隆红着脸说。

"什么你不会啊！你说过多少回了啊！连我都从你那儿听会了！好像猫儿舔手心，好像那鸡翎扫脖颈，一阵子惊来一阵子麻，一阵子好似那葛针扎！"远处的一个士兵扯着嗓子在喊。士兵们哄堂大笑，韩其昌也笑得前仰后合。窗外的鞭炮声一浪高过一浪。

除夕夜听了赵宝隆的陕北说书以后，韩其昌还真的迷上了弹三弦。他从城里的乐器行里买回了一把三弦。韩其昌买回三弦之后，先自己摆弄了几天。他把音阶的位置找准、记住，还把基本的弹拨方法练了练，就去找赵宝隆，学了陕北说书的基本曲式和曲调、常用的板眼、绑在腿上的甩板的配合，还有陕北腔的唱词。半年多以后，韩其昌就能自弹自唱一些简单的陕北说书了。

清明节过后，天气开始变热了。操场上，韩其昌正在教士兵们练大刀。这时勤务兵跑来，向韩其昌立正敬礼。

"报告韩教官，孟营长有请！"

"现在就去？"

"是，请长官跟我走！"

韩其昌跟着勤务兵，来到了孟凡友的办公室。

"韩教官，恭喜你啊！"孟凡友手里拿着一个大红的纸包。

"孟营长，这是怎么回事啊！"韩其昌有些不解。

"大帅赏的啊！这大帅到底是行伍出身，就是有眼力啊！"孟凡友边说边

第14章 从 军

把红纸包递给韩其昌。

"大帅？我就见过大帅一次啊！还是我刚来的时候呢！大帅把我叫去，问了几句话，我就回来了啊！"韩其昌一脸迷惑。

"是啊！大帅后来可是看了你好几次啊！你都在操场上忙着练兵呢！大帅对你练的兵很满意，特别是对你的功夫，那更是器重啊！这不，刚才大帅跟我说，给你发点奖赏，我哪儿敢怠慢啊？就赶紧把你叫来了！你拿着这个，就能去军需处领钱了！大帅还说，以后你要经常在光园转转，那些站岗的兵都归你管，万一要是有什么情况，有你这好功夫，也好应付啊！"孟凡友越说越高兴。

"啊，是这样啊！那就请孟营长代我谢谢大帅的栽培！"韩其昌挺胸，立正，向孟凡友敬礼。

韩其昌每天都得巡查几遍光园的各个岗哨。站岗的士兵都认得他是营里的教官，远远地看到他戴着执勤带走过来，都持枪立正，向他敬礼。

这天又轮到韩其昌在大帅的办公楼门口带班了。吃过午饭，韩其昌像往常一样，要到办公楼门口看看换岗的士兵们。走到大门口，两队士兵正在换岗，见到韩其昌过来，就都立正站好，等着韩其昌说话。

韩其昌刚要让下岗的士兵回营房，只见不远处走来一个人。"先别换岗了，排成排站好了，大门口一边站一排！"韩其昌说。

士兵们分成两个横排，站在楼门口两侧。韩其昌站在门口，他已经看清楚了，来人穿的是军装，走得很快。看样子是个有急事的军官。军官看到了戴着执勤带的韩其昌，就跑了过来。

韩其昌也看清楚了，这军官肩上佩戴的是少将军衔。韩其昌刚要跑步上前，那军官已经在他面前站稳了，随即"啪"的一声，马靴的脚跟相碰，立正举手敬礼："报告执勤官！第三师师长吴佩孚，有要事求见大帅，请通报！"

吴佩孚的立正和敬礼，威武又严肃，声音洪亮又清晰。韩其昌清楚地看见吴佩孚额头上沁出的汗珠子。

韩其昌立正敬礼："请长官稍等，我去报告大帅！"说完急速向后转，跑步进了大门。很快韩其昌就从大门里跑步来到了吴佩孚面前，立正敬礼："报告长官！大帅有请！"

韩其昌迅速向右侧跨步，让开了大门，并向左转，高声喊道："敬礼！"

门口两侧的士兵挺枪敬礼。吴佩孚再次敬礼,大步流星地走进了办公楼。

中原的7月,暑气逼人。孟凡友让士兵买了几大车西瓜,分给武术营的弟兄们吃。他自己挑了一个大西瓜,让勤务兵用井水泡凉了,找来佟忠义和韩其昌一起吃。树荫下,他们一边吃西瓜一边聊了起来。

"这天气可真是太热了啊!"佟忠义说道。

"是啊!太热了!这还不错呢!还能有个树荫吃点西瓜呢!这要是打起仗来,那可就更受罪了!"孟凡友擦着汗说。

"这几天形势有点紧张,说不定还真要打仗呢!"佟忠义也在擦汗。

"真要打仗?跟谁打啊?"韩其昌问。

"跟谁打?北京的段大帅呗!"孟凡友叹了口气说。

"段大帅不是总统吗?咱们是地方军,怎么能跟总统打仗啊?那能打得过人家吗?"韩其昌不解地问道。

"总统也得靠军队啊!也不是所有的军队都和总统一条心呐!没看见,前几天到光园来的就有东北的张大帅吗?"孟凡友说起时局来,就显得精神倍增。

"张作霖吧?"

"对呀!这几天大帅和这几个人总是开会,连饭都顾不上吃,我看八成是要打仗了!"孟凡友很有把握地说。

"可这为什么要打仗呢?"韩其昌总是想问个明白。

"这话来说就长了!前几年,当总统的是冯大总统冯国璋。冯大总统和咱们曹大帅关系好啊!是咱们大帅的靠山。上个月,这个段大帅组织了一批人,把冯大总统给选下去了,选上来的是徐世昌。徐世昌和段大帅关系好,和咱们曹大帅不对付啊!这徐大总统最听段大帅的。你知道,现在南方不是正在闹革命觉吗?孙中山联合了西南的唐继尧和陆荣廷成立了护法军,和北京的政府对抗。段大帅的口号是武力统一,办法就是让咱们曹大帅带着队伍去南方,打孙中山的护法军,这不是一箭双雕吗?既能打垮护法军,又能消耗掉咱们曹大帅的势力,两败俱伤之后,他段大帅才是渔翁得利啊!"孟凡友说道。

"这个段大帅心眼真够多的啊!咱们曹大帅既然看出了这步棋,不去不就行了吗?"

第14章 从 军

"不去？他段大帅有总统给撑腰，用政府的名义命令你去，你不去就是抗命啊！所以，就是不想去也得有个说辞啊！曹大帅的说辞是和平统一，可是段大帅不干呀！非得逼着曹大帅去打护法军，要是不去就得宣布你是叛逆！你说，这仗是不是得打起来啊！"

"那咱们怎么办？"韩其昌又问。

"咱们是军人，吃粮当差就得服从命令啊！让咱们上哪儿咱就得上哪儿！不过，据我的经验，就算是真的打起来了，也轮不到咱们上前线呀！咱们是大帅的警卫营，要是连咱们都上了前线，那大帅还能剩下几个兵啊！不用担心！这几天多留点神，咱把光园守好了，把大帅保护好了，咱就算完成任务了！"孟凡友说完，就抽起了烟。

韩其昌和佟忠义听了个似懂非懂。

时局果然如孟凡友所料，没过几天，就真的打起仗来了。光园整夜灯火通明，门前人来人往。送信的、领钱的、搬东西的川流不息，保定的大街上，也都是满载着士兵和物资的军车，向高碑店方向疾驰。仅仅过了三天，光园就传出话来：咱们打胜了！

又过了一天，光园门前的广场上，举行了隆重的受降仪式。到场的全是高级军官，肩章上的将星闪耀。军乐队奏起了雄壮的军歌。曹大帅和几个大员并排站立。

一个身穿灰色军装、挎着军刀的军官，大步来到曹大帅面前，立正敬礼，大声说道："鄙人曲同丰，今天愿意向贵经略使投降，特将军刀献上，宣誓绝不与贵军为敌！"曲同丰解下军刀，躬身双手将军刀递给了曹大帅。

曹大帅接过军刀，又把军刀还给了曲同丰，也大声说道："本使今天愿意接受贵司令投降。贵司令作战勇敢，本使至为敬佩，特将军刀发还，仍请佩带。本使当按照优待战俘条例，予贵司令以最优待遇！"

众人一片掌声。军乐队又奏了一曲。人们簇拥着曹大帅，走进了光园的大门。

孟凡友、韩其昌和武术营的士兵们，始终站在广场的四周警戒。他们都看清了这一切，却没能看明白。撤岗以后，韩其昌把孟凡友拉到了自己的屋里，迫不及待地问:"孟营长,快给咱讲讲,怎么这么快就打胜了啊?"

"这回打了胜仗,都是那个吴师长吴佩孚,现在是吴司令了,他立了大功啊!前线的仗都是他指挥打的。这仗一开始,咱们没占着啥便宜,头一天和段大帅的十五师在高碑店打了一仗,就让人家给打跑了。在杨村,段大帅有日本人帮忙,也占了杨村。第二天,咱们也没打什么胜仗。直到第三天,吴司令亲自率领轻骑兵,突袭了段大帅在松林店的前敌司令部,活捉了段大帅的前敌司令曲同丰,就是刚才献刀的那个!你想啊,前敌司令都给活捉了,那就指挥大乱啊!吴司令乘胜占了涿州,逼近长辛店,东边张大帅的军队也助战到了通县、廊坊。段大帅受到夹击,只好投降啊!"孟凡友说着说着,脸上露出了得意的笑容。

"这个吴司令,真厉害啊!"韩其昌听得入神。

"太厉害了!听说他在松林店围了曲同丰的司令部,曲同丰投降,他走进司令部,就先给曲同丰敬了一个军礼。说起来,曲同丰应该是吴司令的老师啊!当年吴司令曾经在武备学堂受训,曲同丰是武备学堂的教习啊!战场相遇,虽各为其主,仍不忘师生之谊,克敌擒将,能待之以礼,真有大将风度啊!"孟凡友钦佩地说。

"是啊!吴司令真是将才!我也佩服!"韩其昌又想起了吴佩孚给他敬礼的情景。

临近冬天的时候,韩其昌查岗时淋了一场雨,就开始发烧,嗓子也疼。韩其昌根本就没把头疼脑热当回事,还是像往常一样的教士兵练武。半个月过去了,不但高烧没有退去,脖子还肿得老高,嗓子也疼得更厉害了。

韩其昌小时候学过中医。他认为这是气血积滞,不要紧。就在武术营医官那里抓了几味药,煎了喝下。可是脖子越肿越高,连扭头都困难了。韩其昌开始着急了。他已经没有精力查岗和练武了,只好躺在床上。佟忠义每天都来看他,也替他着急。

孟凡友见韩其昌的烧不但不退,而且肿着的脖子也不见好,急得连连顿足,心里想着:不能就这么耗下去了,得找一个好大夫给看看。第二天,孟凡友就带着一个外国人,来到了韩其昌的屋里。

第14章 从 军

"韩教官,这是罗大夫,请罗大夫给你看看。"

"啊,谢谢啊!"韩其昌嘴唇已抖得连话都说不清楚。

罗大夫是个德国人,名叫罗尔斯,五十多岁,是曹大帅专门聘请的军医,在中国居住十多年了,中国人都叫他罗大夫。这次是孟凡友请来给曹大帅的家眷看病的,顺便也给韩其昌看看。罗尔斯问了问韩其昌什么时候开始得病的,现在有什么不舒服,就用手轻轻按压着韩其昌的脖子,扭动了几下,很严肃地说:"韩教官,你这是淋巴囊肿,早就应该治疗的。现在已经耽误了,必须马上手术,否则会很危险的!"

"啊,有这么严重啊!"

"当然。你知道,淋巴是人体的防御系统,能起到防止外来感染继续侵入人体深处的作用。你是因为感冒,咽喉受到感染,才使得颈部的淋巴肿大,这本是淋巴的防御功能,但是这种功能也是有限的。咽喉长期的感染不能痊愈,就把淋巴也感染了。现在淋巴已经高度感染化脓,吃药是不能解决问题了,必须施行囊肿切开引流术,再运用抗生素抗感染治疗,才能彻底治好。我必须告诉你,如果不立即手术,你颈部淋巴的感染就有可能扩散到全身的淋巴,那就有生命危险啊!"罗尔斯紧缩着眉头说。

"韩教官,还是听罗大夫的,赶快动手术吧!"孟凡友此刻已急得满头大汗。

"行,听罗大夫的!现在就动手术!"韩其昌咬着牙,有气无力地说道。

"可是,韩教官,现在手术还有个问题,麻药昨天刚用完,已经派人去德国买了,怎么也得十来天才能买回来,我担心,那时候……"罗尔斯摊开了两手说。

"罗大夫,不用麻药也行,我能挺住,你放心吧!"

"那好,我相信你能挺住的!我现在就回医院准备手术器械,下午就给你做手术!"罗尔斯匆匆地走了。

下午,罗尔斯来了。

"韩教官,现在就手术了。我担心你受到疼痛刺激的时候会动,先把你的手和脚都捆在床上吧!"罗尔斯拿出了几条皮带。

"不用捆,罗大夫,我能挺住!保证不会乱动!"韩其昌摇着手说。

"好吧，你可千万不能动啊！脖子上有很多的神经和血管，你要是一动，手术刀很容易会碰到其他神经上，那可就太危险了！"罗尔斯嘱咐道。

"我明白。给我嘴里塞上一块毛巾，我咬着就行了！"韩其昌说。

罗尔斯让韩其昌躺在床上。手术器械准备好了以后，他在韩其昌嘴里塞进了一块毛巾。罗尔斯的手术刀韩其昌的脖子上切了一个小口，脓血流了出来。

韩其昌立刻感到了一阵剧痛。他心里默念着：我必须得忍住，千万不能动！要是乱动就没命了！

罗尔斯将脓血一点点挤出，最后向伤口里塞进了一块蘸了药水的纱布。韩其昌一直在坚持着，直到手术做完，他一声也没有吭。

"好了！韩教官，你自己能起来吗？"罗尔斯轻声问。

韩其昌点了点头，他用手支撑床面，坐了起来。

罗尔斯取出韩其昌嘴里的毛巾。毛巾已经咬烂了，变成了一团浸水的棉丝。罗尔斯又看了看韩其昌躺过的床，汗水湿透了床褥。

"谢谢你，罗大夫。"韩其昌用微弱的声音说道。

"你不要多说话。这几天一定要卧床休息，多吃蔬菜、胡萝卜，增加营养。最理想的情况是十来天伤口就长好了。我会每天来看你、给你换药的。记住，绝对不要剧烈运动，你懂了吗？"韩其昌点了点头。

罗尔斯是个负责任的医生。因为韩其昌的伤口暴露在外，容易引起术后感染，他每天都来看韩其昌，给他换药、打针，还给他带了些营养饭食。韩其昌的病情一天天好起来了。

每次罗尔斯来，都和韩其昌随便聊上一会。日子长了，韩其昌还了解到，罗尔斯在德国也当过兵，退役后成了基督徒，他对中国的事知道很多，对时局的看法也很有见地。

韩其昌的体质不错，半个多月就康复了。罗尔斯来了，看了看伤口，说："韩教官，你的病已经完全好了！从今天起，就不用再打针吃药了，只是要特别注意的是，最近半年之内不要做剧烈运动，要让淋巴系统有一个恢复的过程。"

"真是太感谢你了！罗大夫！遇到你，是我的福分。要不是你给我手术，我这病还不知道是什么样子呢！"韩其昌眼睛里闪动着泪花。

第14章 从 军

"这是上帝的意旨啊!"罗尔斯微笑着说。

"罗大夫,你刚才说,我在半年之内都不能剧烈运动,可我是武术教官,吃粮当差就得听人家调遣,我该怎么办呢?"

"这个,韩教官,我早就考虑过。请恕我直言,像你这种情况,就应该退役!"

"退役?"韩其昌有些吃惊地看着罗尔斯。

"是的,你应该离开军队。这首先是考虑到你的健康。我知道,你是个武林高手,功夫非凡,但从医生的角度讲,如果没有过硬的身体素质,那么任何功夫就都不会存在了。你总不希望在这半年之内,你因为劳累而旧病复发,到最后让你所有的武功都不复存在吧?"

"当然不希望啊!"韩其昌睁大了眼睛,听着罗尔斯继续说下去。

"我和你接触了一段时间,我感觉,你是一个不适合做军人的人!因为你的内心深处太慈悲了,心肠太软了,又太重感情了!中国有句古话,叫做慈不掌兵,仁不经商。一将功成万骨枯啊!我的直觉告诉我,你不愿意伤害人,你就不可能成为名将,所以你在军队里是没有前途的。即使你只想做你的武术教官,到最后也不会有好的结果!"

韩其昌的眼睛瞪得更大了!他心想:这个罗大夫怎么会对我的内心了解得那么清楚?

"我是个医生,来到中国十多年了。这些年来,我在中国看到了许多,也想到了许多。这几年,中国的战争就一直没有停止过。今天你打他,明天他打你,都说是救国、讨逆、护法、定国,可到底谁能拯救这个国家呢?战场上死伤的千千万万士兵,他们也是平民百姓啊!难道他们就该为那些政治和军事的巨头们付出生命?这公平吗?中国现在是在打内战。内战的总兵力已经有一百多万了,这么大规模的内战,不是短时间能结束的,至少要打上十年!作为你的朋友,作为欣赏和敬佩你能力与毅力的医生,我不希望你在内战中不明不白地死去,成为那些政客们暴力争斗的牺牲品。我希望的是,你能好好地休养生息,彻底恢复你强健的体魄,继续弘扬你非凡的武功!这也该是你的理想,这就是好比你们练武术的,你练武到底是为了什么?是用于争强好胜,还是用于保家卫国?如果仅仅是用于争名夺利,那不论输赢都没人瞧得起你;如果你将武术用于兴邦济民,你将是民族的英雄。对吧?韩教官?"罗尔斯说完这些,用极其严肃的目光看着韩其昌。

韩其昌被罗尔斯精辟的见解深深打动了,他怎么也想不到,一个外国人能对中国、对他本人有着如此深入的了解和如此深刻的分析。"罗大夫,我听你的!"韩其昌紧紧地握住了罗尔斯的手。

夜深了。韩其昌辗转反侧,难以入睡,还在想着罗尔斯的话。仔细回想着这几年从军的经历,韩其昌觉得罗尔斯说得太对了。韩其昌从军,是抱着能在军队里有用武之地、能报国为民的远大理想的。可是,他在现实中所看到的,却是政客们的尔虞我诈、军官们的投机钻营和士兵们的庸俗颓废。他早就已经意识到了,在这样的军队里,是不能实现自己的理想的,也是不可能有所作为的。或许,真的会像罗尔斯所说的那样,要么成为内战的牺牲品,要么沉沦在投机钻营的争斗中。可这些,都与他习武报国的志向背道而驰啊!他下定了决心:不干了!回家!

第 15 章　闯关东

告别了佟忠义、孟凡友，还有警卫营的弟兄们，韩其昌离开了军队，踏上了回家的路。坐在回家的马车上，韩其昌心潮难平。他回想着这两年的军旅生涯，回想着保定的人和事，心里无限感慨。他想得最多的是罗尔斯。

韩其昌是个重情义的人。罗尔斯治好了他的病，还给了他许多忠告，这让韩其昌感激不尽。罗尔斯的博学和友善，也令韩其昌钦佩不已。离开保定的前一天，韩其昌特意买了礼物，去看望了罗尔斯，又和罗尔斯聊了许久。临别时，韩其昌和罗尔斯紧紧拥抱，挥泪而别。"等有机会再报答人家吧！"韩其昌自言自语。

离开保定的前几天，韩其昌就开始准备要带回家的东西。他给父亲买了照相用的胶片、冲洗相片用的药水和相纸。给母亲买了一件羊皮大衣，给凤儿买了一个扎头发的簪子，还有一双绣花鞋。他还惦记着师父和师兄弟们，给他们买了酒和点心。购置这些东西，用去了他这两年薪水的大半。

马车是韩其昌在保定的一家车行里雇的，车夫是当地的一个老者。

看到韩其昌在车上闷闷不乐的样子，车夫就主动和他聊天："先生，前面就要到清苑县了，咱们在那儿歇会儿吧！"

"好！歇会儿！咱们吃点饭，也喂喂马！等从那儿走的时候，就换一匹马拉车吧！"韩其昌答道。

"行啊！先生，我一直想问你，从保定到深州，也就一百八十里路，你带的东西又不多，雇一匹马足够了，你怎么雇两匹马？还得多花钱啊？"

"啊！我是想着，别让这马太累了啊，这马拉车也不容易呢！以前我也有雇一匹马的时候，每当车走到上坡的地方，看见它拉不动、特别费劲的样子，我就不忍心，就得下车帮着推。现在两匹马就好多了，平常让一匹马拉车，一匹马跟着走，走一段就让它们换换。上坡的时候就把两匹马都套上，就能拉动了，马也不累。雇一匹马是能省点钱，可要是因为省这点钱，把马累坏了，我心里不落忍哪！"

"哎呀！您可真是好人哪！对牲口都这么仁义，心眼这么好，会有好报的！"

"呵呵！我倒是也不图什么好报，我就图个心里安稳就行了！"韩其昌仰面大笑道。

韩其昌和车夫在清苑县吃了午饭，晚上在博野县住了一宿。第二天中午到了安平县，傍晚的时候回到了深州。

见到了回家的儿子，韩峰三非常高兴。他拿出了一瓶留存了多年的酒，让凤儿多做了几个菜，在北屋的炕上摆上了饭桌，就和儿子边喝边聊。韩峰三问这问那，韩其昌则是滔滔不绝，不知不觉中，父子俩已经聊到了半夜。

"快回去睡吧，都半夜了，你媳妇还等着你呢！咱俩明天再接着聊啊！"韩峰三说。

"那我就回去了啊！爹，您也睡吧！"韩其昌走出了北屋。

来到院里，韩其昌看见西屋的灯还亮着，就紧走了几步，推门进了屋。凤儿斜靠着被垛，见到韩其昌进屋，就下了炕。

"又和爹喝高兴了吧？"

"嗯，今天爹高兴。我给他买的那些洗相片的药水，他可高兴了。哎，对了，我还给你买了一个簪子呢！"韩其昌一边说着，一边从行李里找出了簪子。"我给你戴上，看看好看不？"韩其昌说着，就拿着簪子向凤儿的发髻里扎。

凤儿站在那里没动，等着韩其昌给她戴簪子。韩其昌却怎么也不能把簪子插紧了，一松手那簪子好像就要掉下去。"我戴不好，还是你自己戴上吧！"

第15章 闯关东

韩其昌把簪子递给了凤儿。

凤儿咯咯地笑了:"我就知道你戴不上!戴簪子得早上刚梳完头的时候戴,那时候头发紧,才能戴得上。现在都半夜了,头发都松了,哪儿有半夜戴簪子的啊!"

"那你怎么不早说啊!难怪我戴不上!"

"下回你就知道了啊!"凤儿手里摆弄着簪子,轻轻地说。

"好吧,明天我给你梳头吧!梳好头连这簪子一起给你戴上啊!"韩其昌说。

"真的啊?你会梳头吗?等你给我梳好了头,还不得吃中午饭了啊!"凤儿打开了发髻。

"我还给你做了几双鞋呢,也没找到去保定的人带给你,现在倒是不用带了。你当兵才一年多,怎么就回来了呢?"

"因为这脖子啊!多亏了那个罗大夫,要不我就真的没命了啊!"

"现在全好了吗?还疼吗?"凤儿摸着韩其昌脖子上的伤口,心疼地问。

"早就不疼了!罗大夫说,再养上两个月,就能彻底好了。"

"那你就好好在家歇几个月吧,等你彻底好了再说。"

"恐怕歇不了那么长时间吧!爹都跟我说了,今年年景又不好,看样子还得出去找饭吃啊!"

"是啊!前年发水,这才隔了两年,又是大旱,连个缓劲的功夫都没有。不管怎么样,还有两个月就要过年了,就算是再出去,也得过了年再说啊!"

"那是肯定的,过年之前谁也不出门了!"韩其昌生怕再说出门惹凤儿伤心。

"睡吧!都后半夜了。"韩其昌轻声说。

"我不睡,我还等着你给我梳头呢!我要睡了,到了早上你还能早早起来给我梳头啊?你一觉还不得睡到中午?我可不能等到中午才梳头啊!"凤儿调皮地说。

"好好好!我现在给你梳,总行了吧?"韩其昌拉起了凤儿长长的头发,顿时感受到了一股芳香。他轻轻地拉动着凤儿的头发,逐渐将凤儿拉到了自己的怀里。

凤儿顺着韩其昌的拉动，依偎着韩其昌。她回过头来，仰起脸看着韩其昌，轻轻地说道："头是不用梳了，梳了也白梳啊！"

韩其昌嘿嘿地笑了。凤儿吹熄了灯。

过了春节，韩其昌感觉到身体已经完全恢复了，就又开始练拳。村里有几个年轻人来跟他学拳，他一边指导他们，一边回忆着跟佟忠义学来的摔跤招式，还不时的和几个年轻人比试着。

雨水节气已经过去十来天了，春雨却没落下一滴。春耕时节，这样的天气就意味着今年的收成肯定是好不了的，又是一个灾年。韩其昌和村里平时在一起练武的几个年轻人商量着，不能再这么闲下去了，他们想结伴去闯关东。

回到家里，韩其昌和凤儿提起了闯关东的事。

"什么叫闯关东啊？"凤儿问道。

"关东就是山海关东边的东北一带，闯关东就是到那边去挣钱谋生啊。"

"东北有什么好的啊？"

"东北地多人少，好混饭吃，钱也好挣。这两年，咱们直隶这边，还有山东、山西的好多人都闯关东去了，还真有混得好的，挣了钱回来呢！"

"那……那你就去呗。"凤儿说出这句话的时候，声音异常地微弱。

韩其昌靠近凤儿，凤儿坐到了炕沿上。韩其昌捧起了凤儿的脸，看到了凤儿的眼睛里噙着泪水。

"我知道，我总在外面跑，最苦的就是你了！"韩其昌的声音也开始哽咽。

"不说这些了！这都是没有办法啊！"凤儿笑了笑，"谁也不愿意总是离家在外，可是现在这年景，不出去真是没有活路啊！你是个男人，别像我似的妇人之见！该出去闯就得出去闯！你赶快跟你那几个弟兄们商量，商量好了就赶快走，早去几天，兴许还能早点挣着钱呢！"

韩其昌没再说什么。他伸手抚摸着凤儿的头发，他摸到了簪子，那簪子已经紧紧地插在了发髻里。

韩其昌是和同村的几个人一起走的，这几个人是：韩进保、王树才、崔立、李世中。在这五个人中，韩其昌年岁最大，又在外面闯荡过几年，大伙一致推举他当大哥，一切行动都听他的调遣。

第15章　闯关东

出了深州,先奔天津,在天津上了火车,辗转了几天,韩其昌一行五人来到了奉天。在奉天的皇姑屯附近,他们找到了一家客店。韩其昌先进去看了看,回来对众人说:"这里房钱便宜,咱就先住这里吧!既然已经来了,就先熟悉一下,不能什么事都着急。"众人都同意韩其昌的看法,就都在这里住下了。

在客店里住了两天,客店的情况也就都熟悉了。这家客店名叫平安客店,掌柜的姓边,是个五十多岁的东北大汉,雇的几个伙计也都是当地人。客店有十几间客房,收拾得都挺干净。皇姑屯离奉天城区比较远,来这里投宿的客人多数是往来的商人,也有做小买卖的、打短工的。

韩其昌和弟兄们分头出去跑了几天,也没能找到什么能挣钱的差事,他开始有点心烦了,夜里睡不着觉,总在想:弟兄们跟着我出来,要是总找不着事做,可如何是好?天刚发亮,韩其昌就起床了。夜里睡不好,还不如早点起来出去走走呢!韩其昌想着想着,就走出了客店的门。

春天的早晨,乍暖还寒。韩其昌信步走进了一片树林。还有这么个好地方呢!韩其昌心里想着。他呼吸着清新的空气,精神为之一振,摆起架子,练起了梅花桩。练完一趟拳,韩其昌感到身体在微微出汗,精神也好多了。他调整了呼吸,向客店的方向走去。

刚一进店门,李世中就急急地跑过来说:"大哥,你可回来了,大伙正找你呢!你不是说你会给牲口看病吗?"

"是啊!怎么了?"

"店里边掌柜的马病得厉害,怕是快不行了,你赶快去给看看啊!"

"在哪儿啊?"

"就在后院马棚里啊!"

"快带我去呀!"

韩其昌跟着李世中,跑到了后院的马棚。一匹大白马卧在地上,一动也不动。边掌柜蹲在马旁边,手摸着马头,无奈地看着马。

韩其昌忙问边掌柜:"怎么回事啊?"

"昨天还好好的。今天早上我来喂它,就看见它趴在地上了。拉的都是水,还有血。去年也是这个时候,我那骡子就是这么死的。这离城里远哪!等我请来大夫，那骡子就已经死了！这回，这马也没救了啊！"边掌柜说着说着，眼泪就流了出来。

"边掌柜，别着急，我帮您看看！"韩其昌在马的双凫处诊了脉，又靠近马的口鼻，闻了闻气味。"这是肠胃寒。要是赶快给它灌药，还有救。这附近有药铺吧？"韩其昌说。

"药铺不远，也就二三里地。"

"那就好！"韩其昌写了药方，交给了边掌柜："赶快找个年轻的、腿脚利索的去抓药！"

边掌柜接过药方，交给了一个伙计。不大工夫，伙计就把药拿回来了。韩其昌教给伙计把药煎了，晾了一会儿，给大白马灌了下去。

这时候已经是中午了。韩其昌看了看大白马，对伙计说："把那药再煎一遍，晚上给它灌下去。"伙计答应着，煎药去了。

晚上，韩其昌和伙计又来看大白马，那马微微地睁开了眼睛，喘气也均匀了些。"嗯，见点效啊！再煎一服药，半夜的时候给它灌下去，明天早晨就应该能起来了！"韩其昌很有把握地说。伙计点了点头，又去煎药了。半夜，韩其昌和伙计又给大白马灌了一次药，才回屋里睡了。

第二天一早，韩其昌起来就奔向马棚。大白马已经能够站立了，边掌柜在给马拌着草料。

"兄弟，多亏了你呀！这马好了！想不到你还会这一手啊！"边掌柜咧着嘴笑着。

"料得少喂啊！喂干料就行，料里加点盐粒，再给它喝点水，将养几天就全好了！"韩其昌边说边走近大白马，韩其昌又给马诊脉，然后拍了拍马的前额。大白马用鼻子轻触着韩其昌的手，发出了"咴咴"的声音，尾巴也优美地甩动着。

"兄弟，中午叫上你那几个小兄弟，我请你们喝两口，好不？"边掌柜说。

"太客气了吧，边掌柜！这么点小事，算不了什么呀！不用了吧？"

"我这可不是客气啊！你在哪儿不也得吃饭吗？就在我这店里，我叫伙计做几个菜，打点酒。马好了，我心里高兴啊，咱们在一起唠扯唠扯，不好吗？"

"好！"听到边掌柜这么说，韩其昌就爽快地答应了。

边掌柜是个实在人,准备了一桌酒菜。"兄弟,我得先敬你一杯!要不是你,我这大白马就完了。遇上你也是咱们的缘分哪!来!干了!"边掌柜举起了酒杯。

"干!"韩其昌也举杯。

"兄弟们,咱也敬边掌柜一杯!"韩其昌边说着,边给边掌柜倒满了酒。

"边掌柜,您请!"王树才、李世中几个一起向边掌柜敬酒。边掌柜一饮而尽。

喝了几巡酒,边掌柜开始和韩其昌聊起来。

"你们是从关里来的吧?"

"是啊,直隶深州,离这一千多里地啊!"

"不容易啊!这关里的到这边闯关东,可来了不少人哪,也是受了不少苦啊!"

"那边这几年年景都不好,也是没办法才来的啊!"

"在这边找着活做了吗?有什么打算啊?"

"不瞒您说,我们这两天刚到这里,人生地不熟,没找着活做,也没啥打算。"韩其昌说到找活做,有些忧郁。

"兄弟,你要是听我的,信得过我,就在咱这撂桩子吧!"

"撂桩子?"韩其昌不解地看着边掌柜。

"撂桩子就是在咱这住下!兄弟,你有这么好的医道,就在我这撂桩子最好了!我这店靠近路边,来往的人多,大车也多,这附近二三十里地都没有会看病的,你要是在我这里开个诊所,给牲口看病,我保你能挣着钱!"边掌柜说着,也给韩其昌斟满了酒。

"这……总住在您的店里,该影响您的生意了。"韩其昌有些犹豫地说。

"能影响我什么生意?你要是手艺好,名声传出去了,客人们都来找你看病,我这生意还就好了呢!现在你不也就住我一间客房吗?你们先住着,我后院还有四间房呢,一直空着没人住,如果你们挣着钱了,把那几间房修修,就给你们住!也算是你们有个住处啊!我不为别的,就冲你给牲口看病的手艺不错,看到别人有难处的时候能帮上一把,你就是好人!现在你们有了难处,我也得帮你把桩子埋在我这儿!至于说你住我的房子,给多少钱,我一点也不在乎，现在我就告诉你，给多少都行，不给也行！咱们遇到了一起，混的就是个交情！"边掌柜情真意切地说道。

"那好！我就听您的了！不过，房钱可是该给多少就得给您多少啊！这就已经很感谢您了！"韩其昌端起了酒杯。

"来啊！兄弟们！咱们再敬边掌柜一杯！"兄弟们一起又给边掌柜敬了一杯酒。

"边掌柜，以后弟兄们可少不了要麻烦您哪！"

"哪儿的话啊！咱们投缘，就是一家人啊！"边掌柜端起酒杯，又是一饮而尽。

"边掌柜，我们都是初来乍到，对这里的风俗不懂。请问这地方都有什么礼数啊？"崔立说道。

"倒也没啥礼数。你们都是年轻人，见了人说话客气点就行了。有一个规矩，就是求人办事时到人家里去的时候，进门得把礼帽摘下来，帽子口朝上放在屋子边上的桌子上，这表示对人家的尊敬，也有求人家赏口饭吃的意思。要是帽子口朝下扣着，就有对主人不敬的意思了！"

"啊！要不是您说，我们哪儿知道这规矩！"王树才说。

"边掌柜，听说东北有狼，真的有吗？"韩进保说。

"真有！就咱这地方就有！这地方离城里远，比较偏僻，晚上就有时候能遇着狼。晚上走道的时候，要是感觉有人从后面把手搭在你肩膀上，你可千万别马上回头，一定要先摸摸肩膀上的手，要是摸着毛乎乎的，那就肯定是狼了，狼就等着你回头，一口就把你喉咙给咬断了！这时候不但不能回头，还得准备好了，必须铆足劲，向后就是一拳，然后再一个急转身，用脚使劲踢它，你有多大劲就要使多大劲才行！"

"哎呀！真有狼啊！这要是大哥遇上狼，一个转身准能把狼踢死，我要是遇上狼，可就坏了啊！一脚没把狼踢死，那我还不让狼吃了啊！"崔立说道。

"那就看你命大不大了啊！"李世中笑着说。

"边掌柜，这地方还算太平吧？"韩其昌又问。

"这两年好多了，胡子也少多了。可是最近咱这店外边那条小道，穿过树林的那段，已经死了好几个人了。每次都是早晨看见路边上躺着一个人，已经

第15章 闯关东

死了。报告了官府,也没查出来是怎么回事。有人说是胡子杀的,我看不像,死人身上的伤比较蹊跷,都是在背后有一个小洞,不像是枪打的。再说,胡子只是抢钱,一般不杀人啊!听说死人身上的钱都没少,真是不知道是怎么死的。反正咱们夜里走那条小路,就得格外小心啊!"

"对对,还是小心点好!"崔立说。

"来来来!咱们再干一杯!今天高兴,咱们喝个痛快!"边掌柜又举起了酒杯。

"干!干!"兄弟们一起叫着。

韩其昌带领着兄弟们还真的在边掌柜的平安客店里埋了桩子。边掌柜在客店的前堂给韩其昌腾出了一块地方,让韩其昌摆上了一套桌椅。平安客店也挂起了一块招牌:"本店常驻名医韩先生"。

韩其昌给弟兄们做了分工,韩进保和王树才两个人到各乡各村去耍手艺,崔立和李世中跟着韩其昌在店里打下手。耍手艺是游走在各乡村中的兽医,主要的活就是劁猪和骟马、驴、骡、牛。

韩其昌的诊所不仅能给牲口治病,也能给人看病。韩其昌从小就向父亲学了中医,他的医术、诚实、热情和淳朴,很快为他博得了名声。附近十里八村的人们,纷纷到平安客店找韩先生求医问药。经韩其昌治好的人和牲畜已经不计其数。韩其昌的诊所门庭若市,边掌柜的客店也就日益兴隆。边掌柜履行诺言,将后院的四间房租给了韩其昌和他的弟兄们。

冬天到了。东北的冬季,寒风凛冽。韩其昌正在前堂的炉子边烤火。一个老汉推门进来说道:"韩先生,我家的马脚崴了,求您去给看看行吗?"

"行啊!离这多远啊?"

"就三四里路。我赶车来的。"

"那走吧!"韩其昌穿上大衣,跟老汉上了车。

老汉很快就把车赶到了家。一匹棕色的马在棚里侧卧着。韩其昌逐一摸了马的四条腿。

"是这条腿吧?"韩其昌指着马的右后腿说。

"就是这条腿。昨天拉车回来的时候,不知道在哪儿崴的。今天我套车,它就是躲着不让套，我仔细一看，才看见腿瘸了。我听人家说过，马脚崴了就不能套车了，连赶都不能赶，要弄不好马就残废了，就套上车去请您了。"老汉说道。

"这就对了。马受伤了要是再赶，非得残废了啊！您给我找一条绳子来，粗点的，旧的最好。套车的绳子就行。"

老汉很快把绳子拿来了，是一条旧的套车麻绳。韩其昌把绳子的一头在马受伤的腿靠近蹄子的地方绕了几圈，还打了一个结，绳子的另一头在马棚拴马的横杠上绕过，拿在手里。

"把马扶起来，再把你赶车的鞭子给我。"韩其昌对老汉说。老汉扶起马，把鞭子递给了韩其昌。

"你躲开一点。"韩其昌说。

韩其昌左手拉动绳子，调整着绳子跨过横杆的位置和角度。绳子逐渐绷紧了，看到绳子已经拉动了马蹄，韩其昌急速地挥起了右手的鞭子。"啪"的一声，鞭子准确地打在了马的后背上。那马受到了鞭打，猛然蹬腿，并且响亮地嘶鸣了一声。几乎是在马蹬腿的同时，韩其昌拉着绳子的左手，也突然松开了。他走到马的侧面，解开了拴在马腿上的绳子，用手摸了摸马腿的关节。然后拉起缰绳，牵着马慢慢地走动。马的右后腿已经能着地了。它用鼻子轻轻地拱着韩其昌的手，还不时地仰起头。

"好手艺啊！韩先生，你这一鞭子就能把马腿正过来，真是神了啊！"老汉赞叹道。

"你这马昨天崴的脚，关节已经肿了，还有点错位。我如果用手给它复位，就不好掌握力度了，用劲小了不能复位，用劲大了就容易伤着它的关节。最好就是让马在自己用力的时候复位。它用力蹬的时候，我这边拽着绳子的手一感觉到咯噔一下，就把手松了，这样伤不着马，马也好得快啊！"

"真是学问哪！你这手艺真是难得啊！韩先生，进屋歇会儿吧，吃了饭再走啊！"

"不用了，我店里还有人来看病呢！"

"那就喝口水再走吧！"韩其昌接过老汉递过来的水碗，喝了口水。

老汉赶车把韩其昌送回了店里。临走时，韩其昌还嘱咐老汉说："这两天

第15章 闯关东

先别让那马干活,有空就把它拉出去遛遛,过个三两天就能全好了!"老汉千恩万谢地走了。

又是一年的夏天来到了。东北的夏天也是暑气逼人,接连几天没有下雨,天气闷热得让人喘不过气来。韩其昌中午就熬好了绿豆汤,还加进了几味解暑的草药。晚上,绿豆汤晾凉了,韩其昌连锅端到了屋里:"来来来,弟兄们,都喝几口绿豆汤吧!这两天可是真够热的啊!"

韩其昌拿起舀子,给每个人舀了一大碗绿豆汤,自己也拿起一碗喝着。

"嗯,好喝!"韩进保喝完了一碗,又把空碗伸了过来。

韩其昌又拿起了舀子,刚要从锅里舀绿豆汤,就听见对面的屋里"妈呀"一声尖叫。这声音极大,又极其恐怖,令人毛骨悚然!

韩其昌和弟兄们都放下了绿豆汤,冲向对面的屋子。崔立第一个进了屋,韩其昌和王树才紧跟在后面。屋里亮着灯,一个壮汉仰面朝天倒在地上,两眼直直地瞪着,没有一点眼神。韩其昌赶紧给他把脉。

"蛇!蛇!"崔立惊叫起来。

"在哪儿啊?"

"那不是!"

顺着崔立手指的方向,是放在桌子上的一个皮背包。一条不到半尺的小蛇,正从背包里往外爬。

"都别动啊!"李世中轻声地说,然后靠近桌子,猛地伸出手,抓住了蛇的颈部,另一只手提着蛇的尾部,随手抖了几下,又抡了两圈,就把蛇放回了桌子上。那蛇已经瘫了,一动也不动。

韩其昌掐住壮汉的人中,对王树才说:"他是吓的。你去拿条毛巾,蘸上凉水,给他敷在头上,他一会儿就能缓过来。"王树才给壮汉敷上了凉毛巾。

过了一会儿,壮汉长出了一口气,眼睛看着韩其昌,说:"可吓死我了!"

韩其昌扶着壮汉坐起来。那壮汉一眼看见桌子上的蛇,眼睛又发直了,情不自禁地"啊"了一声。

"别怕别怕!我早就把它的骨头节给松了,它现在根本就动不了。"李世中连忙安慰壮汉。

壮汉这才安稳下来,说道:"今天我去东边那个村做活,是修马鞍子。修了好几个,东家挺高兴,多给了我几个钱,还留我吃了顿饭。吃完饭后,我就连夜回来了。走到半路上,突然感觉有人重重地推了我一下,我一个趔趄,回头一看,连个人影都没见着。当时吓得我汗毛直竖,赶紧加快了脚步往回赶。进屋我就点上灯,打开背包,看看钱少了没有,哪知道一打开背包,这蛇就爬出来了,可把我吓坏了啊!我还以为遇上蛇精了呢。"

"你是说,这蛇是从你背包里爬出来的?"

"是啊!眼看着爬出来的。"

韩其昌拿过背包,仔细查看。背包的外面,有一个小洞,茬口是新的。

"你这背包真是好牛皮做的啊!"韩其昌说。

"那当然了。我是皮匠,我自己用的背包,当然得用最好的牛皮做啊!我这背包里装的都是做活用的剪子、刀子,还有皮子头,怎么会进来蛇呢?我从小就怕这玩意儿。"

"大哥,你命大啊!要不是你这皮背包,今天你就没命了啊!"韩其昌笑着说。

"兄弟,此话怎讲啊?"壮汉瞪大了眼睛。

"你是从小道回来的吧?"

"是啊!"

"你看,你这么好的牛皮做的背包,都让这蛇给戳穿了一个窟窿,你想想,若没有这背包,这蛇还不戳穿你的身体啊。"

皮匠问道:"这种蛇叫什么蛇呀?如此厉害。"

这时,门外进来了一位长者说道:"这种蛇叫剑蛇,专门盘在树上袭击动物。你回来经过的小道两边都是小树,这蛇肯定是盘在树上,夜里听到有人走过,就会用闪电般的速度从树上弹射出来,钻透人的身体再吸人的血。这蛇有剧毒,咬着人就得死。边掌柜说那条小路总是死人,我猜也是这蛇干的。"

大家闻言,恍然大悟,齐声说道:"对啊!还真是这么回事啊!"

皮匠说道:"对对!我可不敢走这条路了!谢谢你们几个兄弟了!你们赶快把那蛇弄走吧!我看着就害怕!"

"世中啊,这蛇毒性大,是好药材啊!咱们把这蛇泡酒,能治风湿,蛇胆

第15章 闯关东

也能治咳嗽、哮喘。"韩其昌说道。

"好好!"李世中答应着。

韩其昌和弟兄们又回到了屋里,一边喝着绿豆汤,一边继续聊着蛇。

韩其昌的诊所生意越来越兴隆,不但生计有了着落,钱也开始宽裕起来了,可他并不因此而感到欣慰,他还思念家乡的亲人。父母和凤儿他们现在可好吗?为了缓解思念的心情,他把自己的时间安排得很满。一有闲暇,便去四周转转,寻找武林志士,与他们结交,以武会友。

奉天的南河沿一带,集中了好几家武馆,也是练武人常去的地方。韩其昌一有了空闲,就去那里。在那里,他找到了归宿一般的感觉,缓解了对家乡和亲人的思念。

这一天,韩其昌又有了点空闲,便来到了南河沿。远远地听到人群的喊叫声,韩其昌快步走过去,挤进了人群,看见擂台上有两个人正在激战。

"大哥,这是谁跟谁打呀?"韩其昌问旁边的人。

"那个胖子,是守擂的日本人,叫什么小佐次郎,在这儿摆擂已经三天了。有好几个中国人攻擂,都被他给打败了,还有的伤得挺重。今天是摆擂的最后一天。来攻擂的中国人功夫不错。"

"这个日本人功夫怎么样?"

"看样子挺厉害。他每次都让他的四个徒弟先出场,徒弟打不过,他再出场。这几天他就出了两回场,今天是第三回了。今天他那几个徒弟不是对手,都是刚过一招就给打败了。"

"好啊!"台下的人群一阵欢呼。只见台上的中国武士,三拳两脚就把小佐次郎打倒在地上了。

韩其昌一直在盯着那个武士的动作,发现招数好熟,仔细观摩,原来是形意拳!再仔细看那这个武士,这不是师兄傅剑秋吗?是师兄!韩其昌差点喊出声来。

倒在地上的小佐次郎很快就爬起来了,他挥动着双臂,哇哇地叫着日本话。翻译对傅剑秋说:小佐次郎不服,要求再比一次。

"行!再比一次!这次让你摔疼点!"傅剑秋轻蔑地说。

小佐次郎哇哇叫着，扑向傅剑秋。傅剑秋移动身形，变换步伐，躲过了小佐次郎的进攻。就在小佐次郎也调整步伐、准备再次进攻的时候，傅剑秋连续出拳踢腿，逼得小佐次郎连连后退。傅剑秋抓住时机，一记重劈拳击中了小佐次郎的前胸，只听小佐次郎嗷的一声，身体就开始倾斜。傅剑秋快步跟进，飞起一脚，踢中了小佐次郎的后腰，嘭的一声响过，小佐次郎已经被踢到了台下。

"好啊！打得好！"台下的人群沸腾了。

"师兄！"韩其昌也忍不住叫了起来。

"是你！"傅剑秋跳下台，拉起韩其昌，挤出人群，一溜小跑，找了一个僻静的酒馆坐了下来。兄弟相见，分外亲热。两人各自诉说着这几年的遭遇。

傅剑秋来奉天已经五年了。凭着自己的武功，在奉天铁路局当武术教官。

"师兄，你来的时间长，你知道奉天有什么有名的武术高手吗？"

"在奉天，要说最有名的，就得是奉天三老了。这三个老前辈是胡奉三、郝鸣九、杨俊峰。我和胡奉三还算是熟悉，哪天我带你去他家拜访一趟。"

"太好了！正想跟人家学两招呢！"韩其昌一听能见到高手就高兴。

"这胡奉三六十多岁了，人称花枪胡老奉，现在是张大帅的教官，过几天我就带你去。"

胡奉三的家住在快马常胡同。见到来访的傅剑秋和韩其昌，胡奉三很是高兴，忙将二人引入客厅。韩其昌摘下礼帽，帽口朝上放在了客厅边上的桌子上。

"听说你把那个小日本给打败了？"胡奉三问傅剑秋。

"您的消息可真快啊！"

"太好了！咱们一会儿得喝几杯庆祝庆祝啊！正好，李师长过会儿也来，咱们就一块儿庆祝了！"胡奉三高兴地说。

"李师长？哪个李师长？是李景林吗？"

"是啊！你认识的啊！"

"认识是认识，只是不太熟。胡老，听说李师长的剑术是相当的高超，我总想见识见识，可没找着机会。今天他上您家来，您的面子大，就让他练几招，也让我们小辈开开眼，您看行吧？"傅剑秋看着胡奉三，恳切地说。

第15章　闯关东

"行！这个面子，他李师长肯定得给我！"胡奉三哈哈大笑。

"那好！我们俩也就不客气了，就在您这儿吃饭了！"傅剑秋也大笑。

三人又在客厅聊了一会，李景林就来了。

彼此寒暄了几句，胡奉三就说："李师长，我可是替你做了一回主啊！这二位要不是等着看你的剑法，我就留不住他们二位了啊！你说什么也得练上几招啊！"

李景林听胡奉三这么说，忍不住笑了起来："好啊！既然是胡老做的主，我敢不从命？我就是再献丑，也得让您留住这二位贵客啊！要不，咱们现在就练两招？"

"太好了！李师长真是英雄气概！咱们上后院吧！后院清净，兵器也齐全。"胡奉三把三人引到了后院。后院果然是清净又宽敞，院子中央是一块空场，靠墙的地方立着一个摆满各种兵器的架子。

李景林走到架子前，拿起了一柄七星长剑，缓步走到院子中间，笑着抱拳说道："献丑了！"

李景林仗剑在手，脸色顿时严肃起来，刹那间，剑就在李景林身边忽上忽下、忽左忽右的飞舞跳动。只见寒光掠过，剑气逼人。李景林腾飞跳跃，手中的剑如形如影，人伴剑舞，剑随人飞，好一幅英雄剑侠图！

李景林持剑收势，胡奉三等人齐声叫好。

李景林把剑还匣，放回架上，对傅剑秋说："二位，我的剑你们也看了，这可不能白看哪！你们二位也得练几招啊！这叫以武会友、有来有往啊！"

"好！我先来！"傅剑秋从兵器架上取下了一根长棍，练了一套形意棍。

韩其昌从兵器架上拿了一杆花枪，练了一趟五虎神钩断门枪。

胡奉三看了哈哈大笑，说："我也练趟枪让你们看看！"

胡奉三练的是五虎神钩断门枪二路。

胡奉三练完枪，与韩其昌相视一笑。

"跟谁学的枪呀？"胡奉三问。

"跟李题明学的。"韩其昌答道。

"我跟李题明可是好久没见到面了，他现在还好吗？"

"挺好，挺好。"

"咱们是同门啊！"胡奉三笑着说。

"前辈，您坐下来歇会吧！"韩其昌连忙请胡奉三坐下。

"尽兴尽兴！各位让我一饱眼福啊！我练剑，这是引玉之砖啊！"李景林大笑着说道。然后他走近韩其昌问道："先生在哪儿高就啊？"

"实在惭愧，我刚来奉天不久，在皇姑屯撂桩子开诊所，勉强糊口。"韩其昌答道。

"我看你练的花枪，功夫不浅啊！这么好的功夫，如果不嫌弃，到我的队伍里当个教官，那待遇至少得跟营长一样啊！"李景林拍着韩其昌的肩头说。

"多谢李师长的美意！我是草莽之人，不愿做官，也不愿意当兵打仗，只想混口饭吃，日后在奉天，还得请李师长多多关照啊！"韩其昌谦恭地说。

"那也好，咱们就交个朋友吧！"李景林说道。

"各位，入席吧！"胡奉三招呼着。

通过胡奉三的引见，韩其昌陆续见到了郝鸣九、杨俊峰。此后，韩其昌又结识了当时在奉天的武术名家刘宝瑞、金警钟、李书文。这些武术高手，当时多在张大帅军中任职，韩其昌闲暇之余经常和他们一起交流心得。在他们的照应下，韩其昌的生意更是如鱼得水。

春节快到了，对于生意人来说，春节就是年关，所有的债权债务都要在年关结清。韩其昌带着崔立和李世中，拿着账本，把一年来给牲口看病的钱要了上来。

"那两个回来了吗？"韩其昌问李世中。

"没回来，都去了两天了。"李世中说。

"怎么还没回来？该不会是出什么事了吧！别是遇着胡子了。"崔立说。

"再等等，别着急。"韩其昌说。

第二天，韩进保和王树才回来了。二人一进门就耷拉着脑袋，连话也不说。

韩其昌似乎看出了什么，便问："怎么了？连话都不说，是不是真遇到胡子了？"

"大哥，还真让你说着了。"韩进保说。

"在什么地方？"韩其昌问。

第15章　闯关东

"在北两洞桥。"王树才答到。

"收上多少钱?"韩其昌又问。

"二百多块大洋,都被抢走了。"韩进保说。

"那胡子说什么了?"韩其昌又问。

"就说借钱,有五六个人,都拿着家伙。"王树才说。

"行了,人没事就行,你们俩先歇会。明天带我找他们去。"韩其昌说着就在屋里踱着步,想着办法。

第二天晚上,韩其昌带着韩进保走出了店门。

韩进保问:"大哥,用不用带刀?"

"不用,咱们先看看是哪条道上的。先讲和,动武是下策。"

到了两洞桥,铁道旁边,韩其昌和韩进保果然找到那伙胡子,他们还在原来的地方做活。

韩其昌和韩进保走近了这伙胡子,胡子一眼就认出了韩进保。

"怎么又来了?这回带多少钱啊?"胡子问道。

韩进保没有答话,向后退了几步。

韩其昌走上前去,说:"兄弟,哪个绺子的?"

胡子一愣,紧接答道:"陈相屯的。"

"在下韩其昌,到贵宝地讨口饭吃,没有登门拜望,在下得罪了。能否引见引见,让我拜望一下大当家的?"

胡子说:"好,跟我来。"

韩其昌随着他径直走了一程,来到了一处院落。院子很大,院子里有七八个人,都挎着枪。韩其昌跟着胡子,进了正屋。堂上坐着几个中年人,像是头儿。

韩其昌径直走到他们面前,抱拳行礼道:"在下韩其昌,没能提前拜望山门,得罪了。"

胡子们一听韩其昌,就问道:"你认识胡奉三吗?"

韩其昌答道:"认识,花枪胡老奉,那是我同门前辈。"

"我以前跟胡奉三学过戳脚,前些日子还听他说起你。既是有缘相见,请问,来此有何贵干?"一个戴着皮帽子的像是老大模样的胡子说道。

韩其昌说:"我这俩兄弟,也不懂道上的规矩,昨天在北两洞桥得罪了府上。他们攒点钱不易,还指望这些钱养家呢,还望老大能高抬贵手,放他们一马,把钱还给他们如何?"

老大马上站起来,来到院中,大声喊了一句:"昨天谁在北两洞桥做的活?把东西还给人家。"

不一会,几个小喽啰拿着一个包袱进了屋。

老大问韩其昌:"这是您的吗?"

韩其昌一看,说:"是。谢谢老大。"韩其昌边说着,边从包袱里拿出二十块大洋,递给老大,说:"老大,一点小意思,给弟兄们喝杯茶。"

老大推开韩其昌的手说:"不必不必,咱们都是自家人,久仰你的大名,这点客套就免了吧。我们这帮人也是被逼无奈,才在此落草,我们从不祸害百姓。以后如有用得着兄弟的地方,尽管吩咐。"

韩其昌千恩万谢地走出了院落。刚出院门,韩进保就说:"大哥,还是您面子大,要不咱们就白干了。"

"以后你们可得小心点,千万别张扬露富啊!"韩其昌叮嘱道。

时间过得飞快,在大车店撂桩子一晃就是七八年。

到了民国十七年,韩其昌把弟兄几人叫到一起,说道:"咱们出来这么长时间了,除了平时的吃穿用度,现在攒的钱够咱们回家用几年的了,回去也有脸见自己的父母及亲人了。我知道你们都想家,现在咱们把这几年攒下的九百多块大洋平分了吧,也有脸面回家给家人个交代了。"众兄弟齐声说:"好。"

崔立先说:"咱们在外头这些年,净顾着干活挣钱了,现在咱们有钱了,要不坐回洋火轮回去,咋样?"

"对,咱谁都没有坐过那个玩意儿,这回非得坐一回不可。"韩进保说。

"咱现在是在奉天,要想坐洋火轮就得先去营口,坐到天津。"李世中说。

"就这么定了!"崔立说。

韩其昌一行五个人,从奉天先坐火车到了营口,买了船票,在营口港登船。这是韩其昌第一次坐海轮,他和弟兄们兴高采烈地站在甲板上,观赏着海景。火轮的后面拖拽着一条白色的浪花,海鸥追逐着火轮,在附近翱翔着。船

第15章 闯关东

舷下,大大小小的鱼儿跳跃着,不时地跃出水面。海面上阳光灿烂,海风轻拂,给人一种心旷神怡的感觉。远远望去,碧空如洗,水天一色,令韩其昌的心情豁然开朗,精神也为之一振。

此时,韩进保来到了韩其昌的面前,说:"师哥,听说您去过天津,天津有什么好吃的?听说有一种名吃叫狗不理包子,咱去尝尝?"王树才、崔立、李世忠也闻声凑到了韩其昌的面前,一起起哄地说:"这包子啥味啊?到了天津咱们尝尝,逛一逛。"

韩其昌瞧了他们一眼,说道:"啥味呀,我就不说了,我就跟你们说一个传说,你们自己琢磨着。据说呀,包子铺的大师傅有一种秘方,绝不传人。每次配包子馅时,总把徒弟们轰跑,或者找借口支开。有一个徒弟想偷艺,一次在师父配料时,故意走开,自己躲在窗户外。用手指蘸着唾沫点破了糊窗户的高粱纸,单眼吊线,用心观看,只见师父四处张望了一下,见四周无人,把和包子馅的盆放在地上,自己脱下中衣,蹲着,往包子盆里拉了一泡屎。擦擦屁股,起身开始和馅。徒弟一看,这才恍然大悟,此秘方原来是何物。"故事讲完,韩其昌说道:"你们觉得此种包子好吃,你们自己尝去吧,我反正不吃。"大伙听完了此话,一脸的惊愕。

王树才把韩其昌拉上船舷没人的地方,小声问道:"真往包子馅里拉屎?"韩其昌笑道:"哪儿有的事啊,包子馅里放的是黄酱,我是让他们省点钱,能给家里多带回点,别在中途都花了。"

王树才听完哈哈大笑道:"原来如此。"

船到了天津,他们坐车转到天津独流镇,再坐客船经子牙河逆流而上到滹沱河,回到了饶阳。到了饶阳,哥几个又雇了辆马车,分头回到了家。

韩其昌一进家门,就赶快从行李里拿出了装钱的口袋,递给了凤儿。

"啊,这么多钱啊!这有多少啊!"凤儿惊讶地说。

"一百多块吧,都是我挣的。"韩其昌得意地说。

"这回咱可有钱了。"凤儿高兴地说。

来到父母屋里,韩其昌和父母讲叙着这几年见到的新鲜事。

听说韩其昌回来了,乡亲们都来看他。看到乡亲们都衣衫褴褛,而且都面带忧郁,韩其昌的心里隐约感觉到了一缕忧伤。

他回到屋里，问凤儿："这几年，家里怎么样啊？"

"你不是都看见了吗？还不如从前呢。除了发水就是大旱，还刮大风，闹蝗虫。村里逃荒的人越来越多，剩下这些人也是吃了上顿没下顿。爹在县城里的那个买卖早就做不下去了，已经关门了。现在就连咱家吃的也都是野菜团子了。你走这八年，家里倒是添了不少人口，你现在有一个弟弟、五个妹妹了，你应该知道家里的难处了。"

凤儿正说着，韩其昌的弟弟韩其晓走进了屋里，说："嫂子，还有吃的吗？我饿呀！"

"锅里还有给你哥留的饭，你先吃点儿吧！"凤儿说。

韩其昌看着弟弟狼吞虎咽地吃着，心都碎了。

"把钱口袋给我！"韩其昌说。

"干什么呀？"

"先买点粮食去，剩下的给那些亲戚们都分了吧，让他们也能买点吃喝，吃几顿饱饭吧！"

"给你吧！刚拿回来我还没捂热乎呢！"凤儿虽然嘴上说着，但手很快便把钱袋递给了韩其昌。

凤儿和他一起，把钱送到了亲戚们手中。分完了这些钱，韩其昌心里一阵宽慰。

第二天一早，韩峰三告诉韩其昌说："这几天，县城里贴出了告示，说是要在杭州搞什么全国武术大赛，各省都在选拔，咱们县好像也要挑人去，你如果有心思，就去看看。"

韩其昌听了以后说："我明天就去看看。"在他看来，如能有机会参加全国武术大赛，就是向各路高手学习的绝好机会。

第二天，韩其昌到了县城，详细询问了武术比赛的事，这才明白在全国比赛之前，要由各省进行选拔，只有在各省取得优胜的选手，才能有资格参加全国的比赛。他当即就在深县国术馆报了名。

第 16 章　杭州擂台赛

在深县国术馆组织的选拔赛中，韩其昌名列前茅，如愿以偿地取得了参赛资格。韩其昌马上想到了师父赵英廉，他飞快地跑到了赵英廉家，要把这喜事告诉师父。但是只有师娘在家，师娘告诉他："你师父早就闯关东去了，发大水那年走的，现在已经 9 年了，连个信也没有，也不知道他现在在什么地方，是死还是活。"

听了师娘的话，韩其昌心里一阵难受，他知道闯关东谋求出路不是那么简单，能挣着钱还活着回来的不多，有的冻死、饿死，要不就是遭到土匪的抢劫。韩其昌把身上带的钱留给了师娘，含着眼泪走出了恩师的家门。

民国十八年（1929 年）11 月初，韩其昌同深县的参赛选手侯秉瑞、尚振山一起来到了杭州。

一下火车，韩其昌就感受到了浓重的武术大赛气氛。位于杭州市中心的清华旅馆、清泰第一旅馆、清泰第二旅馆等各大旅馆，纷纷在自家大门口搭起了彩楼，挂出了"国术游艺大会招待所"的丝绸横幅，远远望去，格外醒目。沿街的报亭和报童叫卖的各大报纸，也都以此为新闻头版，宣称此次"国术游艺大会"为浙江省府所主办，广邀全国武艺精英人才来杭献艺，并设擂台，进行无级别、无护具、无国界、无门派之分的真实格斗。

"这倒真好找，下车就能看见住的地方！咱们就先去报到吧！"韩其昌指着不远处的横幅,对侯秉瑞和尚振山说。

"行,先报到,说不定还有比咱们来得早的呢!"侯秉瑞和尚振山答应着。

三人来到了清泰第一旅馆,办完了报到手续,侍者把他们领进了客房。

"这旅馆真高级啊!"尚振山放下行李说。

"看这样子,比赛的级别也不低。咱们这回来,肯定能遇到高手啊!"韩其昌坐到了床上,从保温瓶里倒了一杯水。

侍者敲门进来说:"各位,大会筹委会有请,请跟我下楼,车在门口等着。"

"还真够快的啊!"侯秉瑞说着,几个人跟着侍者走下楼来。

轿车很快就驶进了西湖贝庄,司机恭恭敬敬地将三人引到了会客室。韩其昌一眼就认出了会客室里迎出来的人。是李景林!

"李师长!"韩其昌脱口而出,走上前去和李景林握手。

"韩先生,咱们又见面了啊!想不到吧?"李景林依然是那么风趣。

"真是想不到啊!这两位是我们县的侯秉瑞、尚振山,一起来比赛的。"韩其昌给李景林介绍着。

"欢迎欢迎!快请坐!"

几人在沙发上坐定,韩其昌说:"李师长,您这是……"

"哈哈!我早就不当师长了!我当师长那时候是在奉天,这都是六七年前的事了,现在连奉天都改名叫沈阳了!那天见到你之后,过了一年多,我就离开了奉天,当时官都升到军长司令了。不过现在我不当军人了,退出军界都快三年了,现在我是国术游艺大会的评判长!这下可好了,咱们又能在一起练武论道了!"李景林边说着,边把茶杯递给了韩其昌。

"那您不带兵了?"

"不带了,带兵那些年太累了!东打西杀,你争我抢,到底是图个什么呀?得罪了多少人哪。现在好了,以武会友,我能多交多少朋友啊!这个游艺大会真是好机会啊!"

"我们来的时候,都说是杭州擂台赛,怎么叫游艺大会了呢?"侯秉瑞问。

"一开始是叫擂台赛的。这个擂台赛的发起人,是浙江的张省长张静江!张省长是国民党元老,也爱好武术,就在今年年初,他提出了一个想在浙江搞

第 16 章　杭州擂台赛

全国性武术比赛的提案，政府同意了之后，浙江就开始准备。浙江这些官员们说，擂台赛这个名字杀气太重，再说，政府都有令把武术改称国术了，就把擂台赛改成了国术游艺大会。主办方是浙江省和中央国术馆，怎么也得让浙江沾点光啊，就再把浙江加在前头吧，就成了浙江国术游艺大会了。组委会会长是张静江，副会长是浙江的教育厅长朱家骅，人家可是留学德国的博士啊！这组织的级别够高的吧？"

"是够高的。您跟张省长熟啊？"韩其昌问。

"不熟，人家是老前辈啊！我真正熟悉的是张之江，他非得请我出来当评判长！我原来带兵的时候，是在东北军张大帅手下，张之江是在西北军冯大帅手下，我和他打过好几回仗，可是冤家对头啊！前些年他也退出军界了，后来当上了中央国术馆馆长。这回办这个游艺大会，人家不计前嫌，三番五次请我出来主事，我就想，人家那么诚心，又那么看得起我，我要是再不答应，就显得我太没有肚量了！再说，我也是习武之人，摒弃前嫌，弘扬国术，又何乐而不为呢？就这样，我当上了评判长，从筹备到现在这半年多，可是累得我不轻啊！"李景林说完，大笑起来。

"看你们，光听我说了，喝茶呀！我这可是正宗的西湖龙井茶！咱在这西湖边上要是不好好品品这龙井茶，可白来了杭州一趟啊！"李景林说着便喝了口茶。

韩其昌端起茶杯，一股茶香沁人心脾。

"你们三位都是一个县的？"李景林又问。

"是，都是深县的。"

"深县原来属于直隶，现在直隶也改叫河北了。河北还没有游艺会的监察委员呢！韩先生，明天评委们开会，要确定监察委员的人选，我就提议你代表河北，做监察委员，如何？"李景林看着韩其昌问道。

"我？行吗？"韩其昌犹豫地说。

"行，怎么不行啊！那年在奉天，我就看出你功夫不错，现在你又是公认的高手，没问题的！"李景林说。

"可我没见过什么世面，在这里年纪又小！"韩其昌还是有些顾虑。

"年青才好啊，这回监察委员三十多个人，正缺年青的呢！你都 35 岁了吧？就这么定了啊！"李景林不容韩其昌再推辞。

"那好，就听您的！"韩其昌也下了试试看的决心。

"今天见到你们，我真是太高兴了！你们算是来得早的，再过一两天，恐怕我都没时间和你们坐在这喝茶了！这次游艺会，比赛选手来自全国12个省和4个特别市，参加表演的有270人，比赛的有240人。我跟旅馆交代好了，所有人报到以后，马上就得送到我这里来，我必须亲自审查一遍。这回比赛没有级别，也没有护具，又不分门派，哪儿来的人都有，我不放心啊！表演的不会有什么危险，比赛的可不一样啊！真要是功夫不够，上台打出了人命，那可就担待不起了！有实在不摸底的，我还得跟他试试手，功夫不行的，还得劝他别比赛，表演我们欢迎。"李景林说。

"这回擂台赛有外国人吗？"韩其昌问。

"比赛不分国别，外国人随便参加，目前还没有外国人报名呢。"李景林说。

"外国人和咱中国人比，肯定得输！"尚振山得意地说。

"那就得看怎么比了。这回评判委员二十多个，可都是中国武术的高手啊！外国人一听他们的名字，就不敢来了！"李景林哈哈大笑起来。

"你们几位在这吃了午饭再走吧！我让厨房多做几个菜！"李景林边说边拿起了电话。

"不必不必！您太客气了！您这么忙，吃饭还是以后有时间再说吧，等闲下来，咱们好好再叙啊！"韩其昌连忙起身。

"也好！那你们几位就回旅馆吃！这回凡是表演和比赛的选手，食宿都由游艺会提供，伙食标准也不低。我这就让司机送你们回旅馆，吃完午饭你们先休息一会儿，下午让司机带你们去会场看看，我就不陪你们了啊！"李景林再次和韩其昌握手作别。

中午，在旅馆的餐厅吃过饭，刚走到楼梯口，韩其昌就看到了佟忠义。

"大哥！"韩其昌一把抱住了佟忠义。

"兄弟！"佟忠义也搂抱着韩其昌。

"我就盼着能在这儿见到你！"韩其昌激动地说。

"我也是刚到这里！听说你来了，正找你呢！"佟忠义的声音还是那么

第16章 杭州擂台赛

深沉。

"咱俩8年没见面了吧?"韩其昌说。

"是啊,你从保定走了,就没见过。"

"你现在还在保定啊?"

"早就不在了,你走了半年多后我也回上海了。还是你有眼光,这吃粮当差的兵不好当,早点走了早清闲!我回上海还是练武、摔跤,还开了个正骨的医院,比当兵自在多了啊!"佟忠义一边说着,一边把韩其昌拉进了自己的房间。兄弟俩开始叙述着这几年的遭遇,越聊越兴奋。

门外有人敲门。韩其昌说:"准是找我的,下午有车送我们去看会场,你也一起去吧!"打开门一看,果然是侯秉瑞、尚振山和司机。上了车,韩其昌和佟忠义还在叙旧,不知不觉就到了会场。

会场设在杭州通江桥东镇的东楼。这里原是清朝的浙江巡抚衙门,清末毁于战火。为准备这次游艺大会,特意将楼宇进行了修缮,并在楼前的空地上搭起了擂台。会场的门口有两座用松柏搭建的牌楼,高两丈有余,状如大船的满帆,通体用红绿相间的绸缎缠绕,两牌楼间高悬字匾:"提倡国术,发扬民气"。大门两侧各矗立石狮一个,形态甚是雄壮、威武。

"好气派啊!"韩其昌不禁赞叹着。

"场面够大的!"佟忠义也说。

会场的门口一侧是一个小亭子。亭子里面没有人,亭子的窗口上面贴着一张条幅:"票价一元"。

"一块钱一张票,这价钱可够贵的啊!"侯秉瑞说。

"是不是杭州的人都有钱啊?"尚振山说。

韩其昌把司机叫了过来,问道:"师傅,杭州的猪肉卖多少钱一斤啊?"

"最好的精肉,一角五一斤。"司机答道。

"那这票价可够贵啊!"佟忠义说。

"头两天的票早都已经卖完了啊!"司机向他们介绍着这几天售票时的盛况。

几个人一边说着,一边走进了会场的大门。进了大门,就能看到擂台了。擂台搭建在足有三十多亩的空地上,高四尺,长六十尺,宽五十尺。台前的横额悬有一块巨匾："全民皆国术化"。台前两侧各有一根立柱。抱柱是一副对联，上联为"一台聚国术英雄，虎跃龙骧，表演毕生功力，历来运动会中尚无此举"，下联为"百世树富强基础，顽廉懦立，转移千载颓风，民众体育史上应有余思"。

台上悬挂孙中山先生画像一幅，并联云："五州互竞，万国争雄，丁斯一发千钧，愿同胞见贤思齐，他日供邦家驱策"；"一夫善射，百人挟拾，当今万方多难，请诸君以身作则，此时且民众观摩"。

台上首为评判及监察委员席，席后有屏墙拥立，上左为军乐队，上右为记者及摄影席，后台为休息处，首台两旁为参观处。擂台由宽十尺的沙沟环绕。擂台左右为与台同高、各宽五十尺的特别观众席，夹中则为半径百尺、扇面形的普通观众席。台后是三间木屋，以供各委员及演艺人员休息之用。

"真是够隆重的啊！"佟忠义赞叹着。

"大哥，你看！"顺着韩其昌手指的方向，是观众席的一片木制长板凳。

"这些板凳少说也得几千条吧，做起来也够费事的啊！咱们这李评判长可是没少费心思啊！"韩其昌说。

"这回还请来了好多高手呢！我认识的就有虎头少保孙禄堂，当副评判长。评判委员会的委员也都是大侠，像自然门的大侠杜心武，当过孙中山的保镖；天津的闪电手张占魁，是你师叔；形意门的翘楚铁脚佛尚云祥，是你师兄。这些人你都见着了吗？"佟忠义问道。

"都没见着呢！你还得多给我引见几位高手啊，我得跟人家学点本事。"韩其昌说。

"那没问题！趁着这两天比赛还没开始，咱们又来得早，咱就等着人家高手来了，好去拜访。"

"对！等着高手！"韩其昌笑着说。几个人有说有笑，走出了会场。

久旱逢甘雨，他乡遇故知。韩其昌在杭州和许多阔别已久的老朋友再度重逢，喜悦之情难以言表。武林中人，多在江湖行走，漂泊不定，和朋友一分手，便不知何时再见面，所以重逢时才会异常兴奋。最令韩其昌高兴的是，这次游艺大会，形意门的师长、师兄弟来得最多，师徒众人济济一堂，热闹非凡。

韩其昌最先等到的是对自己有知遇之恩的师叔张占魁,他和师叔总有说不完的话。师叔这次带来了新收的爱徒赵道新,只有22岁,是大会最年轻的监察委员。赵道新天庭饱满,神采飞扬,和韩其昌聊得很是投缘。

韩其昌后来又见到了大师兄铁脚佛尚云祥。尚云祥是李存义的弟子,庚子年曾随李存义在天津痛杀八国联军,武功卓绝,声震华夏。尚云祥名噪武林,为人却是忠厚仗义,一团和气,和韩其昌谈起师父几年前过世,二人欷歔不已,双双垂泪。

尚云祥又给韩其昌引见了耿继善的传人邓云峰。民国十五年,耿继善举家赴武汉后,由邓云峰接任北平四民武术社社长。邓云峰武艺精深,慷慨好义,在京城把四民武术社发展得蒸蒸日上。耿继善和李存义同为刘奇兰师祖的高徒,所以邓云峰很高兴地认了韩其昌这个小他25岁的师弟。

韩其昌还见到了曾经在奉天遇到过的师兄傅剑秋,谈起在奉天痛打日本武士的经过,两人笑得前仰后合的。

第二天,各评委一致同意李景林的提议,聘请韩其昌担任本次国术游艺大会的监察委员。

几天以来,韩其昌都沉浸在与武林挚友的交流之中。

11月15日是大会原定的召开日期,无奈天降大雨,大会通过广播电台播出了延期至明日的通知。仍有未接到通知的观众,冒雨赶到会场了门外,不免失望而回。

午后时分,骤雨稍歇。韩其昌约上几个师兄弟,前去拜谒岳王庙。出清河坊,过夕照山、雷峰塔,踏上苏堤,画桥烟雨满目,确有"山色空濛雨亦奇"之意。师兄弟们一路赏玩着雨中的西湖胜景,说说笑笑地跨过彩虹桥,来到了众兄弟心中的神邸——纪念岳飞岳武穆的岳王庙。走近殿堂,众人不由得神色肃穆起来。

岳王庙前古柏参天,有几株化为了石树,名为"精忠柏"。此树原植于风波亭畔,岳王归天时,这几株树立刻枯死,硬如铁石,是后人将其移至岳王庙前的。

庙前的大石碑上,刻着岳王脍炙人口的名句:"怒发冲冠,凭栏处,潇潇雨歇",大殿中匾额上书"心昭天日"。岳王像高高耸立,韩其昌和众兄弟一起给岳王像敬香、叩拜。

11月16日一早,沉寂多时的抚署旧地车水马龙,喧闹异常。擂台前熙熙攘攘,人头攒动。待到九声钟鸣,全场肃静,随之军乐奏响,鞭炮齐鸣。众所期盼的国术游艺大会拉开了大幕。

浙江省府要员悉数到会,端坐台上。省主席兼大会会长张静江发表讲话,并宣布大会正式开幕,正、副会长和李总评判长分别致辞,随后就开始了国术表演。

率先登场的是副评判长杨澄甫的高徒、代表浙江省国术馆的李椿年。李椿年身形高大,气宇轩昂,时任浙江国术馆教习,追随杨澄甫已逾15年,深得杨家太极真髓。他这次表演的是杨式太极大架子。但见他体态舒缓,收放自如,架势工整,拳势如江河奔涌,连绵不绝。收势半晌,观众仍屏息凝神,似乎意犹未尽。良久,喝彩声方起。

张文标表演大喜拳、萧品三表演五虎拳之后,浙江国术馆的教习田兆麟表演了杨式太极小架子。田兆麟从师于北京杨少侯,功深艺精,享誉武林,也被大会聘为监察委员。他的小架快拳虽为传统的太极姿势,但动作却相当快捷,兼有窜蹦跳越,灵活多变又一气呵成,不失太极的松活圆柔之本,令观众赞叹不已。

内行看门道,外行看热闹。坐在看台上的韩其昌深感不虚此行,从老家深县跋涉两千余里来杭州,真是大开眼界。

紧跟在浙江国术馆的女教习滕南旋表演形意拳之后,便是韩其昌的好友佟忠义表演崆峒派的花功拳,但见他功架整齐,发力浑厚,一展大家风范。韩其昌禁不住起身为他鼓掌喝彩。

中央国术馆的四组群体表演,展示了他们精心准备的项目。第一组由王维翰带领王子庆、韩庆堂、曹晏海、杨松山等16人,表演国术初级教授法。第二组由朱国桢率领12人表演形意拳。第三组仍由朱国桢带领14人表演太极拳。他们统一身着胸前印有红色"强国强种"字样的白背心,动作整齐划一,孔武有力,刚一下场,便获得一片掌声。

第四组先由来自上海的赵云霞表演南拳,再由来自河北的赵飞霞表演武松

第 16 章 杭州擂台赛

脱铐拳。该拳模拟打虎英雄武松手缚铐枷,突遇强敌,先凭身形腿法支应,最后挣脱镣铐,大获全胜的故事,情景引人入胜,对演员的功法要求也高。赵云霞和赵飞霞均为 16 岁的女孩,能有如此的身手,颇出人意料。

朱国桢的醉拳、李元智的醉八仙、王云鹏的醉罗汉表演,都是模仿醉酒后与人较技的情态。只见他们一个个醉眼蒙眬,脚步趔趄,忽高忽低之际,突然腾空高越,眨眼间满地翻滚。醉拳的每一招式,均寓意攻防,意在攻其不备,克敌制胜。

来自江苏镇江的 42 岁的徐宝林,将第一天的表演推向了高潮。他的猴拳惟妙惟肖,形神俱备,耸肩、缩颈、圆背、束身、弯肘、屈膝、垂腕,活脱脱就是一个孙大圣。在表现猴王攀岩蹬枝、蹲坐吃桃、惊蹿出洞的过程中跌、扑、滚、翻、抓耳挠腮。观众大呼:"好一个活圣!"

韩其昌没有听懂,忙问身边的佟忠义:"大哥,他们喊什么呢?"

"活圣就是孙猴子!"佟忠义在上海时间长,懂得江南方言。

"真是妙极了!"韩其昌赞叹着。

张长海与时汉章的少林拳对打,刘鸿发与朱国桢的拳术对练,关宝珑与关福全的对查拳,都编排严密,节奏分明,配合娴熟,令人赏心悦目。

韩其昌的表演被安排在第二天。

第二天的表演,一开场就精彩纷呈。二虎拳、罗汉拳、六步斩手、梅花拳,接着是太乙门的醉拳、猴形拳、醉拳对打、金刚拳对打等。来自山东的武林名宿、武当太乙掌门人高凤岭之高足高守武的太乙拳颇为精彩,令观众看得如醉如痴。

来自浙江新昌的代表,47 岁的章选青表演缩山拳,只见他不急不慌,每次举手落足,鼻子都发出轻微的哼声。一套拳练完,平整的擂台水泥台面上,竟留下一个个脚印,如同雕刻上去的一般。全场观众无不惊愕。章选青还没退场,已是掌声雷动。

观众大喊:"这么好的功夫,该拿第一名啊!"

韩其昌心里明白:不一定吧。

侯秉瑞表演完岳氏散手,就该韩其昌上场了。韩其昌表演的是形意拳。但见韩其昌在台上站好位置,凝神片刻,忽然向前迈左步,举右臂,练了一趟五行连环拳，真是站如钉、动如风，做足了手眼身法步，周身充盈着精神气力功！最后收势回到原地，面不更色，气不涌出。一时间，掌声四起，韩其昌抱拳拱手，答礼致谢。

随后，上海的吴鉴泉表演了以柔化见长的太极拳，李景林表演了太极剑。李景林妻女的武当对剑也很精彩，大有巾帼英雄之风。张占魁、孙禄堂演示了形意拳，河北的王宇僧表演了沧海龙吟和戳脚拳。

第三天，先是拳术和拳术对练表演，然后开始上演兵器，观众们眼前为之一亮。有刀枪剑戟、斧钺钩叉、镋棍朔棒、鞭锏锤抓、拐子流星十八般兵刃，更有三节棍、梢子棍、九节鞭、金刚圈等。其中以朱国福的龙行枪，銮秀美的剑，马金标的枪，宛长胜的双钩，褚桂亭的四门龙行剑、三合刀，吴鉴泉的太极剑，奚诚甫的少林双飞刀，腾南旋的纯阳剑尤为精彩。

最吸引人的莫过于单刀进枪、空手夺双枪、对打三节棍等器械对练项目。但见台上刀光闪闪，枪花乱颤。艺高胆大的，空手入白刃，每每于间不容发时闪身躲过，看得观众目瞪口呆，叹为观止。

紧接着是中央国术馆的团体表演。表演分为四队：第一队断门枪，第二队梅花单刀，第三队三才剑，第四队少林棍。在队长的带领下，动作整齐，精神饱满，间又发声呼喝，威武雄壮，令人敬佩中央国术馆的训练有素和阵容强大。

大会第四天依然是器械表演，参加的团体有中央国术馆，安徽国术馆，汉口精武体育会，福建、四川、河北、山东、青岛等各地国术馆。

韩其昌表演了步下花刀，这是戳脚门的看家刀术。韩其昌习练这套刀已有十几年了，还曾得到"单刀李存义"的指点，对刀中精髓颇有心得。韩其昌立定站稳，转瞬间就虎步腾空，威风八面，只见一团白光围绕韩其昌飞旋，呼呼作响的劈砍声不绝于耳，猛然间，韩其昌一个夜战八方藏刀式收刀抱拳，一片刀光也随之收敛身侧。

接着赵道新上演剑术，耍的宛若游龙一般。待其练毕，韩其昌上前拉着赵道新的手，拍着他的肩膀说："练得不错啊！争气！"赵道新笑了笑，坐在了韩其昌身旁。

侯秉瑞表演了六合大枪，比赵道新仅长两岁的尚振山表演了双刀。他们和

第16章 杭州擂台赛

韩其昌同为深县国术馆的代表,也是形意同门。

褚桂亭的四门龙形剑、佟忠义的八仙剑、李星阶的形意剑各显神通,引来无数喝彩。

上海的刘高升上场表演梅花双刀。

赵道新问韩其昌:"可识得此人?"

韩其昌答:"不认识。"

赵道新说:"我与师父早到了几天,此人曾来拜访,所以知道的多些。这刘高升五十开外,功夫在上海是鼎鼎有名!他是永安先施公司的总教习,据称有弟子三千人,与刘百川、刘小辫合称上海滩'三刘'。他最擅长的功夫是铁砂掌,挥手能砍断城砖,功夫甚是了得。"

韩其昌一笑,说道:"这回高手实在是太多了,咱们真是眼界大开呀!"

众兄弟听罢大笑,恰好刘高升的双刀练完,听到笑声,循声看了一眼,果然目光如电,足见其内功深厚。

这时,有三位须发皆白的老者要求加演,评判委员们当然欣然同意。一问姓名、年龄,居然都已八旬开外,分别叫做刘鹤亭、李会亭和陈福有。三人各自表演了一套拳术,但见白须飘飘,衣袂如风,如神仙下凡一般。

接下来,只有7岁的李清涟表演的拳术,中规中矩,样式十足,非常惹人喜爱。他12岁的姐姐李清芬的表演也惹人注目。

由中央国术馆的李成斌表演的自行车和独轮车技,既惊险又滑稽,引来万众欢腾。

11月21日是大会比赛的第一天。大会会长、副会长、秘书长、省机关各要员悉数与会,民众更是汹涌而来,竟有六万之众。选手们受到盛况感染,无不摩拳擦掌,踊跃欲试。

下午一时,开始摇珠分组。先把参赛人员的名字和号码写在圆木珠上,再由监察委员投入一大薄皮铜球之中,球顶留一个略大过木珠之孔,摇动铜球,使木珠混杂,后倾斜球体,使木珠从留孔漏出。

报名参加比赛者本有129人,实际报到的有109人,共分为4组,前三组各32人,第四组13人。分过组后,便行抽签取对,以同组中签号相同者为对手。每对对手在书记员处登记过姓名后,即发给大会备好的灰色上衣一件,红腰带或白腰带一条。

韩其昌被分在第一组中的第八对，对手是山东太乙门的高守武。

比试规则大致为：每对比三场，每次三分钟，采用记点法评判输赢，每击中对方一次即得一点，点多者得胜，三场两胜者晋级。如故意逃遁被对手追击三分钟者为完败，如赛中自觉功力不如，申请退出，可得允许。甘心入场，如遇重创，责任自负，但大会提供免费医疗救治。规则特别强调四点禁忌，即严禁挖眼、扼喉、打太阳、取阴。台上安排两名监察委员，分执红、白小旗，进行监督、管理，必要时当及时终止比赛。

第一组第一对是闻桢飞与王浦对垒，两人站于台中央画定的粉圈之内，听得李评判长一声鸣笛，即各上前一步互行鞠躬礼，然后跳开，盘旋寻隙。比斗三场，各无胜败，算成和局。

以下几对互有胜负，到第六对河北丁宝善与浙江章选青对阵时，特别引人关注。章选青在第二日表演时，打完一套缩山拳后，曾留下许多足印于台上，观众对此记忆犹新，都期待他能取胜。不料，他的对手，48岁的丁宝善操通背拳，不但年龄长章选青一岁，技艺也更胜一筹，最后以击中对手次数多而胜出。

待第七对马俊和周之洞打完，便轮到韩其昌出场对战高守武了。高守武32岁，代表青岛特别市国术馆。因其前天表演过太乙拳、缠丝刀和五祖枪，功夫非常出色，韩其昌应战时非常谨慎。

两人各使旗鼓，守住门户，以步法试探。高守武面带笑容，似乎好整以暇，韩其昌也示以轻松神态，给人以彬彬有礼之感。观众大多不识机要，像在观看两名好友对面散步。谁知两人渐趋渐近，胳膊一接触，奇招便迭次出现，高守武使出猴形拳，出手如风，踢腿似箭。韩其昌则以八方步的大开大阖、大闪大化来应对。两人斗了个旗鼓相当。

三分钟很快过去了，两人稍作休息，又复开战。经过第一场的序战，两人互相了解了对方的套路，都知道遇到了好对手。这一番，两人都使出浑身解数，各亮绝招，奋勇向前。翻翻滚滚，转眼间已经斗了三十几个回合，仍是利矛坚盾，攻防相当。

观赛者如中魔法一般，看得如痴如醉，不自觉中纷纷起身离凳，鼓掌叫好。台上的评判委员和监察委员也都是行家里手,于席间交相称道,击节赞叹。报社记者最为兴奋,照相、摄影忙个不停。

这是笔者在图书馆查阅众多资料时,偶然发现的韩其昌与高守武在杭州擂台赛上对决的照片。图中左边走八方步者为韩其昌。

如是缠斗了六十余合,第二个三分钟早过,场上的两名监察委员早看呆了,忘记叫停,李总评判长也看得高兴,没有鸣笛中止。韩其昌的师叔张占魁和高守武的师父高凤岭恐两虎相争,必有损伤,互对一个眼神,一起向李景林请停,李景林这才回过神来,忙鸣笛叫停。

小息片刻,下场再战,两人都有些焦急,想早分出胜负,故而奋力相搏。盘桓多时,高守武的猴拳连抓带蹬,韩其昌的八方步腾挪闪转,两人你来我往仍然是难分难解。待到评判长吹笛之际,两人相互拱手施礼,站在台上静候发落。

评判委员们经过一番评议,以高守武多击中韩其昌一腿,判高守武获胜。

韩其昌和高守武在台上向评判席鞠躬,又向观众鞠躬。

两人携手走下擂台,相互言道:"今天算是遇到了知己,日后多加来往。"并请记者摄影留念。

第二日,杭州各大报纸纷纷报道了这场精彩的大战。

继韩其昌之后,同组的师弟尚振山战胜了浙江天台的徐永忠,第二组的侯秉瑞与山东太乙门的周化先打平,赵道新首战便胜了浙江练红砂拳的盛益峰,王喜林则因与同门的朱国禄相遇而自甘退让。

至下午四时,前两组的32对全部战罢,大会评判委员长宣布第一日比试结束。

11月22日,比赛的第二天。比赛的规则有所变动,取消了以记点定胜负的规定,改为将对手击倒为胜。规则的更改,引起了第一天参赛选手的不满。

第三组的第一对就是众所期待的刘高升对曹晏海。刘高升前日表演双刀时,韩其昌就听赵道新介绍过他。据说他来杭州前曾徒步去西安,一路以武会友竟然没有敌手。刘高升练就了一身硬气功,外号人称"铜头铁臂震江南"。出发来参赛之前,他觉得有十足的把握夺冠,便带上两个空箱子,准备盛第一名的奖金五千块大洋。

曹晏海则是年轻俊彦,中央国术馆教授班的学员。曾向北方名师郭长生学过通臂、劈挂等门派功法,长于实战,尤擅腿击,人送外号"草上飞",近年来又拜在孙禄堂门下,自然是武功大进。

万众瞩目之下,一声笛响,比赛开始,曹晏海左手向刘高升虚扬试探,刘高升起掌截击,正中曹晏海之臂膀,曹晏海顿觉半身麻木,紧急弹后两步。刘高升见一招奏效,就跟进直击,曹晏海连连躲闪,刘高升紧追不放。刘高升毕竟已是55岁的年龄了,练的又是硬功,腿脚步法自不如小他近30岁的曹晏海灵便。

曹晏海见到刘高升求胜心切,气往上冲,体力也渐渐不济,就继续退步躲闪。当曹晏海退到李景林座前时,恰有招待员为李景林泡茶,李景林即指着桌子,大声地对招待员说:"把它抹干净!"曹晏海听得此语,当即心领神会。这时,刘高升正好右掌打来,曹晏海迅速向前,斜上右步,用了一个抹踢将刘高升打倒。刘高升狼狈地爬将起来,一脸惊愕,见场上监察委员已经举旗判曹晏海胜,忙上前分辨。

评判长李景林问:"刘先生为何不认输?"

刘高升极力辩解说道:"这是我自己摔倒的,不是被打倒的。"

李景林见他狡辩,有些气恼地说:"就是你自己摔倒了,也要算输!"

曹晏海怕伤和气,又料到刘高升已是元气大伤,便说:"刘老师,我们再

第16章 杭州擂台赛

接着打好了。"

目睹了此情此景的观众，纷纷喝彩道："曹晏海好样的！""曹晏海是好汉！"

刘高升恼羞成怒，冲上来就是一掌，曹晏海此时已经心中有数，一拧身，甩手一拳就把刘高升放出了一丈多远。刘高升挣扎着爬起来，吐出两口鲜血。曹晏海赶忙上前，扶起刘高升，问道："刘老师，这次算不算输？"刘高升低头认输，自愧不如。

一时间群情沸腾，观众都在高喊："好！打得好！"军乐队也奏起了军乐。

为等待第四组选手的到来，临时安排了一些名家表演。有刘百川的风云刀，姚馥春的虎头钩，张占魁、赵道新师徒的八卦掌对练和佟忠义的长枪。佟忠义的长枪表演尤为一绝；丈余长的大枪被抖得软如绳索一般。

表演完毕，第四组也仅到了三对代表。开赛前，中央国术馆的苗刀教习郭长生要求与评判长李景林也比试一场，李景林慨然应允。

韩其昌在保定时，曾与郭长生相识。此人是通臂拳的行家，人称"郭燕子"。刚刚打败刘高升的曹晏海，就是他在中央国术馆教授的徒弟，郭长生34岁，可谓是少壮正当年，内外功并臻上乘。

李景林已45岁，清瘦矍铄，像似一文墨书生。举国皆知李景林武当拳剑的造诣通神，只是无缘见其公开与人比试。因为武林名宿耆老，大多珍惜羽翼，轻易不与人公开比武过手，生怕有所闪失。此次擂台大会，就多有拳家向评判、监察委员中的武林泰斗挑战，而应战者稀。李景林如此痛快地答应下场，实属罕见。

观众见高大魁梧的郭长生对阵瘦小清俊的李景林，简直像恶虎欲擒羊一般，都着实为评判长李景林担心。一声笛响，全场顿时鸦雀无声，观众们个个屏气不出，紧盯着擂台上的两人。两人搭起架势，未走数合，郭长生猛扑向前，李景林竟不遮不架，晃动身形，抢步直挥一拳，郭长生已被击出一丈开外，横扑于地。

"承让！"李景林抱拳。

"服输！"郭长生也抱拳。

全场掌声雷动，观众都惊叹不已，为之振奋、折服。

第四组比赛的第二对，由江苏的叶椿才对浙江天台的谢庚年，两人均属少林南派拳法，又都在壮年，两人奋拳相击，情况甚为剧烈。叶椿才为江湖壮士，谢庚年为军队教官，初打半小时未分胜负，观众不能久耐，全场哗然，即鼓噪助势，两人为众所激，更加奋力相搏，又交手数十回合，各中数十拳，血流满面，最后由两名评委定为平手。

紧接着上台的是江苏镇江的心意拳家、62岁的老者金恒铭对阵河南的查拳名家李好学。金恒铭白须飘飘，仙风道骨。李好学亦年过六十，神采奕奕，道貌岸然。两老者谦和互让，鞠躬为礼，然待一声笛响过后，却都各不退让，拳来脚往，打得精彩异常，其迅猛勇武不输于少壮。最终互相心悦诚服，挽手至摄影机前，摄影留念。观众也报以异常热烈的掌声。

另有江苏泰兴的僧人拾得，27岁，习太祖拳，与南京大学国术馆16岁的少林小子王执中对阵。一位是佛门罗汉，另一位是少年英雄，也是棋逢对手，互相钦佩，赛后摄影时，两人互搭肩膀而立，笑容满面，如同失散多年的兄弟重逢，堪称以武会友、和平友谊切磋的最佳见证。

到场观摩的人群之中，天南地北的武林人士多如过江之鲫，受到大会热烈气氛的感染，很多人跃跃欲试。

在台上胜了几场的胡凤山一时兴起，便对台下的一僧二徒喊道："你可敢上来与我一试！"

两名徒弟早就技痒难耐，遇此激将，便想上台。老僧自知其徒底细，敌不过台上的胡凤山，便安抚下徒弟，自己挺身上台。老僧一动手，果然勇猛，两手如连珠炮般轰击而来。胡凤山毫不遮拦，疾步迅退，把老僧让进身前，老僧猛然用头撞向胡凤山，胡凤山暗在空中转换身形，后腿变前腿，所谓抽撤连环，偷梁换柱。胡凤山的内劲始发，脚落掌到，一掌正中老僧前额。这一掌打得又急又狠，再加上老僧是用头发力，这两股力量聚到了一起，老僧即刻头骨塌陷，委顿于地，七窍流血。

僧之二徒如遭晴天霹雳，呆傻片刻，又痛哭惊疯，被众人劝住。台侧待命的救护车火速将老僧送往医院，老僧最终不治而亡。

经此场景，有心一试者都不寒而栗，连场上比赛的选手都有20人弃权。观战的外国武士、拳手，本想上场一展风采，见此情景，无不心颤胆寒，抚胸自慰，没有唐突上场。

本次国术游艺会，自始至终竟无一外国人敢登台挑战。这是因为他们看到这些武术高手都身怀好几门绝技，非等闲之辈。

送走老僧之后，为缓和气氛，大会组织了各名家表演。有褚桂亭的龙形剑、田兆先的太极剑、刘百川的梢子加盘龙鞭和奚诚甫的七星四路棍等20项，其中刘百川的梢子盘龙鞭尤为大众所激赏。刘百川已年届六旬，是蒋总司令的侍卫教官，武工卓绝，人称"江南第一腿"、"千斤刘"。这次身为大会评判委员，排纷解难，出力不少。

11月24日，第四天的比试之前，大会宣布：鉴于昨日的情形，评判委员和监察委员连夜开会，讨论通过了增加的规则：第一，不得打击头面部位，以免老僧之惨剧重演。第二，不得言笑，以示严肃，因有不明就里者，以为选手在虚对支应。第三，如故意拖延，一味躲避不进攻者，逾十分钟则同时取消资格。

下午1点40分，由得胜的46人进行决赛。其中赵道新对阵朱国禄时，朱国禄为鼓励小师弟，未经数合便拱手自甘退让。深县国术馆的形意拳同门尚振山战胜了山东太极门的于鹏飞，韩其昌深为其高兴。而侯秉瑞则输给了刘高升的天津弟子、习自然门的岳侠。

该日比赛异常激烈，有12人弃权，四人被取消比赛资格。至下午4点，终于决出了优胜者26人。赵道新和尚振山分列第十三名和第十五名，自然是异常高兴。曹晏海、胡凤山、章殿卿、马承志等名手，也都一一在列。而前次故意输给赵道新的朱国禄经过奋战，也进入决赛，可谓胸有成竹。

因前四天的比赛太过紧张，为使选手得以休养生息，大会研究决定，11月25日，即大会的第九日，以表演为主。先将决出的26人分为红、白两队，进行不记名、无关个人成绩的比试。胜负只以红、白为判，记入两队的总成绩。这种类似游戏，又似军旅中实战演习的比法，别开生面，也引起了观众的浓厚兴趣。两队队员也情绪高昂，各自亮出绝招胜技。

两队共比试11场，结果白队胜6场，平局3场，红队只胜2场。其中第八场由白队曹晏海对红队章殿卿之战，尤其引人注目。

曹晏海擅劈挂、通臂，腿法绝佳，勾蹬踢弹，里合外摆，旋风扫堂，直如手臂般灵便。章殿卿则精翻子、形意，拳法出众，拳如脆快一挂鞭，硬打硬进无遮拦。

两位壮士斗得精彩纷呈，难分轩轾，台下叫好声不绝于耳。曹晏海比试中忽然身形一住，做出金鸡独立式，恰巧候到章殿卿的一记蹬脚过来，便用左膝向上前顶，正中章殿卿右足足心，章殿卿如被铁拴撞击，向后腾空翻倒至丈余外。

韩其昌在台上看得真切，对曹晏海这一招极为佩服。曹晏海提膝时火候拿捏之精、部位掌握之准，实在是匪夷所思。众人也都啧啧称奇，钦佩不已。

选手代表演示完毕，已是下午3点半。总评判委员长李景林来到台前发言道："此次大会聘请到的各位评判、监察委员，都是经慎重挑选的国术名家，为发扬国术真铨起见，特代表大会郑重敦请诸位委员上台献艺。"

观众闻听此言，无不热烈鼓掌欢迎。委员中的名家也积极响应，田兆麟、陈微明表演了太极活步推手。陈微明是前清翰林，从学于孙禄堂、杨澄甫，深得内家三拳之精义，尤擅推手，和田兆麟的配合如双龙戏水一般。

接下来是高凤岭的太乙单刀，朱霞天的混元剑，陈明征的虎头双钩，吴鉴泉、孙禄堂的太极拳，李景林的太极剑等，各路高手纷纷亮相，武林绝艺荟萃一堂。令观众目不暇接，大呼过瘾。

11月26日，大会进入了决赛阶段。赛前特地在杭州的羊头坝、宫巷口、大众桥、法院、陈列馆等繁华地带张贴海报云："今日正午十二时准时决赛。"又经评判监察各委员开会一致通过，开放各种规则限制，只留不准挖眼、扼喉、取阴、打太阳四项。

比赛选手身着大会特制的白色短上衣，上有红色"国术"二字，颇为醒目。26名优胜者抽签配成13对。高守武、邱景炎因同为太乙门师兄弟，无意分出高下，邱景炎自甘弃权退出比赛。

12对中，袁伟对阵高作霖，因为两门交好，弟子之间都互称师兄弟，加上新规则可以打头面，而袁伟日常带一副近视眼镜，乍一摘去，视线不清，所以未经数合，袁伟即自甘退让。余下十一对均分出胜负，其中尚振山赢了浙江天台的裴显明，赵道新则输给了岳侠。

12名负者再行复赛，因有两人弃权，故决出5胜。与前12名胜者重新抽签比赛。17 人凑成 8 对，朱国禄轮空，直接并入第二轮复赛，与八对中的负者对决。赵道新在第一轮复赛中胜了河南通背门的董殿华，加入第二轮，遇到王芗斋的弟子章殿卿。王芗斋一直在天津追随师兄张占魁，所以两门交谊深厚，赵道新也曾拜入王芗斋的门下。故章殿卿有意相让，使赵道新顺利进入下一轮。

由于赛制的缺陷，这样的情况在比赛中屡有发生。比赛双方的胜者固可进入下一轮比赛，而负者在复赛取胜后仍可进入下一轮，于是出现了钻空子的相让。因为输掉一轮，不过是在进入复赛时多打一次罢了，如直接退出头一轮，也能进入复赛，打都不必打，反倒是节省了体力。至于同门、同派系的选手，相让之事比比皆是，如韩庆堂让王子庆、曹晏海让高作霖、王子庆让章殿卿等。

王子庆让章殿卿是有原因的。章殿卿是保定新安乡人，12 岁投王芗斋、杨振邦二人门下学艺，后当兵仍继续练武不辍。章殿卿为李景林之旧部，由李景林荐入十一师当少校副官，又与李景林之女相好。25 日晚，巩成祥嘱咐王子庆，要让李老师面子好看些，又为促成章与李之女之事，故而让之。

观众本来对 26 人的决赛期望很高，认为大浪淘沙，剩下的都是顶尖高手。开始的比赛也确实精彩，观众中甚至不再有杂语喧哗，大家全神观战，只是间或发出"啧啧"的赞叹声。而后来频繁出现的相让退赛，也使观众渐渐看出门道，不免交头接耳，议论纷纷。观众还将这种相让假打的做法称之为"客套"。

好在这些选手并非都出自一个派系，真打实战也不乏其人。比如一拳打破僧头的胡凤山，从无相让退赛之举，每场比赛都是竭尽全力，五轮赛事过后，未负一场，傲然挺进最后的角逐。五轮复赛全部比完，天色已渐暗，大会也终于决出了六强，他们是：朱国禄、王子庆、曹晏海、胡凤山、马承智、章殿卿。

当晚，李景林因看到比试异常激烈凶猛，马承智、高作霖、李庆从均为胡凤山所伤，胡凤山的功夫也确实出色，就找到胡凤山说："凤山，明日就算你第一名，不要再打了，前六名排列一下名次就算了。"

胡凤山很不高兴地说："算我第一多么难听，我要的是名副其实！我打了第一得五千元，还要在西湖边为我的老师盖座大洋房，让他养老哩！"

胡凤山的断然拒绝，让李景林有些尴尬。

27日为大会的最后一天，观者如云，比赛的激烈也达到了空前的程度。

马承智因前日与韩庆堂对战时足部受伤，退出了比赛。第一对便由胡凤山对朱国禄。两位英雄都是体魄魁梧，身手矫健，堪称势均力敌。胡凤山因前几日不遗余力的拼斗，体力尚未全复，上场先取守势，伺机进攻，而朱国禄则频频抢进，连发快拳。朱国禄不仅精通形意，还曾深研西洋拳击之术，故出拳快疾频密，如雹雨般扑来。胡凤山颇不适应，一时眼花缭乱，猝然间被朱国禄一个晃左实右的反劈，正中面门，当即昏晕，倒地不起。

第二对曹晏海对章殿卿，未过几回合，曹晏海便倒地告负。

第三对由轮空的王子庆对第一回合败阵的胡凤山。王子庆为中央国术馆教习，年仅30岁，精通少林门及摔跤技艺。胡凤山接受第一回合之教训，上来便连出崩拳抢攻，果然奏效，连中王子庆面颊两下，所幸不甚严重。而王子庆则贴身靠打，冀望以摔法取胜。果然两人未几便缠裹在一处，争劲角力，最终同时摔倒，评判长因王子庆在上，判为胜者。胡凤山膝肘尽破，两齿脱落，狼狈不堪。胡凤山下台后与其在苏州馆的老师抱头大哭一场，当即离去。

第四对由前两场胜者朱国禄与章殿卿对决。章殿卿年方25岁，体力充沛，与朱国禄相搏，如两猛虎争食，缠斗异常激烈。章殿卿踢击时，不慎被朱国禄抱住腿，尤能以单腿支撑达数分钟之久，终被朱国禄找准机会，踹在其支撑腿弯处而倒地告负。

第五对仍由章殿卿对前负者曹晏海，曹晏海故伎重演，未几回合又倒地为负。

观众席嘘声四起。有人高喊着："曹晏海！你怎么了？""客套！""艺高受压！"

第六对为胜者王子庆对朱国禄。朱国禄想故伎重演，专取下路作逼腿之虚法，寻机抱住王子庆之腿，企图将其扳倒。不料王子庆腿力强劲，趁势下沉踩踏，朱国禄抱腿失败，欲撒手时为时已晚，被王子庆铁臂一挥，用一硬开弓之势击倒在地，并伤及左臂左膝。

第七对是最后一场，两员猛将却均已负伤：王子庆被胡凤山打伤面部，肿得老高。而章殿卿则被朱国禄踹坏膝弯，一瘸一拐。两人均已无力再拼，所以刚一鸣笛，章殿卿即拱手相让，王子庆获胜。

至此，全部比赛结束。王子庆除一场主动退让外，以十战全胜的骄人战绩夺得冠军。

评判和监察委员们在紧张的评议之后，排出了优胜者名次：第一名王子庆，第二名朱国禄，第三名章殿卿，第四名曹晏海，第五名胡凤山，第六名马承智。前五名均为河北籍，可见当地武风之盛。而前十名则均出自中央国术馆，令张之江笑逐颜开，风光无限。

宣布完最终排名，便由前三名选手上台，向观众行礼致敬，发表感言。

冠军王子庆慷慨陈词道："兄弟此次来杭州，完全是为提倡发扬国术，以达到强身强国的目的。并非是为五千元奖金而来。为示诚意，特愿将五千元与获得优胜的 26 位选手平分！"观众先是愕然，继而欢呼鼓掌，深为其英雄气概所感染。

第二名朱国禄发言道："我这次参加大会，实不为争名夺利，而是欲展示国术的精神道德，号召民众都来参加练习，强健身体，这样才能打败帝国主义，中国才有希望！"

第三名章殿卿云："请大家以此次所有表演的比赛选手为榜样，致力研究国术，加紧锻炼，以去掉我们头上'东亚病夫'的耻辱称号！"

所有观众起立，用长时间鼓掌来表达对三位壮士的钦佩。

11 月 28 日上午 10 点半，大会在浙江省府大礼堂举行盛大的闭幕仪式，所有表演人员、比赛人员、监察、评判委员全部到会。会场主席台上设总理遗像，下书四个道劲的大字"积健为雄"。主席台两侧各有一联："刚柔正奇变化莫测""动静虚实妙悟惟心"。省秘书长、副会长等人依次致辞。

评判长李景林的发言尤其感人。他说："这次比试，本有许多人不为名利，并不想下场争斗而伤和气，但是鉴于浙江省初次举办这样的大会，希望能办得圆满彻底，于是说服大家，尽量参加。同仁们真就不怕牺牲，不畏惧伤痛，踊跃参与进来，这种服从的精神和美德，很让人动容。冠军王子庆得到的奖金并非小数目，他自己又不是财主，也没有好收入的差事，却甘愿与众平分，这样把自己拼命争得的钱财散众的做法，也是我们武林人士的骄傲！"

会后,各地来的选手因对比赛的规则产生了异议,都在旅馆发泄不满,不仅不愿离去,还纷纷要求见李景林,要求重赛。李景林被逼无奈,来到旅馆,与众选手说道:"当然,这次大会也并非完美无瑕。由于是第一次举办这样规模的大会,出现的缺陷也较多。比如,比赛规则多次更改,特别是第一天比赛使用了记点取胜的规定,不甚公平,曾使一些好手因未能进入第二轮比赛而留下遗憾。决赛阶段,出现了利用规则空隙相互避让的现象,也就是观众所讥讽的'客套',这些都在很大程度上影响了比赛的公允。作为总评判长,我当承担首要的责任。为弥补本次大会的缺陷和遗憾,我已经联系了上海商界,准备尽快在上海再次举办同样规模的比赛。目前已经得到上海方面的肯定答复,我很快就能把此事办妥,请大家放心。"李景林话音刚落,就引起了一片掌声。

"师兄,咱们去上海吧!"赵道新说。

"去!怎么能不去?"韩其昌说。

第 17 章　上海擂台赛

杭州擂台赛刚刚结束，心急如焚的李景林就火速赶赴上海，为筹措上海比赛的资金奔波。

李景林第一个去找的人就是杜月笙。杜月笙是上海举足轻重的大佬，与李景林颇有旧交。即便如此，军人出身的李景林为了增加自己的筹码，还是在和杜月笙见面的时候亮出了手枪。杜月笙当即答应，出资五万大洋，并在上海商会及各商人中施加影响，确保赛会资金的充足。有了杜月笙的承诺，李景林长舒了一口气。

杜月笙也有自己的想法：既然李景林找上门来，出资的事肯定是无法推脱，那自己何不借此机会也扩充一下势力和影响，并且还能网罗一批武林人才，为自己所用呢？

杭州国术游艺大会期间，上海各大报纸都对比赛作了详细的跟踪报道，很多上海的观众还亲赴杭州观战。一时间，一向以东方巴黎、国际大都会自居的十里洋场，崇武之风骤起，上海的一些贤达之士也产生了效法杭州国术游艺大会，在上海举办一届武术比赛的想法。杜月笙同意出资并参与组织赛会，可谓是顺水人情，一举多得。

李景林和杜月笙达成共识之后，立即返回杭州，率领杭州擂台赛的原班人马移师上海。

民国十八年（1929年）12月初，在杜月笙的斡旋下，李景林与上海总商会会长虞洽卿及理事长王晓籁很快就举办国术比赛之事达成一致。比赛定名为上海国术比赛大会，形式照搬杭州游艺大会模式，参赛人员也基本套用原班人马，组织费用由上海总商会筹集，门票收入用于慰问抗击俄国入侵、守卫中东铁路的东北军将士，以及捐助陕西、甘肃的旱灾难民。

12月7日晚，李景林会同上海法租界商会总联合会主席杜月笙、法租界公董局华董张啸林、国民政府赈务委员会常务委员王一亭等，在大西洋菜社招待各界人士及新闻记者。当晚风雨交加，而出席者却有一百五十余众。

虞洽卿致欢迎辞后，即由中华国术协会会长储民谊博士讲话。褚民谊道："上海为全国最繁华之都市，各种娱乐应有尽有，偏偏未曾举办过国术大赛，国术运动最能振奋民族精神，使民众体质由柔弱而转刚强，值此内忧外患之际，当宜大力提倡，远胜各般声色犬马。"

李景林发言道："上月杭州之国术游艺大会，举办得很有成绩，所以虞老约愚抵沪，再为协同筹办上海之赛事，倍感荣幸。杭州之赛收入共计八万余元，除去开支四万元之外，尚有四万余元留存，浙江省主席张静江先生拟以为开办浙省国术大学之启动资金。上海之赛，已商借法租界逸园，门票定为一元、二元及三元三种。所得之资，定逾杭城，可作赈灾及体育基金之用。

"国术可变弱国为雄邦，诸君或以为浮夸，今且试举一例。杭州大赛之冠军王子庆君，家极贫寒，月入仅三十余元。而第一名所得之奖金五千元，竟慨然与众参赛选手平分，最后只留二百元自用。前十名者，均获其感召，亦将几千元之奖金公派。所有观众，均极动容，张静江主席尤其欣赏，谓当大力于浙省提倡国术，拟明年继续举办国术大会。

"此次来上海参赛诸位选手，多为杭州游艺大会之原班人马。他们来自大江南北，均已离家月余，颇有思乡心切者，也有经连番激战、有伤在身者，复有千辛万苦获得好名次、欲珍惜自保者，更有囊中羞涩、盘缠用尽者。所以吾与诸选手商议来沪比赛一事时，有人颇多踌躇。是吾对诸君劝勉，谓我国近几十年为列强欺凌所苦，而连番内战，全属毫无意义。唯有此次中俄之战，实在最有价值。为收回中东铁路之主权，我东北军将士，正以血肉之躯，在前线承受天寒地冻，经历枪火炮弹，与入侵之敌做殊死搏斗，如此为国捐躯之精神，

第17章　上海擂台赛

当受到举国之崇仰。与这般英勇的将士比较，我们的苦乐何如呢。况自去年以来，陕西、甘肃二省连遭旱灾，灾民已逾三千万之众，亡者已达上百万之多，我等习武之人，如能以自身之薄技，为赈灾募集钱款，不正是武德所崇，英雄义举乎？各位豪杰闻吾此言，均大奋发，一致赞成。所以才有此次上海的国术大会，望在座诸君届时踊跃参观，大力鼓吹。"

讲演即毕，全体起立鼓掌，均盼望国术比赛能早日开幕。于是，上海国术比赛大会开始了紧锣密鼓的筹备。上海各大报纸都作了相关报道，营造了良好氛围。

大会在平安旅社设立了招待处。凡参加大会的选手，其来沪的旅费食宿及回程的川资，均由大会提供。第一名的奖金为三千元，第二名为二千元，第三名为一千元，第三名以下至第十二名，亦有数百元的奖金。

比赛规则基本效法杭州大会。仍是比赛三局，每局三分钟，但不计点数，而以击倒对手或使对手丧失比赛能力为胜。禁忌为不准挖眼、扼喉和攻取下阴。

选手的比赛服装由大会提供，分白衣红腰带和灰衣白腰带两种，以为整齐划一。裁判则为四组，每组两人，分管吹笛、司旗、计时与记录。当一方倒地后，裁判一经鸣笛，另一方即不得再攻，违者取消参赛资格。

由于时局不静，津浦铁路常受阻碍。自大会开始筹备以来，每日来报名的武士只有数人或十数人。至12月15日，仅有六十余人。本定于13日截止报名、15日开始的大会，不得不延期一周，改在19日停止报名，20日开始比赛。设在逸园的擂台业已搭建完毕。

大会又赶制了徽章数百枚。徽章分为红、黄、白三色，样式为盾形，上镶"上海国术比赛大会证章"字样。红色为评判主任佩戴，黄色为大会职员佩戴，白色为比赛表演选手佩戴。

为扩大影响，大会还登报介绍了此次聘请的奇功异能之士。其一为武当山中的老叟，至今已一百七十余岁，尚童颜鹤发，臂力过人，能举千斤巨石绕场三匝而面不改色。老叟已应聘来沪一显身手，但声明不与任何人角力。

另有少林寺之八名僧侣，其中飞剑一道最为令人称道，即能以手掷剑达到百步穿杨之效。这些僧人的惊人武艺，吸引着上海的观众。

上海的武林人士也闻风而动，各武术团体纷纷派员参加表演和比赛，到17日下午5点，已有141人报名。尚有数十人耽搁在途中，正快马加鞭地赶来。

12月18日，报到参赛的选手已达167人，远超预计的人数，故大会决定提前开幕。下午1点，位于法租界亚尔培路口上的逸园熙熙攘攘，人头攒动，上海国术比赛大会正式开幕。

逸园的中文名称是"上海法商赛狗会逸园跑狗场"，是上海最高级的娱乐和交际场所，由专门的股份有限公司进行管理，并且向社会发行股票。新建的五层大厦中开设了舞厅、西餐厅、表演厅、酒吧间、咖啡室、弹子房、乒乓房以至小型电影院。建成一年多以来，日日车水马龙，风光无限。

上海特别市市长张群和法国总领事均亲自到场。杜月笙、张啸林、上海法租界巡捕房高级顾问黄金荣等一概到齐。评判主任李景林主持了开幕典礼。各政要依次讲话，对来自全国各地的武林好手表示欢迎和敬意。

江南的冬季，天气多变。开幕典礼刚举行半个小时，天空竟然淅淅沥沥下起雨来，并且越下越大。观众们纷纷打起了雨伞，未带伞的只好急急走避，一时间场面嘈杂混乱起来。观众伫立雨中，擂台积水湿滑，已无法表演和比赛。评判委员们紧急开会，决定延期。

19日，天气转成了雨夹雪，大会只好继续延期。20日，天气开始转好，下午1点，观众期望已久的国术比赛正式开始。

吸取了杭州大赛的经验，此次比赛前没有先行表演。这是考虑到不因表演而占用正式比赛的时间。一声银角响过，评判主任李景林和孙禄堂主持监筒抽签，由记者姜侠魂等轮流唱名。当天有40名选手分为20组进行比赛。韩其昌抽签分在第十组，对手是盛长满。

韩其昌是11月初抵达杭州的。一个多月以来，他与各地的武林高手朝夕相处，切磋交流，获益不少。

和盛长满一对阵，韩其昌便施展开梅花门特有的八方步，围绕着对方游走，并寻找空隙向对手的身侧和身后进攻。盛长满对此很不适应，连续出拳和踢腿，都被韩其昌灵活地躲闪过去，他有些着急，就紧追着韩其昌不放。追着韩其昌转了几圈，盛长满就开始头晕眼花，步法也渐渐散乱。韩其昌看准机会，侧身抢进，在右脚踏向对方身后的同时，左臂持住了对方右臂的根节，右手按住对方的左肩头，猛然间拧腰发力，盛长满应声而倒。韩其昌取得了第一场比赛的胜利。

在台上，韩其昌并没有欢呼雀跃，而是赶紧扶起对手，连连拱手说道："承让！承让！"

20组的比赛完毕后，几位名家表演了拿手绝技。李景林的武当剑首次在沪公开表演，大受欢迎，被誉为翩若惊鸿，宛若游龙。刘高升的九节鞭、刘鸿喜的新武拳、王恩庆的佛门拳、佟忠义的摔跤、曹静波的五郎拳、马奎麟的五路长拳、杜万清的六合拳、王文晓的查拳、李龙标的五花炮拳、李惠亭的梅花式、孙宝林的埋伏拳、鞠鹏仙的五虎拳以及刘百川的梅花双刀，也都一一在擂台上亮相，令观众大开眼界。

21日天降大雪，比赛又被迫停止。组委会和评判委员协商决定，将会址迁移至公共租界的上海舞台，以避免气候造成的影响。上海舞台又名天蟾舞台，位于四马路和云南路交界处，是上海最大的剧场。许多京剧名伶，如南派老生周信芳等，都在此地走红。

23日下午1点，比赛在上海舞台准时开始。赛场迁入了室内，气候的影响就不复存在了。观众们可以不再受雨雪严寒之苦，选手们则更容易发挥出自身的水平。

偌大的剧场挤满了观众，连座间的通道都站满了人。票价比起看一场梅兰芳的霸王别姬，也不遑多让。国术的感召力甚至胜过了梅兰芳、马连良诸位伶界红人。剧场中帷上方，高悬着"自卫奋斗，强种救国"八个大字，道出了参赛选手的心声。

当天要将一百位选手分成五十组进行比赛，抽签、点名颇费时间，于是又请各位海内高手进行了表演。

最先上场表演的是李景林的亲传弟子郭宪三与杨奎山的比剑，继而是李景林表演太极剑、褚民谊表演太极拳、陈徵明表演八卦掌、靳云亭表演平拳、朱国禄表演形意拳、张少轩表演无极拳、高凤岭表演太乙醉拳、孙禄堂表演太极拳、秦鹤岐表演八卦和合拳、李星阶表演形意拳、吴鉴泉表演太极剑等。名家的表演，不断博得观众的阵阵掌声。

接下来的比赛更是令人血脉贲张，大呼过瘾。

比赛的第三十九组，高荣华和任光苓两位英雄的打斗异常激烈。二人未走几回合，即开始贴身肉搏，打到第三局结束，仍未分胜负。由于过分专注，竟似未听到结束笛声，仍然缠斗在一处，评判员也未将二人分开。如此激烈的搏击，胜负应只在须臾之间，这二位英雄居然恶斗了二十分钟，衣衫尽破，满身是血，终于同时体力耗尽，互相拱手作罢。

第四十一组薛恒元与王松亭的比赛，则是完全相反的情形。未见几个腾挪，薛恒元就找准了王松亭的空当，一记栽捶正中王松亭的太阳穴，王松亭应声而倒，挣扎难起。整个过程干脆利索，仅历时不到一分钟，令人赞不绝口。

五十组赛罢，尚有余暇。李景林表演了太极拳推手，刘百川表演了四形拳，佟忠义表演了行龙拳。他们的表演各有精彩，所谓手眼身法步者，确能处处周到，博得彩声不少。

24日开始了第二轮的比赛。先在第一轮的负者之间进行复赛，复赛中的胜者再与第一轮中的胜者混合抽签比赛。

数日以来，上海舞台已经成了十里洋场最热闹的地方。每日比赛之时，周围的交通都为之拥堵，观众的车辆从四马路一直停到了一公里外的五马路。从外埠赶来的观众也是趋之若鹜，上海舞台人满为患，一票难求。

每日比赛的前后，均安排精彩的表演。李景林的舞剑几乎成了各场的必备节目。其剑光一起，便如银龙盘旋奔突，满台具是刀光剑影，实在令人百看不厌。而李景林的太极推手技法，也是一时之秀。每次表演必有两名对手，对其前后夹击，李景林守定中宫，尚不见其身法有何大动，便将对手的攻击化于无形，并且连化带发，化发几在同时，与人稍作接触，对手或俯或仰于地，或被击出丈外，简直让对手无有用武之地。

上海国术馆佟忠义的摔跤绝技也表演了数次，备受欢迎。佟忠义将脚绊子、手别子运用得随心所欲，更兼神力惊人，常把对手甩向空中，而对手功夫亦自不弱，空中翻旋几圈，总能两脚轻轻落地。

今天登台表演的还有国术名家李惠亭。李惠亭年已七旬开外，但舞动起九节鞭来依然是虎虎生风，势同暴风骤雨。耳听鞭声呼啸，如临万顷波涛。李惠亭更有燕青醉酒的绝技，在一连串的空心跟头翻过之后，将抛向空中的叉和枪

第17章 上海擂台赛

稳稳接住,直看得观众目瞪口呆,心醉神迷。

表演者中年纪最长者,当属来自北京的崔振东老先生。崔老曾在前清时做过宫廷侍卫,从学于八卦掌先师董海川的大弟子尹福,得其真传。崔振东本身又是无极拳的大家,一生修为,功力非凡。虽已年近八旬,须发皆白,但精神矍铄,体格魁梧,矫健异常。连日来表演八卦掌、无极拳、无极手、弹腿、散手及各种软硬功夫,轻便劲捷,飘忽如飞,极受观众的青睐。

老而弥坚固令人艳羡,自古英雄又出自少年。上海商会理事长王晓籁不但日日到会,热心照料,更醉心武技,亲力亲为。王晓籁曾礼聘当世太极高人吴鉴泉于家教馆,其八岁的少公子已从学经年。为给大会助兴,特命其子上台表演了一趟小架快拳。其子拳法有板有眼,身形步法颇为周到,台下彩声不断。

又有一年近十岁的小童,表演地躺拳。一路跌扑滚翻,鲤鱼打挺,乌龙绞柱,看得人眼花缭乱。

单人的表演固然精彩,双人的对练更是紧张激烈。宫立会、李静明的双节棍对打便令人屏气凝神,但听得噼噼啪啪一阵暴响,如炒崩豆一般。棍来棍往,劈戳扫挂,招数精奇。每每间不容发之际,棍梢离头面仅只寸许,稍一留意,便有头颅开裂之虞。

表演中还有临时点将的节目,精彩纷呈。素有"江南第一腿"之称的刘百川,被恭请上场之时,正于座中和友人谈话,评判委员呼唤两次,竟浑然不知,还是身侧旁人告知才醒觉,匆匆起身脱衣下场。刘百川的表演节目竟为实做:与其徒弟亮开架式,互行攻击。"江南第一腿"果然名不虚传,虽已年届六旬,而腿法依然神出鬼没,其徒被接连踢飞五次,扑跌之际,砰然有声。在座多为行家里手,纷纷议论:刘老师这可用的是真劲。而其徒弟兀自不弱,摔出后,着地即起,浑然无事,更有两次接住师父之腿,反扑老师于地,真可谓名师出高徒也。

随着赛程的连续,比赛亦如淘沙见金,又如登山观景,渐次进入佳境。几轮下来,功力不逮、技艺稀松者越来越少,比赛的激烈程度也日渐提升。

26日是比赛的第五天,有两轮赛事。第一轮15组,第二轮30组。其中一组的红方选手,始终高举右拳,拳背向下,左手撑腰,顿挫作势,状如罗汉拳。初似颇缓慢,至紧急处,拳忽化掌,骠勇进攻。白方左右趋避,无隙下手。第一局打平，第二局红方进攻愈急猛，白方绕台奔走，终于避无可避，拱手认输。

另有一组，双方两手一搭，红方之掌已中白之面颊，继之第二掌拍下，白方立即扑地。又有一组，负者倒地时头还撞到了地板，一时昏晕不起。也有正面摔拍于地者，登时鼻破血流。还好都是皮外伤，并无大碍。

27日的比赛也安排了两轮。第一轮8组，第二轮14组。

第一轮第二组的赵道新对宛长胜之战颇有可观：赵道新少年英雄，是威震津门、人称闪电手张占魁的得意弟子，宛长胜则是山东大汉，上月的杭州擂台赛名列第八，功夫自是不弱，尤擅摔跤之技。赛前韩其昌特意叮嘱师弟赵道新：切勿被对方抓牢抓死，见对方之手可以上磕下砸破之。

两人摆开阵势，赵道新先以八卦步法绕宛长胜游走，宛长胜始终未能得机施展，第一局以平局结束。第二局，赵道新开始施展形意八卦的技法，侧身斜进，拧裹钻翻，遇敌攻手则上磕下砸。宛长胜受到压制，始终无法施展，心急步乱之时，被赵道新一个回身探掌，击中髋部而倾跌。

第二轮第七组的高守武与刘丕显也打得难解难分。高守武与韩其昌月前在杭州曾有一场大战，被推为国术游艺大赛中的经典。刘丕显则身为河南省国术馆的副馆长，更是梅花拳的传人之一，曾参详百家之长，独创少摩拳传世，堪称一代宗师。两位高手鏖战多时，始终势均力敌，难分高下，最后以平局收场。然双方功夫之精湛，却是有目共睹，更有报纸发出预测：刘丕显有冠军之相。

民国十九年（1930年）的新年将至。国术大会原定于12月31日进行最后决赛并闭幕，然上海民众尚嫌未能尽兴，一再请求大会把赛期延长，谓此大会为上海开埠以来之奇观，观众至为热情，又逢新年假期，正好有暇观战。

本届大会的宗旨既为弘扬国术，民众热情要求加演，自然义不容辞。经过研究，决定延期三日，1月1日及3日地点复迁至法租界逸园，为其场地宽阔，可以多容观众。1月2日则仍在上海舞台。

受到交通道路的阻碍，许多英雄远自云贵、两广等地，赶到上海时，已错过了报名的截止日期，只能望擂台而兴叹。数十年苦练，怀有惊人技艺，欲在武林盛会作一展演而不能，实在是大遗憾。今大会一作延期，这些后来之同道，就又有了参赛的机会。于是大会把这些好汉另分一组，逐日进行预赛、复赛，以期选拔好手，引入决赛。

29 日，褚民谊表演了太极藤球。藤球为大小两只，大者高三尺，以练足，小则尺许，以练手。但见其与副手使藤球旋转缠绕于手足而不离，颇能体现太极拳粘黏连随的特点。

紧跟着，杜心武之高徒万籁声表演二指夹刀，阎丰年、阎凤英一对兄妹表演对打埋伏拳、双刀破枪和大刀破枪。对打的节奏迅猛异常，阎凤英的跟头也是干净利索，大有女中丈夫风范。此外翟连沅女士的燕青拳、刘祖信女士的二郎剑也自不弱。

30 日，上海大舞台又是爆满，楼上楼下挤得水泄不通。大会在台侧贴出了告示，呼吁工作人员把座位让给参观者。

崔振东表演的大枪、虎头双钩，光闪夺目。李惠亭的双锏，既巨且重，李惠亭居然能舞动如风，运用自如。王恩庆先演十字拳，继演三尖两刃刀，获得满场喝彩。许多极受观众欢迎的节目则一演再演，如李景林的武当剑、刘百川的刀和剑、佟忠义的摔跤等，令观众回味无穷。

31 日的比赛，第一轮共有十三组。其中第三组的盛长满与朱国桢，第四组的张孝才与章殿卿的比斗最为激烈。朱国桢手足俱进，攻势猛如风雨，章殿卿兔起鹘落，身手敏捷异常，最后都战胜了对手。韩其昌与高手刘丕显、高守武等人也都毫无悬念地战胜了各自的对手而胜出。

从南洋载誉归来的飞飞艺术团也加入了表演。该团周游列国，遍历南洋各埠，所到之处均受欢迎。表演虽为滑稽杂技，其中也含有武功的基础成分，如翻跟头、跌僵尸等，技艺至为纯熟，观众们则报以热烈掌声。

1 月 1 日，元旦。比赛本定在逸园，因天雨停止。1 月 2 日复在上海大舞台，是为大决赛的第一日。

赛前表演以张占魁之八卦剑、刘百川之少林刀、朱国桢之醉八仙以及飞飞艺术团之滚铁圈最受欢迎。压轴的还是李景林的舞剑，司仪刚一报告名目，台下掌声已响如春雷。

第一轮比赛分 11 组 22 人，均是历次预赛中之胜者。第二轮比赛 17 组，都为新加入者。

韩其昌分在第一轮比赛的第一组，对手是夺冠呼声甚高的章殿卿。

章殿卿时年 25 岁，已是国民革命军第十一师的少校副官，在杭州的国术大赛中取得了第三名的优异成绩。章殿卿自幼师从王芗斋、杨振邦等名家，擅长形意拳、翻子拳，近年又得到李景林的指点，功力深厚，技艺纯熟。

韩其昌与章殿卿相识近月余，彼此以师兄弟相称，互相观看对方的比赛，均有十几场之多，可谓知己知彼。章殿卿步快身活，韩其昌桩稳功深，二人势均力敌，难分轩轾。

第一局，两人均不贸然出手，而是绕台游斗，比试步法身法，盘桓中都未找出对方破绽，打成平局。

第二局开始，二人又招换式，互有攻守。章殿卿掌劈腿扫，攻击渐趋猛烈，韩其昌也是抖擞精神，防得风雨不透。两人都以形意拳的招法对攻，奇招妙技，层出不穷。观众看得心荡神驰，掌声、喝彩声连成一片。很快一声笛响，第二局也以平局告终。

第三局开始前，韩其昌已经揣摩清楚：对方也是形意门传人，对形意拳的各种技法了然于胸、稔熟至极。梅花拳讲求步法、身法，大闪大化，而对方较自己年轻十岁，身手异常矫捷，很难近身去拿其根节。唯有诱敌深入，待其近得自己身前，再以金刚拳冷弹脆快的招法治之。主意已定，韩其昌在第三局打得更加沉稳。

章殿卿在前两局未占到一丝便宜，不免焦躁。第三局一开始便远踢近打，凌厉进攻。韩其昌频频后退，故意示之以弱。待章殿卿几轮攻罢，思想略有松懈，旧力才过、新力未生之际，韩其昌骤然发力，使出了八翻手的绝技。

韩其昌出手如风，招招指向对方的面门、肋下。章殿卿猝不及防，边躲边撤，脚步不免散乱。忽见韩其昌双手四门转花，在章殿卿的目前影了一影，下面一个瓢脚，搓向章殿卿的腿弯，章殿卿急抬脚躲过。

章殿卿见韩其昌的身体顺势半转，料定下一招必定是蹶子脚倒踢紫金冠，自然撤身提防。谁知韩其昌只是虚做其势，忽然踏身下坐，一个后扫堂腿如铁轮般扫到。

章殿卿的注意力已被吸引到上盘，本已是右足单脚支撑，全身体重集于右腿，如被韩其昌扫堂腿击中，肯定是个倒地无疑。好个章殿卿，居然来个下意

第 17 章　上海擂台赛

识的旱地拔葱,单足跳起,全身腾空,来避扫堂腿。

然韩其昌的扫堂腿并未到达最远位置,见到章殿卿腾空跃起,韩其昌的腿法就改扫为跨,对空中毫无凭依的章殿卿轻轻一个单拿,双手分别控制住章殿卿的腰部和肩部,随即一个转身将章殿卿轻轻放倒于地。

韩其昌赶紧将章殿卿拉起,连称:"得罪,得罪。"章殿卿心悦诚服,拱手连道:"佩服,佩服。"

此后各组的比赛,各有精彩。接近决赛,都是高手之间的较量,故平局甚多。最后经过几轮激战,评出了 22 名优胜者进入决赛。

大会将各选手的成绩,作了排列:袁伟成绩最佳,七战七胜;其次刘丕显等,七战六胜一平;韩其昌七战五胜两平,名列第八。

本定于 1 月 3 日的最后决赛,因雨未能举行。上千人冒雨到逸园观战,失望而归。1 月 6 日,天终于晴了。时值寒冬,朔风凛冽。六千余观众还是潮水般涌入了逸园,来观看这场最后的旷世决战。票价三元的座位挤得最满。

上海市长张群、淞沪警备司令熊式辉等军政要人悉数莅临,法国公使、总巡等贵宾亦来捧场。大会还专门请了红十字会和蓝十字会医院的接骨专家张德意医生等人在场救援。据说,张德意医生骨科技术高超,比赛中王某曾被对手将肋骨击伤,由张德意医愈,次日即能重新参加比赛。

下午 1 点,总决赛正式开始。

参加决赛的 22 名选手中,刘丕显和另一位选手自甘退让,其余 20 人分为十组比赛。

韩其昌分在第六组,与马承智对垒。马承智为杭州大赛的第六名,也是形意门弟子,和韩其昌有同门之谊。马承智曾云游天下,遍访好手,博采众家之长,人称"把式包袱"。

赛前,师叔张占魁叮嘱韩其昌要加倍小心,因为马承智不但武艺高强,而且性格倔强。民国十七年国考时,曾为自己定做一具棺木,谓不成功则有一死。韩其昌听从师叔告诫,与马承智对战时极为谨慎。

交手仅几个回合,韩其昌就感受到了,马承智的功夫果然不同凡响,是难得的好手。

两人你来我往,互有攻守,愈战愈烈。韩其昌也打得性起,抓住了稍纵即逝的机会，待避过马承智的一记势大力沉的撞脚之后，两手猛然抱住他的大腿，欲将其掀翻。马承智也绝非等闲之辈，就在韩其昌抱住他单足欲将其掀翻的刹那间，他抡起一记劈掌，直袭韩其昌的后脑，众人不由发出一阵惊叫！

韩其昌顿时惊觉，立即缩头撒手，自行飞出躲避来掌，着地一个后翻，就迅即起身。只见马承智踉跄几步，也已站稳，正在看着韩其昌发愣。韩其昌拱手说："多谢手下留情，在下倒地在先，认输！"

马承智急忙摆手说："哪里哪里，兄台如不撒手，我早被掀翻了！"

众人一致鼓掌赞许，评判要算作平局，韩其昌执意不肯，说按照规则，倒地就要算负，应判马承智获胜。

次日韩其昌与上一轮负者比赛比较轻松，只施展了一记形意拳中的鹰熊合演，便迅速将对手扑倒，进入了下一轮比赛。

预赛中胜者十人与复赛胜者五人相加为奇数。抽签时，韩其昌轮空，直接进入复赛与下一轮中的七个负者之一较量。谁知再抽签时，韩其昌遇到了师兄马礼堂的弟子张长信。马礼堂是韩其昌恩师李存义的传人，论辈分，张长信便是韩其昌的亲师侄。

按照形意门的规矩，晚辈是不能跟师长放对交手的。张长信要自行退让，韩其昌觉得，张长信打到这种程度，是很不容易的。为鼓励年轻人，一定要让他上场比赛。在擂台上，两人同用形意拳的招法，如对练一般打满了三局，最后算作平手。

时至隆冬，上海天气突变，竟一反常态地连续数日降下大雪，决赛的日期一拖再拖，尚不知何日天气转好。考虑到赛事已经旷日持久，多次延期，组委会经费已远超出预算，故而评判委员会和取得决赛资格的选手商议，不再举行对决，以本次赛事三轮的比试成绩，及相互协商谦让的结果，排列出了比赛的名次，于次日宣布。第一名为曹宴海，第二名为马承智，第三名为张熙堂。韩其昌认为，自己能进入决赛，已经达到了多向高手学习的既定目标，故而谦让，接受了第九名的排名。

民国十九年（1930年）1月7日，上海国术比赛大会落下帷幕。大会为选手们准备的奖金、奖品非常丰富，奖金总计一万三千元，第一名三千元，第二名两千元，第三名一千元，第四名至第十二名五百元起，各自不等。

第 17 章　上海擂台赛

感人的场面再次出现在发奖现场：曹晏海、马承智、张熙堂三人代表所有获奖选手，将一万三千块大洋的奖金全部捐献给灾民以及慈善机构。选手们不领奖金，只愿领奖品以为纪念。

现场的观众沸腾了，纷纷说道：这才是真英雄啊！他们不重名、不重利，视钱财如粪土，真乃豪杰也！

大会宣布：

第一名：中央国术馆教员曹晏海，得张之江、熊式辉、上海国术馆、精武体育会、上海政法大学、黄金荣、杜月笙、张啸林赠银盾各一具，上海中华体育会赠的银幛一双，张岳军赠的银鼎一具，孙梅堂赠的银杯一具，市国考同志会赠的锦匾一具。

第二名：马承智，得熊式辉、黄金荣、张啸林、杜月笙、上海政法大学赠银盾各一具，张岳军赠的银碗一双，孙梅堂赠的银杯一双，市国考同志会赠的锦图一具，上海国术馆赠的宝剑一柄，上海中华体育会赠的银幛一具。

第三名：张熙堂，得熊式辉、上海政法大学、黄金荣、张啸林、杜月笙赠银盾各一具，上海中华体育会赠的银幛一具，张岳军赠的银杯一具，市国考同志会赠的锦匾一具。

韩其昌排名第九位，得到上海政法大学所赠的银盾一枚，上刻有三字"赛孟贲"。

韩其昌拿着银盾回到旅馆，一走进大厅就被一个戴眼镜的男人拦住了。

"韩先生，我是《社会日报》的记者，可以采访您一次吗？"来人恭敬地说。

"好啊！"韩其昌微笑着说。

"您这回得的这个银盾，上面有'赛孟贲'三个字。孟贲是战国时的勇士，力大无穷，您觉得这和您比赛中取得的成绩还是相符的吧？"记者问道。

"哪里哪里！我哪敢和孟贲相比呀！这回比赛，得了个第九名，我实在是很惭愧，都是同门的师兄弟，人家让着我，要不我拿不上名次啊！"韩其昌答道。

"一个月以前，在杭州，我就看过您的比赛。有一场您是对阵高守武，您还有印象吧？"

"有印象！他扫了我一腿，我击了他一掌，我没得到名次。"

"那次判高守武赢，评判员内部也有争议。您觉得那次应该谁赢啊？"

"应该高守武赢！他的功夫比我好啊！评判员判得公道，我应该服输。"

"您现在是上海国术比赛的第九名，该算得上是国术名家了吧？"

"我？差远了啊！天下把式功夫好的有的是，我这才学几天啊！我得跟人家好好学呀！"韩其昌说出这些话的时候，表情是严肃的、认真的。

记者记下了韩其昌的话。第二天，一篇题为《谦逊的武林人》的文章，发表在《社会日报》上。

第 18 章　武林中人

杭州和上海的擂台赛结束，已经是临近春节了。韩其昌回到深县，就急急地往家赶。刚走到村口，就看到了站在村口连连张望的凤儿。凤儿也看见了他，跑到了他身边。

"你可回来了！"凤儿高兴地叫着。

"回来了！你怎么站在这儿呢？"韩其昌不解地问。

"我感觉你这两天就快回来了呀！我在这儿等你呢！"凤儿边说边接过了韩其昌手中的行李。

"怎么那么沉哪！是你得的那个什么银子的奖在里边吧？"凤儿问。

"是啊，在里边呢。你怎么知道我得奖啊？"韩其昌含笑问道。

"这么大的事，我还能不知道啊！这两天，你人还没到家，咱家的门槛就快要被踏破了，每天都来好几拨人呢！"

"每天都来好几拨人？来干什么？"韩其昌正色道。

"找你呀！你现在可是大名人，名气大啊！来找你的那些人都是想拜师的、学拳的。有咱们村的，也有远处来的。我跟他们说你还没回来呢，他们就天天来家里看！村里你那几个徒弟，也天天等着你回来呢！"

"他们怎么知道我什么时候回来呢？"

"报纸上都登了啊！你这回在杭州和上海打擂，报纸上都有，还有你的相片呢！咱爹还把报纸拿回来给我念了呢！那报纸上说上海擂台赛结束了，这些人还不知道你这几天就回来啊！"

韩其昌微微一笑，接着问道："我说呢，你怎么还能知道我得奖呢！"

"这都是爹告诉我的呢。报纸上你领奖的相片，也是爹给我看的。"

"爹都说啥了？"

"爹可高兴了，说你给他争气，给他争脸！爹还说，还是他有眼光，早就看出来你练武有出息。要是小时候就不让你练了，你就不会有今天了。"

"嘀！爹还夸口呢，小时候我就因为偷着练武，不知道让爹骂了多少回呢！"

韩其昌和凤儿说说笑笑，走进了村子。韩其昌在本村的徒弟冯国志和宋清源，看到师父和师娘进了村，都忙跑过来，接过了师娘手里的行李，跟在他们后面。

韩其昌走到了自己家院门口，看到了很多人在那里等。人们见到韩其昌，都围了过来。韩其昌看着这些人，有的认识，有的不认识。这些人都异口同声地叫着："师父回来了！师父回来了！"

韩其昌心里热乎乎的，他向众人说："谢谢大伙来看我！都进屋来吧！喝口水吧！"众人簇拥着韩其昌进了屋。

"我这刚回来，也没什么招待大伙的。给大伙倒口水喝吧！我行李里还有从上海带回来的糖，拿给乡亲们尝尝！"韩其昌对凤儿说。

"不用不用，师娘！我们不喝水，也不吃糖！您把师父得的奖拿出来给我们瞧瞧就行了！"徒弟们有点着急了。

"好！给你们看看！"韩其昌一边说，一边从行李中把银盾取了出来。

"呀！这么大啊！真是银的啊！"

"哎！上头还有字呢！"

"赛孟……后边这个字念什么啊，不认得！"

"那是赛孟贲！"宋清源抢着说。

"你怎么知道？"冯国志不服气地问。

"我爹说的！我爹还说，这孟贲是两千多年以前的大力士，能生拔出牛角来呢！"宋清源脸上露出了得意之色。

第18章 武林中人

"还是你爹有学问,你爹是教书先生啊!"

"我爹还说,报纸上写着,杭州和上海这两回擂台赛,奖金都不少,可是得胜的人没有一个要奖金的,我爹说,这叫重义轻财,英雄气概。师父,真是没有一个人拿钱吗?"宋清源问道。

"这是真的,我亲眼所见。都是武林中人,练武不是为了名利,是为了能发扬武技,有朝一日能报效国家。我们希望的是,全国都重视国术,这样民众就有了健壮体魄,中国就能有希望,就能洗掉'东亚病夫'的耻辱。这些钱全都捐给了甘肃、陕西的灾民。"韩其昌说着说着,眼睛里闪动着泪花。

"还有的练武的,家里特别穷,是借钱去比赛的,赛完了连回家的路费都没有,全靠大伙给凑的路费回家,真是好汉啊!"韩其昌接着说。

"了不起!这才是练武的真把式呢!"凤儿感慨地说。

"你们想跟我练武,我太高兴了,谁想学,我都教你们!我也不会收你们的钱!跟我学练武,我有一个条件,就是不能爱钱!练武的人,要是爱钱,那就练不出功夫来,也给武林人丢脸!你们都记住了吧?"韩其昌冲着徒弟们说。

"师父,我们都记住了。我们不能给您丢脸!"众徒弟同声答道。

"好!我歇两天,咱就开始练拳!"韩其昌高兴地说。

韩其昌回家后,又收了几个徒弟,现在已经有了二十几个徒弟了。

有一日,忽然间来了一个十几岁的小孩,向韩其昌说道:"师兄,我是本村的,叫韩俊义,老师是西留村的赵书径,我入门的引师是韩玉良。我师父和您师父赵英廉是师兄弟,您能代师传艺吗?"

韩其昌笑言:"好啊,入了梅花门,就是一家人,我教你!咱俩平时以师兄弟相称,你每天就过来吧。"

在指导徒弟们练武的同时,韩其昌自己也坚持练武。杭州和上海的擂台赛让他认识到,武林之中,高手如云,自己的功夫还是差得远。

又是一个春天来到了。

徒弟们每天都来韩其昌家学拳。

"看着啊!姿势得这么练!身形要和顺,不能七扭八歪的!"韩其昌大声地对徒弟说。

"过来！再练一遍！"韩其昌对冯国志喊着。

"行了，让他们先歇会儿吧！"凤儿从屋里走了出来。

"先歇会儿再练吧！衣服给你补好了，穿上吧！"凤儿说着，把衣服递给了韩其昌。

"你们先都别练了，饭我都做好了，过会儿你们就吃饭。我说，你们吃饭的时候都慢点吃行吧？昨天我看你们吃饭都害怕，一个个狼吞虎咽的，我都怕你们噎着！"凤儿对众徒弟们说。

"还有你，过来，把我教你的那些摆法练练给你师父看看！"凤儿对宋清源说。

宋清源站定姿势，练了一套拳。

"嗯！"韩其昌有些吃惊地说，"长进不小啊！比我走的时候可强多了啊！你天天都练啊？"

"师父，我这摆法可是师娘教的啊！"宋清源说。

"嗯？师娘教的？"韩其昌看了凤儿一眼。

"是师娘教的。您不在家，师娘就教我们，以前也是这样啊！"宋清源说道。

"我教得对吗？我可都是跟你学的啊！"凤儿笑着说。

"教得太好了啊！这孩子跟我学了那么多回，都没练好，怎么跟你学就能练好了呢？还是你的功夫比我好啊！"韩其昌哈哈大笑道。

"你就是没耐心呗！我哪儿有什么功夫！还不是整天看你练跟你学，还是你教得好啊！"凤儿也咯咯地笑着说。

凤儿嫁给韩其昌已经十多年了。这些年来，受到韩其昌的影响，凤儿的功夫确实有了很大的长进。深州自古以来就是武术之乡。在这里，每个村落、每户人家几乎都有练武的。凤儿小的时候，就常去看父辈们练拳，久而久之，便潜移默化地对武术有了一些了解。

凤儿是个在武术上悟性很高的姑娘，嫁给韩其昌以后，天天都看韩其昌练武，有时再让韩其昌教她。时间长了，也能陪韩其昌练上几手，天长日久，功夫自然也就有了。这些年来，凤儿连学带练，特别是动作的连贯和灵活性，都能让韩其昌感到凤儿会是个很好的帮手！

第18章 武林中人

清明刚过，一场春雨就飘然而至。淅淅沥沥的甘霖，滋润着中原的土地，也预示着春播之后的好收成。天下着雨，不能下地干活了，徒弟们也都没来练拳。韩其昌和凤儿在家里聊天。

"看这雨，今年的年头应该不错，清明下雨了，春雨贵如油啊！"韩其昌说道。

"也该好两年了！这些年，除了旱就是涝，总得给几个好年头过呀！不是说，天无绝人之路吗！"凤儿说道。

"年头要是好，咱老百姓的日子就能好过点啊！去年，陕西和甘肃都闹旱灾，光人就死了二百多万，那年景可真是惨哪！"韩其昌长叹了一口气说道。

突然，院子里有人喊着："韩大哥在家吗？"

韩其昌赶快走到院子里，一眼就认出来人是高守武！

"哎呀！兄弟！你怎么来了！快进来，快进来！"韩其昌连忙把高守武让进屋里。

韩其昌把高守武的雨伞放在外屋，给高守武端过了一碗水。

"快喝口水吧！下这么大的雨，你还真找着我这儿了！"韩其昌说。

"你这儿好找啊！我到了深县县城，就打听你，人家都知道你，正好遇上一个你们村的，我就坐他的大车过来了。"高守武说。

"兄弟你这是……"

"啊，我上北平去，正好路过深县。我家不是在固城吗，我爹的一个朋友帮我在北平找了个差事，我先去看看。路过深县，我就想起了你啊！说什么也得上你家里来看看你啊！"高守武笑着说。

"好啊好啊！下雨天留客，天意啊！先歇会儿，既然来了，就别急着走了，怎么也得住两天再说啊！"韩其昌高兴地拍着高守武的肩膀说道。

"好！就依你！我就在你家住下了！"高守武爽快地答应了。

潇潇春雨，连着下了三天。高守武在韩其昌家也住了三天。这三天，高守武和韩其昌每天都聊着武林的事，有时候还交流一番武艺，练上几手。两人亲如兄弟，其乐融融。

高守武走了以后的一个月，天津的赵道新也来看韩其昌，这让韩其昌深深地感受到了武林人亲如一家的温暖。

杭州和上海擂台赛之后，韩其昌的家就成了武林朋友的联络站，南来北往的友人络绎不绝，韩其昌沉浸在友情的海洋之中。来拜访韩其昌的人，有慕名而来的，有寻访而至的，也有不速之客。

麦收时节又到了，今年的收成不错。有了几个徒弟的帮忙，韩其昌家的麦子很快就收割完了，运到了场院晾晒。看着阳光下饱满的麦粒，韩其昌的心里稍微感到了一丝欣慰。这些年来，总是天灾不断，有几年还颗粒无收！今年稍微好了些，夏粮总算是收到仓里了，可是秋天的收成又会怎么样呢？想着想着，韩其昌的心里又增添了一丝忧郁。

"师父，有人找您！"

韩其昌循声望去，看见冯国志带来了一个人。

"你就是韩其昌？"来人是个黑大个，很不客气地问道。

"我是。请问有何见教？"韩其昌迎上前去说道。

"我早就听说过你！今天找你来，就是想和你比试比试！"黑大个话说得很急，还带着一丝惊恐。

"请问你是……"韩其昌有点不解地问道。

"你先不用问我是谁，我没什么名气，告诉你你也不一定知道。"

"那……你从哪儿来呀？"韩其昌接着问。

"我就住在县城，离你这不远！"

"听口音你不是本地人吧？"韩其昌还是想打听出点什么来。

"你就别问了！我就是来找你比试的，你是比还是不比吧！你要是把我赢了，你问什么我都告诉你！"黑大个有些不耐烦地说。

"那我要是输了呢？"韩其昌紧跟着追问了一句。

"输了你就得听我的！我让你干什么你就得干什么！"黑大个说出这番话的时候，有些紧张。他紧紧盯着韩其昌，等着回答。

韩其昌并没有立即回答，他开始仔细地打量眼前这个不速之客。

眼前这个黑大个身材魁梧，相貌也端正，看起来也就二十七八岁的样子。身上穿着一身黑衫黑裤，手里拿着一把带鞘的长刀。

这是个什么人呢？怎么就想跟我比武呢？问他什么都不说，他到底想干什么呢？韩其昌心里盘算着。从黑大个手里拿着的长刀，韩其昌似乎又猜到了

第18章 武林中人

一些。

"请问你是哪门哪派的？你想跟我比什么呢？"韩其昌故意问道。

"我没有门派，是自己练的！我不跟你比拳！要比咱就比这个！"黑大个摇晃着手里的长刀。

韩其昌认得，黑大个手里的长刀叫苗刀。练武的人都知道，苗刀是一种极富进攻性的兵刃。苗刀总长五尺，其中刃长三尺八寸，柄长一尺多，既能双手握刀，也能单手握刀。苗刀兼有刀和剑的双重功能，刀锋锐利无比，刀法凌厉彪悍，相传是明朝将军戚继光首创并加以推广的实战兵器，杀伤力极强。

"朋友！咱们比试比试可以，可这真刀真枪的，伤了谁也不太合适啊！咱们能不能换个木头刀比试，点到即止，你看行吗？"韩其昌不紧不慢地对黑大个说道。

"什么？用木头刀比试？你也不怕传出去坏了你的名声！你这么有名的武林高手，还怕真刀真枪？是不是不敢比呀！"黑大个提高了嗓门，摆出了一副傲慢的神态。

黑大个的话，一下就把韩其昌激怒了，不禁瞪圆了眼睛，冲着冯国志喊叫着："把我的刀拿来！"冯国志跑回屋里，拿来了一把单刀。

韩其昌脱去了外衣，上身只穿了一件汗背心。他束紧了腰带，绰刀在手，摆出了架势。黑大个也抽刀出鞘，做出了起势。

"请吧！"韩其昌抱拳。

"请！"黑大个也抱拳。

两个人就在场院的空地，拉开了架势。

练武的人都知道，和陌生人交手，不能贸然进攻，要先出招试探。韩其昌已经是久经沙场的高手，再加上黑大个人高刀长，就更要先取守势了。盘桓了几圈以后，黑大个首先发动了攻势。他依仗着苗刀的长度，连续进攻。挑、堆、刺、剁，招招凶狠，气势咄咄逼人。

好功夫啊！韩其昌心里暗暗佩服，他并没有急于对攻，仍然是在快速的躲闪中观察着对手的招法，同时也在寻找对手的弱点和破绽。

韩其昌几个腾挪，闪过了对手最初的几招进攻，他也看出来了，对手开始有些急躁了，于是还是采取守势。在连续躲闪的同时，用手中的单刀应挂对手的苗刀。只听得几声清脆的叮当声响过,刀光乱舞。韩其昌迭步后退,黑大个紧追不舍,刀刀不离韩其昌的前胸和颜面。

几番腾挪之后,韩其昌已经摸清了对手的套路。他见对手步步进攻,急于求成,心里也就有了主意。他一边在场上绕圈行走,一边寻找着转守为攻的机会。韩其昌虚步上前,挥刀晃向黑大个左肩,黑大个匆匆闪过。在黑大个躲闪的同时,韩其昌已经开始变换步伐,刀法也随之变成了连环套刀。他不再后退,反而转守为攻,疾步向前,一记挺刺,黑大个以刀背将单刀磕出后,迅速将双手翻转,变为削势,刀锋直取韩其昌的前额。

韩其昌看得真切,并没有急于躲闪,而是等到对手的身体前倾,双手握刀做出下劈的动作,不可能很快将重心收回的一瞬间,猛然侧跃,一个箭步落在了黑大个的左侧,不等黑大个抽刀回手,韩其昌的刀刃已经抵住了黑大个的颈部。

韩其昌的动作极其敏捷,仅在一瞬间就完成了,这就是连环套刀的绝技。黑大个侧目看了看抵在脖子上的刀锋,闭上了眼睛。韩其昌收回了单刀。

"再比一回吗?"韩其昌厉声问道。

"不比了。我认输。"黑大个低下了头,回答道。

"那好!你说过,输了听我的吧?"韩其昌笑着说。

"听你的!你让我干什么我就干什么。"黑大个很爽快地说。

"国志!把茶端过来!"韩其昌喊着徒弟。

韩其昌在喊徒弟的时候才注意到,周围站满了人。这些人也不知道是什么时候来的,韩其昌看了看人群,人群里有他的几个徒弟,也有同村的乡亲。

"大伙都到屋里坐吧!这是我的朋友!"韩其昌高声对众人说。众人开始散去了,边走还边说着什么。

冯国志端出了一套小桌和两把小凳,在小桌上摆好了茶具。

"请坐吧!"韩其昌对黑大个说。黑大个坐下了,韩其昌也坐下了。

黑大个端起茶杯,饮了一口茶。不等韩其昌开口,就开始说了起来:"我既然输了,就把你想知道的都告诉你吧!我叫岩糯,是傣族人,祖上都住在云南。民国十二年,我19岁,就在保定曹大帅的队伍里当兵。我们傣族人,从小就带着一种长刀,叫木帮刀,用来砍柴,也能搏斗。我小时候练过点武功和

第18章 武林中人

刀法,在队伍里,当官的看我有点功夫,又练过刀,就把我推荐到了曹大帅的苗刀营里当兵。我最早听说过你,就是在苗刀营里。听说你也在大帅府当过教官,功夫不错,只是没当两年就走了。"

岩糯放下茶杯,接着说:"我在苗刀营一共混了四年,学了不少苗刀功夫,还混上了排长。曹大帅下野之后,我们就跟着吴大帅。后来吴大帅打了败仗,我们苗刀营的弟兄们死的死,散的散,我和另外四个弟兄就让冯大帅给收编了。冯大帅那里没有苗刀营,我们给编到了运输营。我们当兵的,吃粮当差,给谁干不都是一样!我们就在冯大帅的队伍里混。混了两年,我又混上了连长。从去年秋天开始,冯大帅就准备打仗了,我们当兵的也开始忙乎,运枪运炮,运粮食。今年5月份,我们到了晋州,又是忙个不停。从今年过春节以后,一连好几个月了,我们都没发军饷。我和几个弟兄都没有钱了,都熬不下去了,就找营长要军饷。营长说,这事他管不了,让我们直接去找团长,我们就去了。哪知道我们一到团部,团长连见都不见我们,就把我们都给关起来了,说我们是聚众闹事,扰乱军心,还说第二天早上开拔之前要枪毙我们。我们不能就这么等死啊!仗着练过点功夫,我们夜里把看守给绑了,就从团部跑出来了。我们都知道,这下的祸可是惹大了,要是给抓回去,弟兄们谁都活不成啊!我们就开始到处跑,前两天跑到了深县。"

岩糯叹了一口气,摆弄着手里的茶杯,又开始说了:"我们从队伍里跑出来,身上都没有钱,没办法只有是连偷带抢了。大哥,我敢对天发誓,绝对没抢老百姓的。我们也是穷苦出身,知道老百姓不能抢啊!我们抢的都是当官的、有钱的。也没抢着多少钱,就在深县县城不太热闹的地方,找了个小客店住了下来。县城里就能看见抓我们的告示,我们整天都不敢出来,就躲在客店里商量下一步该怎么办。商量来商量去,弟兄们都说,已经走到这一步了,往后也只能是一条道走到黑了。最好的办法,就是在深县找一个僻静的地方或者山里落草为王,也能过上几天逍遥的日子。"

岩糯说这些话的时候,紧盯着韩其昌的反应。见到韩其昌没有什么表示,就又说道:"我们都不是本地人,对这里的情况一点都不熟悉。想落草都不知道该在哪里落。在深县县城,我又听说了你,听说你还在上海打擂得了个什么奖,还听说你家就在离县城不远的村子里,我就想来找你。我知道,要想让你跟我们一起入伙落草是不可能的，就是想让你告诉我们去哪里能落草，你也不一定会说。我想来想去，觉得唯一能让你服从我们的办法，就是和你比武。我早就听说过，你是个特别讲义气、守信用的人，只要你答应了别人，就一定会遵守诺言的。就这样，我就下决心来找你比武了。我的这些想法，从来就没有跟那几个弟兄说过。我怕他们不同意。今天我自己找了个机会就出来了，在县城打听你，人家都知道。我很快就找到了你住的村子，还找着了你的徒弟。说实话，和你比武，我心里没什么底。我知道，要是比拳脚，我肯定得输，也许比刀法还有赢的希望，因为苗刀长，能占便宜，再说你也有可能没练过苗刀。

"和你交手以后，我就感到了你的功夫不一般，我只有靠快攻才能赢了你，拖的时间越长对我越不利。所以我在一开始就拼命进攻，几次被你闪过以后，心里就开始着急。在你腾挪脚步的时候，我要是不那么紧追着你，恐怕也不至于输得那么快了。在你把刀抵在我脖子之前，你已经有了一个机会了。这个机会你也看出来了，那时候我探身太靠前，我的刀又在右手，防不到左边，你离我的距离不是很远，只要你一挥刀，就能扫着我。我当时看到你的刀已经挥动了，但很快就停下来了，你是不想伤着我。你还是等了一个让我心服口服的机会，用刀锋抵住了我。我心里明白，这是你早就手下留情，点到为止！你问我还比不比，我怎么敢说还比呀！我已经是输了两回了！"说到这里，岩糯的表情变得异常复杂。既有内疚，又带着不安。

"大哥，我把你想知道的都告诉你了。你现在还想知道些什么呢？"岩糯看着韩其昌说。

"你们那几个弟兄现在在哪里？"韩其昌平静地问。

"还住在县城的客店里呢。"

"你们打算今后怎么办？"

"我也不知道。反正深县是不能再待下去了，县城都有抓我们的告示，我们得赶快走。"岩糯茫然地说。

"是得赶快走啊！这里是平原，根本就没有你们想象的能落草的地方！你家里还有什么人啊？"韩其昌问道。

"还有父母和一个姐姐，都在云南。"

"啊！再喝点水吧！"韩其昌说着，陷入了沉思。

第 18 章　武林中人

过了一会儿，韩其昌叫着："国志啊！"

冯国志过来了。

"去找你师娘，把我昨天给她的那个小包拿来！"韩其昌对冯国志说道。

冯国志很快就拿着小包回来了。

韩其昌看着岩糯，声音低沉地说："兄弟呀！不管怎么说，你我算是有缘分呐！刚在比武之前，咱俩不是说好了吗。谁赢了听谁的，现在，你该听我的了吧？"

"我听你的。"

"你回云南，回老家去吧！你在队伍里那点事，很快就能过去，你们可不能总是想着去偷去抢，去落草当强盗啊！跟你那几个弟兄说，都各回各家，躲过这阵就好了。你家里不是还有父母吗，他们可不希望你当山贼草寇啊！你那几个弟兄岁数也和你差不多吧，也都有父母亲人啊！这落草总有失手的时候，可不能干啊！你们都回家，躲一阵子也就过去了，现在冯大帅的队伍正在打仗，今天开到这里，明天开到那里，哪还顾得上抓你们呀！等过了这阵子，也就没事了，那时候你有什么难处，再来找我，我还帮你，你看这样行吧？"韩其昌看着岩糯，等着他的回答。

岩糯点了点头。

韩其昌将小包递给了岩糯，说："这是一点钱，你先拿着，就当回家的路费吧！钱不多，我也不是富人，这是我的一点心意。你的功夫不错，我相信你那几个弟兄的功夫也都不错，咱们有这么好的功夫，又都算是武林中人，一定要走正道啊！千万不能再想落草的事啊！听我的，好吧？"

"好，我听你的！我这就告辞，找那几个弟兄，都回家去！"岩糯坚定地说。

"把钱拿上！"

"不必了，你的心意我领了，这钱你还是留着吧"

"你不是说听我的吗？拿上！"韩其昌执意让岩糯把钱拿上。

"好，我拿上！就此告辞，后会有期！"岩糯双手抱拳，单膝跪地，含泪告别了韩其昌。

望着岩糯远去的背影，韩其昌心中涌起无限感慨。

第 19 章　农家小院

中原的气候，过了白露节气，就一天比一天凉了。秋风阵阵，送来的是丝丝寒意，只有高挂的太阳，还残留着往日的火热，照在身上暖融融的。韩其昌的家有个小院。这几天，他总是在小院里，一边踱着步，一边享受着秋日的阳光。

韩其昌在院子里来回走着，心里总觉得缺少些什么。院子里的一切，他都非常熟悉，可是这几天，他却猛然感到，这个小院开始陌生起来。院子的南墙根下，摆放着一排农具，有几把锄头、铁锹，还有一张犁。韩其昌走近墙根，拿起农具，一件一件地端详着，好像要从农具上找出什么。

"其昌啊！干什么呢？"韩峰三从屋里走出来说。

"爹！我看看这家伙什！过几天就该种麦子了，得用啊！"韩其昌答道。

"啊！可不是吗！又要到秋分了，这地也该整整了！"韩峰三说着，也走近了放农具的墙根，看了看农具，又看了一眼韩其昌。

韩峰三在院子里转了一圈，就走回了屋里。没过多一会儿，又从屋里走了出来，坐在了院子里的一条小凳子上。

"其昌！你从东北回来，有两年了吧？"

"是啊！有两年了。回来之后我还去了杭州和上海，春节以前才回到家，这都是前年的事了。"韩其昌一边回话，一边走到父亲身旁，也坐下了。

第 19 章　农家小院

"这两年，你在家里待着，觉得怎么样啊？"韩峰三接着问道。

"挺好啊！我教徒弟练练拳，再下地干点活，这不挺好吗！"韩其昌答道。

"挺好？你说的是心里话吗？"韩峰三笑着问道。

"爹，怎么不是心里话啊？我这不挺好的吗？"韩其昌不知道父亲要说什么，只好看着父亲，等着父亲往下说。

"你小子！这些天我总看见你在院子里来回溜达，你那点心事，我还能看不出来啊？"

"爹，我哪儿有什么心事啊！"

"你呀，心高！别看你人在院子里溜达，手里摆弄着锄头，可你心里，却总是想着出去练拳呢，不想在家里种地。我说得对吧？"

"您说得对，我的心思您一眼就看出来了！这些年，您在县城里的药铺也关门了，咱全家就靠这几垧地过活，也不是个事，要是再赶上个灾年，可怎么办？我是想再出去闯荡闯荡，能给家里多挣几个钱回来，也好补补家里的亏空。不过，我要是老出去，您二老……"

不等韩其昌说完，韩峰三便说："家里的事你不用管，只是你每次出去，苦了凤儿。看见她想你、等你回来的样子，我们都心疼！你要是再出去，就把她也带上吧，也好有个人照顾你！"韩峰三拍拍韩其昌的肩头说道。

"不行，凤儿还要在家照顾您和娘呢。"韩其昌连连摇头说道。

"你就不用担心我和你娘了，我们身体还硬朗，你在外边人生地不熟的，凤儿在你身边，你们两个还有个照应，省着我和你娘总为你担心。再说，现在你弟弟也成家立业了，有他们照顾，你就放心吧。"

"爹，我这回要是出去，一定得混出个样来！不说光宗耀祖，也得让您二老过上好日子啊！"韩其昌说着，眼睛里闪动着泪花。

"这回准备去哪儿啊？"

"去北平。北平有我的同门师兄弟，我在杭州、上海的擂台赛也认识了不少练武的朋友，他们会帮我的。"

"那我再给你准备点钱吧！"

"不用您老拿钱！我到了那儿，挣了钱就给您寄回来！"韩其昌说出这些话的时候，怀着十足的信心。

"你什么都别说了！回去和你媳妇商量商量，等秋收一过，地里也就没有什么活了，你们就走！爹就盼着你能有出息，盼着你比爹强啊！只要你功夫没白练，能做出点大事来，就是给爹争脸了！"韩峰三说完，转身就走进了屋子。

看着父亲离去的背影，韩其昌再也抑制不住内心的感情，两行热泪夺眶而出。韩其昌是个刚强的汉子，从小到大几乎就没流过泪。今天，这个练就了一身硬功夫的武林高手，却被父亲的深明大义和慈爱教诲深深震撼了心灵，泪流满面。

韩其昌缓慢地走到了墙根，又拿起了农具，一件件地仔细端详着。他抚摸着这几件从小就十分熟悉的锄头、铁锹，仿佛又看到了父亲多少年来伴着它们所留下的汗水和辛劳。

走出了院子，秋风还在微微地吹，韩其昌却没有感觉到凉意。秋日的骄阳照在身上，带来了周身的温暖。信步走在院子外面，多少往事历历在目，让他心潮难平。

他又走回了院子里，院子里的一切依然如故。

韩其昌无限眷恋的目光，又转向了院子的东墙，那是他十岁的时候，为了偷练武术而在夜间翻过的那道院墙。墙根处，当年跳墙用的长竿早已不知去向。韩其昌伸出双手，抚摸着墙头上他当年跳过去的地方，似乎是要触摸到当年的足迹。

韩其昌久久地在院子里徘徊着，他想着师爷任俊杰。他上个月和师弟韩俊义一起去了武强县师爷的家里，看望师爷。

师爷已经八十多岁了，双目失明，听到韩其昌的声音就说："其昌来了，还有那个是俊义吧，别看我看不见，我一听你们的声音就能分辨出你们是谁。"

"师爷，您的眼睛……？"

"老了，看不见了，我这个岁数也就这样了。你们都还年轻，一定要把咱们梅花拳传下去。咱梅花拳五势可是个宝啊。"

任俊杰一边说一边用手指着墙说："你们看看，这是头两年我写的，那时候我眼睛还看得见。"

顺着任俊杰手指的方向，韩其昌看到了墙上挂着的一副字：

第19章 农家小院

梅花五势道家留

尊天地之阴阳,竖道家之礼念。

走道德之宏途,顺五伦之义礼。

练五势之宝功,保身心之康健。

取天地之正气,补后天之命源。

拳技变化莫测,乾坤正气通天。

日月阴阳哺育,气盈血通延年。

"师爷,您的心思我们明白了,我们一定把梅花拳传下去。"

韩其昌的思绪又回到了刚才和父亲的谈话,他在想:师爷和父亲都是长辈,都是希望自己能够闯荡出个名堂来,这次去北平无论如何都要为传播梅花拳做点什么。

第20章　健族国术社成立

民国二十一年（1932年）。北平城南，天桥。

最初的天桥是一座桥，始建于元代，是为皇帝去天坛祭天时通行而建，那已经是五六百年前的事了。现在，天桥本身早已荡然无存，但天桥周围的商业却在这近二百年的时间里日渐兴盛，成了北平城南最大的市场。

天桥的商业主要集中在几个大的市场区域，有公平市场、西市场、三角市场等。这里聚集了北平各色的商品、小吃，因价钱便宜，又有各种艺人的演出，每天都是人来人往，川流不息。

公平市场在天桥的南部，这里除了有各种商品、小吃以外，还是练武卖艺人集中的地方。在公平市场卖艺的练武人，有摔跤的、拉硬弓的，还有杂耍的、拍砖的、吞铁球的。这些艺人各有自己的绝活，时间长了，就形成了各自独特的表演风格。卖艺的表演场地都设在市场的露天处，艺人们管这叫"撂地"。用白粉在地上画一个圆圈，就算是表演的场地了，艺人们管这叫"画锅"。在这个圈子里表演，艺人们管这叫"平地抠饼"。这形象地说出了艺人的演出目标就是通过卖艺换点零花钱糊口。

公平市场中间的场子里有一个圈子。圈子里是一男一女在表演武术对打，圈子外面围满了观众，不时传出一阵阵的喝彩和叫好声。圈子里的男人三十多岁的样子，女人看上去年轻些。对打中，男人采取的是守势，女人则取攻势。

只见那女人身段灵活，出手快捷，脚步轻巧，招法凌厉，招招紧逼，步步向前。那男人也是转闪腾挪，不时做出反攻动作，但很快就被女人快速的拳脚逼回了守势。

"看！那女的还是个小脚呢！"观众里有人大声叫着。

"真的啊！还真是小脚！"

"小脚女人有这样的功夫可真不容易啊！这可是真功夫啊！"

"不会是那男的故意让着那女的吧？"观众里又有人说。

"就算是让着那女的，那女的也得有真功夫啊！那女的要是什么功夫也没有，那男的再让，也不能对打成这样啊！"

"您说的也对！就像咱们没练过的，人家就算是让着你，让你打，你都不知道往哪儿打呀！"

"是啊！天桥这么多耍把式的，还真没见过这么好看的男女对打呢！"

圈子里的男人和女人对打了一阵子，各取收势，立定站稳，躬身向圈子外的观众行礼，嘴里连连说着："谢谢！谢谢！"观众们纷纷掏出钱来，扔进圈子里。圈子里的男女开始转身，向各个方向的观众鞠躬。男人边鞠躬边说："谢谢各位捧场！谢谢各位捧场！"

一个穿着长衫、带着礼帽的男人，从人群里走了出来。他靠近圈子，直接把掏出的钱递给了耍把式的男人："师傅，请问您练的这是什么拳啊？"

"啊，这叫梅花拳。"耍把式的男人一边接过钱，一边答道。

在耍把式的男人接过钱的时候，戴礼帽的男人仔细端详着他："师傅，请问您是不是姓韩？"

"我……"耍把式的男人扬起脸，也看着戴礼帽的男人。

"您是韩其昌吧？"

"我……我是。您怎么认识我？"

"我见过您啊！那年在杭州，我还给您照过相呢！"

"您是……"

"我是京报的记者，叫黄硕益。您在杭州和上海打擂台赛的时候，我都去了。我是专门采访体育新闻的，您跟高守武比赛的照片，就是我照的啊！"

"啊，是黄先生啊！我还真是想不起来了！"韩其昌有些尴尬地笑着说。

"您怎么在这儿?"黄硕益不解地问道。

"咳!从家出来的时候,带的盘缠不多,现在盘缠用光了,不得已在这儿混口饭吃啊!"韩其昌说这话的时候,显得有气无力。

"我记得,您的家在河北深县啊!您是什么时候来北平的啊?"

"来了有半个月了吧!"

"那您到天桥有多长时间了啊?"

"才来。"

"韩先生,您这么好的功夫,在这儿真是太可惜了啊!您的难处我能想到,您别着急,我是体育记者,在北平认识好多练武的,他们要是知道了您的情况,都会过来帮您的!您现在住在哪儿啊?"

"我住在先农坛东边山涧口的一家小客店,那儿便宜,离这里也近。"

"韩先生,我现在身上带的钱不多,您先拿着用。"黄硕益说着,又掏出了一把钱,塞给了韩其昌。

"这,这怎么行啊!我不能要您的钱啊!"韩其昌边说着,边把钱塞回了黄硕益的手中。

"您就别客气了!韩先生,我早就听说过您,您那功夫就不用说了。您在别人有难处的时候,给人家钱就从来没含糊过!现在您有了难处,还正好让我给碰上了,我身上就带了这么几块钱,给您先拿着用,这还有什么不应该的,您还推辞什么呀!快拿着吧!以后,咱们还得常来常往啊!"说着,黄硕益又把钱塞回了韩其昌的手中。

"那就谢谢了!"韩其昌接过了钱,躬身施礼道。

"现在时候也不早了,您就别练了,先回去歇歇吧!您放心,我会尽快找到练武的朋友来帮您的!对了,您这几天可还得上这儿来呀!要不然,朋友们上哪儿找您去呀!"

"别别别,黄先生,我是个要脸面的人,可千万别让大家知道这事。我是一时手头紧才来这儿献艺的,过不了多久,我就能想出办法来。您可千万别告诉京城练武的朋友们,别给人家添麻烦。等我落脚稳了之后,就会去看望大家的。"韩其昌恳求地说。

"也好!那我就先走了啊!您也早点回去吧!"黄硕益挥了挥手,和韩其昌道别。

韩其昌和凤儿收拾了圈子里的东西，也向北面山涧口的方向走去。没过几天，报纸上就刊出了一篇题为《小脚女人天桥献艺》的文章。此文一出，到天桥看小脚女人练武的人越来越多。

早晨，凤儿像往常一样，收拾着东西，准备去天桥，韩其昌说："今天咱们不去天桥了。你在家好好歇一天吧，我出去转转，兴许能找着一个营生干呢！"

"那你就去吧，早点儿回来呀！"凤儿答道。

韩其昌信步在大街上走着，一边走，他一边盘算着找个什么营生来糊口。走着走着，韩其昌走到了西单一带，穿着校服的学生们三三两两地从他面前走过。韩其昌眼睛一亮，猛然想到：北平的学校多呀！我在天津教过家馆，又有教学生练武的经验，我何不找个学校去问问，看人家缺不缺武术教员，能不能在学校当一个代课教师？

韩其昌问了几家学校；下午来到了志诚中学。志诚中学的校长叫董立德。他听了韩其昌的自我介绍，和韩其昌谈了一会儿，对韩其昌很欣赏，当即邀请韩其昌为志诚中学的武术代课教师，并且在学校附近为韩其昌租下了一处住房。

回到小客店，凤儿问："找着差事了吗？"韩其昌笑着说："还真没白跑，找着了一个在中学教武术的差事，人家校长还给咱们在学校附近租了房子，解决了咱们的后顾之忧啊！"

"真好！"凤儿的眉毛向上扬着说道。

"这些日子，你跟我撂地耍把式挣钱，也真是受了不少苦啊，我心疼啊！"韩其昌柔声地说着。

"这不都找着差事了吗？还提它干什么！校长让你什么时候去呀？"凤儿好像比韩其昌还着急。

"这两天就去！"

韩其昌和凤儿搬出了山涧口的小客店，住进了丰盛胡同的房子里。志诚中学在离丰盛胡同很近的小口袋胡同。韩其昌当上了武术教师，他教学生们练习武术的基本功，也教些拳法，很受学生们欢迎，生活总算是有了着落。韩其昌是个闲不住的人，他除了在志诚中学教课之外，还在师范大学附中兼任武术教师。

生活稳定了之后，韩其昌开始结交北平练武的朋友们。半年多时间，北平的武术高手们也都和韩其昌熟悉起来，其中有形意拳名家王芗斋、尚云祥、李健秋和八卦掌高手刘志刚。在和这些武林界朋友的来往和交流中，韩其昌仿佛又回到了在家乡和师兄弟们在一起的时光。他们相互切磋，韩其昌向各位武林朋友传授了十三太保功，也向朋友们学习了北平盛行的太极拳。

北平的秋天又来到了。韩其昌从学校的操场练拳回到家，凤儿给他倒了洗脸的热水。

"天又凉了，咱们来北平也有一年多了吧？"韩其昌擦了脸，放下了毛巾。

"是啊！去年的春节一过，咱就来北平了。今年春节就是在这儿过的，现在又快冷了，可不是一年多了吗！"凤儿说道。

"多亏了有朋友帮忙啊！要不然，还不知道这日子过成什么样呢！现在咱们吃穿是不愁了。你手里要是有多余的钱，就给家里寄点儿回去，也好让爹高兴。"韩其昌看着凤儿说。

"好，明天就给爹寄钱。"凤儿答应着。

"你现在有什么打算啊？"凤儿又问。

"咱们来北平一年了，我仔细打听过了，现在北平练武的确实不少，可是还没有练梅花拳的。北平这么大个地方，这么多人练武，就是没有练梅花拳的，这多可惜呀！"韩其昌长长地叹了口气说道。

"你是想……"凤儿多少猜出了韩其昌的心思。

"我是想办一个国术社。我想在这个国术社里收徒弟，教梅花拳！这样我也能天天练武了，北平也就有了梅花拳，这该是多好的事啊！"

"主意是好主意啊！可是你要办武馆，这事可不是说办成就能办成的啊！人手、地方都得考虑齐全了啊！"

"我这几天也正琢磨这事呢，不管怎么样，我的主意已定，说什么也得把国术社办起来！你想，咱们大老远地从深州来到北平，图的是什么？为的是什么？如果咱能把梅花拳在北平传播开来，那咱们才是没白来北平一趟！我在北平才能让人瞧得起！"韩其昌说着，眼睛里闪动着激动的泪花。

第20章　健族国术社成立

"你的心思我懂！我也明白，这武馆要是办成了，对你有多重要！你放心吧，我也跟着你干！"凤儿的目光也坚定起来。

"太好了！有你这话！这国术社肯定能办成！"

韩其昌说干就干。他开始奔走于北平练武的朋友中间，运作国术社的事。朋友们听说他要办国术社，教梅花拳，都大力支持他，帮他筹措资金，选择社址。几经考虑，韩其昌把社址选在了离小口袋胡同很近的辟才胡同的王爷佛堂。辟才胡同的王爷佛堂是座花园式的院落，院内亭台水榭，优雅别致，是个习武练拳的理想处所。韩其昌办好了一切手续，亲自担任社长。

小寒节后的北平，寒风呼啸。辟才胡同的王爷佛堂大门口，却是人头攒动，车水马龙。鞭炮声中，"健族国术研究社"的铜牌在一阵喝彩中揭开了帷幕。北平的武术高手、各门派的掌门都悉数被请来了。志诚中学的教职员工和学生，以及北平国术馆的武林高手，当地军警界的人士也都前来祝贺。韩其昌在西单的玉华台饭庄摆下了酒宴，感谢朋友们的支持和帮助。

健族国术社的成立，轰动了北平城。韩其昌亲自教授梅花桩拳，使得梅花桩拳在北平传播开来，且影响日益扩大。军界、警界、商界的朋友们纷纷到国术社拜师学艺。从此，韩其昌在北平武术界声名鹊起，备受关注。韩其昌的名声也给他增添了额外的忙碌，武林界的纷争常来找韩其昌评理说和。

国术社清净的时候不多。一天，徒弟们刚走，就来了两帮人，因私下比武不服气，继而争执不下，来找韩其昌评理论说。

韩其昌让徒弟搬了一把椅子，坐在了院子中间，说："既然你们来找我，那就听我的吧！同是武林中人，本为一家，今天你们要是有人能把我从椅子上拽起来，你们就打你们的，我再不干预。要是拽不起来，咱们就当什么事都没有，就此了结。"

两帮人既是出于好奇，也都有和解的意思，都同意了韩其昌的建议。首先上来一个小伙子，拽住韩其昌的胳膊，狠命向上拉，韩其昌使出千斤坠的功夫，端坐在椅子上，丝毫未动。又上来一个，同样是没能拽动。两帮人见状，讲和散去。

在北平，韩其昌遇到了两位知己。一个是形意门的李健秋，另一个是练八卦掌的刘志刚。三人一见如故，情投意合，遂结为兄弟，他们一起练武论道，甚是投缘，形影不离。三人都身怀绝技，且又乐善好施，北平人给他们送了个绰号："风尘三侠"。

又是一个闷热的天气。韩其昌在国术社的场子上带学生们练完了梅花拳的一套架子后，走到场边，拿起毛巾，刚要擦擦脸上的汗水，就见一个人进了国术社的大门，径直朝他走来。

"师兄！"来人老远就开始喊着。

"俊义啊！"韩其昌一眼就认出，来人是韩俊义。

"师兄，咱们可是好几年没见面了啊！"韩俊义紧紧握住了韩其昌的手。

"是啊！有几年了！你这是从哪儿来啊？"韩其昌关切地看着韩俊义问道。

"我从天津来。我离开老家也好几年了。这些年都是在天津做工，在一家成衣铺里学徒。现在成衣铺关门了，我在天津也混不下去了。正好在报纸上看到你在北平办了国术社，还有你的相片呢！我就找你来了，想投奔你啊！还得求师兄赏口饭吃啊！"韩俊义说着就笑了起来。

"可别这么说啊！你能上我这来，可真是太好了！我这儿正缺人手呢！你有文化，功夫又好，在我这儿当教练，准没问题啊！我想请都请不来呢！快进屋说吧！"韩其昌一边说着，一边把韩俊义让进了屋。就这样，韩俊义在健族国术社当上了教练。

韩俊义的到来，让韩其昌很是高兴。韩俊义年轻，功夫也不错，平时在国术社里带学生练功。韩其昌去学校给学生上武术课时，韩俊义就在国术社里独当一面，帮了韩其昌很大的忙。平时，韩其昌和韩俊义也能经常在一起研究武艺。

1935年春，韩其昌听说北京设擂台了，守擂的是人称"盖北城"的马熙春。韩其昌便和刘志刚、李健秋、韩俊义携众徒弟们前去观擂。

马熙春是摔跤名家沈三的徒弟，在北平电车公司当售票员。马熙春还精通"白猿通臂拳"，是典型的"武术枷锁"。他在北平武术界绰号"盖北城"，意思是在北平的北城区没有对手。

擂台上，马熙春不停地绕着圈子走动着，一边走还一边说："各位，我在这守擂已经两天了，还没有人上来呢！这么大个北平，就真没人敢跟我比试比

第20章 健族国术社成立

试？那我就代表北平参加全国比赛了。我看今天来的就有练过的，来呀！"

马熙春看到韩其昌一行几个人在场外，就停住了脚步，眼睛紧盯着韩其昌几个人，嘴里还不住地喊着："来呀！来呀！"

韩俊义实在忍不住了，不等和师兄弟们商量，就高叫着："我来！"他脱去了长衫，跳进了擂台。擂台就是在平地上画了一个圆圈，以圆圈的边线为界。

马春熙的身上穿着用竹木板制成的护具，上身从脖子以后护到前胸，下身从膝盖一直护到脚面。自打习武以来，韩俊义还是头一次遇到这种阵势，也是头一次攻擂，但他并没有一丝一毫的胆怯。

两位选手已经做好准备，站到了擂台的中央，场上裁判说了声："第一局开始。"韩俊义先是与马熙春试探性地绕了两圈。马熙春在绕圈的过程中突然进攻，伸手打向韩俊义的前胸。韩俊义眼疾手快，趁马熙春出手之机，一拳打过去，正好打在马熙春的胸部。

受到打击的马熙春一点反应也没有。韩俊义又迅速转过来，一把抱住马熙春的手，左脚快速上前，右脚紧跟，顺势一拽就把马熙春给挎起来了，紧接着一个背挎就往地上摔。

韩俊义本想把马熙春扔倒在地，没想到马熙春是练摔跤出身的，他紧搂着韩俊义不撒手，结果，马熙春在被摔倒的一瞬间，也把韩俊义带倒在地。两人同时倒地。场上裁判判定韩俊义身体着地面积大，宣布第一局为韩俊义输。

韩俊义心想："第一回合我输了，是因为没有经验，第二回我就不能这么打了。"

第二回合一开始，韩俊义还是一把抱住马熙春的手，左脚上前，右脚紧跟，顺势一拽，又把对方给挎起来了。马熙春还是紧紧地搂着韩俊义不撒手，这时，韩其昌在台下大喊"搓，搓，搓！"

韩俊义闻听，用手臂使劲往后一搓，正好搓在马熙春的颈部，马熙春身体立刻失去了平衡，腰一软，一屁股坐在了地上。

"第二局马熙春输！"场上裁判高声宣布。

前两局各有胜负，关键就看第三局了。场上裁判一声高叫："第三局开始。"这一局，韩俊义改变了战术，采取虚实结合的拳法。先是照着马熙春的脸虚晃一掌,然后伸出左手向前,就在马熙春一仰脸的当口,说时迟那时快,场下的韩其昌大声叫喊:"栽呀!栽呀!栽呀!"

韩俊义立刻明白了。他的右拳突然出击,直接对准马熙春没有护具的咽喉部位,一个"栽捶"正打在对手咽喉上,没等马熙春反应过来,韩俊义就对准马熙春的咽喉一连打了四捶,打得马熙春接连倒退了好几步。

"好一个栽捶!"全场观众的叫好声、欢呼声不绝于耳。韩俊义的栽捶,使对手毫无还手之力。紧接着,韩俊义又使出了一个呛掌,一掌把马熙春扔出了场外。

马熙春的颈部已经红肿起来,医护人员用棉花和夹板对他的颈部进行了固定,扶他离场。韩俊义因出拳过猛,手臂被对手身上的竹板护具硌破了,半个多月才痊愈。

韩俊义这次的攻擂被传为佳话,马熙春也非常佩服和欣赏韩俊义的武功,两人还成了很好的朋友。凡是碰到韩俊义坐车,马熙春从来不让他买票。

韩其昌在场下大喊的"栽呀",因为时机准确,被誉为制胜关键,也在京城武林传为美谈。

第 21 章　国术社里的共产党

健族国术社成立以后，一派繁忙景象，来应聘的教练和求学的学生络绎不绝，国术社里，整天是龙腾虎跃的练武场面。韩其昌自然也是格外的忙碌，他除了在国术社执教外，还在外头教家馆，给好几所中学代课。他不在的日子里，韩俊义就为他独当一面。

最近，有个叫李廷元的年轻人，常到国术社来找韩俊义。李廷元也是韩其昌的同村，年纪和韩俊义相仿。韩其昌只知道，李廷元不会武功，很早就去天津上学了。

李廷元来国术社的次数多了，韩其昌就觉察到，李廷元有些神秘。他每次来国术社，都是在晚上，来了先和韩其昌打个招呼，就去韩俊义屋里了。他和韩俊义从不大声交谈，说话的时间也不长，说完话李廷元就匆匆离去。有时候，李廷元还带来一两个陌生人，也是和韩俊义说上几句话就走了。

韩其昌心里明白，他对韩俊义说："师弟呀，咱们可都是本分人家，不能干超过自己能力的事呀，那会惹祸上身的！咱们都是练武的，应该以教武为生，那些你不懂的事情就不要做了啊！"

韩俊义则说："师兄，我干的可不是坏事呀！我干的事利国利民，来的人都是我的朋友，您就放心吧！"

秋天的晚上，国术社里一片宁静。韩其昌教家馆回来，刚走到国术社附近，就见国术社已经被宪兵层层包围了。北平宪兵团长蒋孝先认识韩其昌，见韩其昌走来，就迎上前去。

"蒋先生，怎么回事？为什么要围我的国术社？"韩其昌先紧锁眉头问道。

蒋孝先给韩其昌敬了一个礼，说道："韩先生，公务在身，得罪了。您的国术社有共产党，我是奉命来抓的。这次行动可不小，不是我能挡得住的，您没看见？连蓝衣社的都来了！"

"国术社里都是我的徒弟，哪儿来的共产党？误会了吧？"韩其昌不解地问。

"有人举报说这里有共产党，我也是没办法呀。行动是蓝衣社指挥的，我只负责外围警戒，不许有人出去，里面由蓝衣社搜查。"蒋孝先耸了耸肩，无奈地说。

"那好，我进去看看。"韩其昌说着就要进大门。

"韩先生，进去可以，要想出来可就难啊！兄弟我是奉命行事，真要是蓝衣社抓了您，可别怪罪兄弟我呀！"蒋孝先拦住了韩其昌说道。

"行！"韩其昌头也不回地进了大门。

国术社的各个房间外面都站上了岗哨，屋里的学生和教职员工一律不许出门。国术社里有杂乱的脚步声，还有呵斥声和搬动东西发出的响声。这些声音都是从韩俊义的屋里传出来的。韩其昌于是快步走到韩俊义的屋前。

韩俊义的屋里亮着灯。韩其昌推开屋门，只见韩俊义面朝着墙站着，身边有个穿蓝衣服的大汉用手枪指着他的头，屋子里还有几个戴礼帽的男人在翻弄着东西。

"怎么了这是？"韩其昌问道。

听到韩其昌的声音，韩俊义转过头来，他刚要说话，蓝衣大汉就用枪顶住了他的太阳穴。

"不许说话！"蓝衣大汉恶狠狠地叱道。

韩其昌走到蓝衣大汉身旁，赔笑说道："兄弟！有话好说啊！"

"你是谁？"蓝衣大汉斜着眼睛瞧着韩其昌问道。

"我是这个国术社的社长，我叫韩其昌。"

"噢！你就是韩其昌啊！久仰久仰！早就听说过你，功夫是很厉害啊！"

第21章 国术社里的共产党

蓝衣大汉放缓了语气。

"既然知道我，那就好说了啊！兄弟，看在我的面子上，你先把枪收起来，这要是走了火，可是要出人命的啊！这儿说话不方便，咱们院子里说吧！"韩其昌的语气也放得更加缓和。

蓝衣大汉看了韩其昌一眼，缓慢地放下了枪，别在腰里。转身对屋里的几个戴礼帽的人说："看住了他！他要是跑了，为你们是问！"

蓝衣大汉跟韩其昌来到了院子里。院子里一片漆黑，蓝衣大汉伸手去摸腰里的手枪。

"不用害怕，我又不会怎么着你！"韩其昌笑着说。

蓝衣大汉有些不好意思，就没再拿枪。

"兄弟！你们是哪儿的啊？"韩其昌问道。

"我们是三民主义力行社的！"蓝衣大汉回答。

"什么社？"

"三民主义力行社！不知道吧？知道蓝衣社吗？"

"这蓝衣社我倒是听说过。"

"我们就是蓝衣社的，没看见我们都穿蓝衣服啊！"

"那这大半夜的来我这干什么？"

"来抓共产党！"

"抓共产党？我这国术社里有共产党？"

"当然有了！"蓝衣大汉一边说着，一边从口袋里掏出了一张相片，用手电筒照着相片。

韩其昌定睛一看，相片上有三个人，一个是韩俊义，一个是李廷元，还有一个不认识。

"这相片上的人你都认识吗？"蓝衣大汉问。

"这不就是屋里的那个人吗？他叫韩俊义。"韩其昌故意说道。

"这我知道！这个人你见过吗？"蓝衣大汉指着相片上的李廷元问道。

"没见过。"韩其昌装作镇定地说。

"真的没见过？你再好好看看！"蓝衣大汉有些怀疑地再次问道。

"没见过。你们要抓的就是他？"

"对，就是他！他是共产党！"

"这人没上我这儿来过。你们不是也搜查了吗，不也没找着这个人吗?"

"也许是跑了吧，这个人叫李廷元！肯定是上你们这儿来过，八成是来找屋里的那个韩俊义的！现在没抓住李廷元，我就得把韩俊义带回去问问！"

"把他带走有什么用啊？你们要抓的又不是他！"韩其昌极力想要保住韩俊义。

"有人举报他是共产党！"

"不可能！他从小跟我练武，只是上天津打了几年零工，现在又在我这里教武术，我太了解了，他不可能是共产党！是有人陷害他吧?"韩其昌装作一脸无辜地说。

见到蓝衣大汉不说话，韩其昌突然提高了声音说："你说他是共产党，那我这国术社不就成了共产党的窝了？这还了得啊！"

见到蓝衣大汉不说话，韩其昌又轻声说："听口音，老兄你是河北人吧?"

"河北固城。"

"我有个兄弟，也是固城人，是练太乙拳的。"

"练太乙拳的？叫什么?"

"高守武。"

"那是我师父呀？您认识他?"

"高守武是我兄弟。"

"高守武是您兄弟?"

"没错啊！那年在杭州打擂台赛，我跟他一起去的。前两年他来北平之前，还去我家看过我呢！"韩其昌说。

"哎呀！失敬失敬！高守武是我师父！论辈分，我还得叫您一声师叔呢！"蓝衣大汉有些尴尬地说。

"那倒不必。既是太乙门的人，高守武又是你师父，那咱们也算是朋友了啊！"韩其昌笑着说。

"当然当然，我叫崔占峰，我这次来，也是上峰派的公务，冒犯了您，对不起啊！"蓝衣大汉满脸堆笑，态度明显变好了。

"你们抓共产党，想抓的没抓着，总不能把我这里的人都给带走吧？这总

第21章　国术社里的共产党

不太合适吧?"韩其昌不失时机地说道。

"那是那是!韩师父,我们就不难为您了,这个韩俊义我们就不带走了。可是有一样,您可得担保,他不是共产党,还有,他也不能跑了,我们有什么事,还得随时问他呢!"蓝衣大汉还是有些不放心。

"这我担保,他不会跑的!他是我这儿的教练嘛,跑了上哪儿混饭吃去呀!"韩其昌肯定地说道。

"还有一样,相片上的那个李廷元,要是再上您这儿来,您可得报告!"

"这也行!怎么个报告法?"

"您就去胡同口的那个警署,跟警察说,那个李廷元来了就行了!其他的您就不用管了!实话告诉您吧,这个李廷元来过您这儿好几回呢!我们一直跟着他,要不我们怎么会半夜来抓他?"

"行!我知道了,他再来我就报告!"韩其昌说。

"那好,我们就不打扰您了!"崔占峰客气地给韩其昌鞠了一躬。

"弟兄们,走了!"崔占峰冲屋里喊道。屋里的几个人应声走了出来,跟着崔占峰走出了国术社大门。

看着崔占峰带着人走远了,韩其昌立即走进了韩俊义的屋子。

"师兄,真是对不住,连累您了!"韩俊义着急地说。

"哪儿的话呀!咱们是一家人,说这些干啥!"韩其昌一边说着,一边查看着屋子的四周。

"他们不是没抓着李廷元吗?"韩其昌低声问道。

"没抓着!李廷元昨天夜里就走了。"韩俊义小声回答道。

"走了就好,就怕他还来!我看是你们内部有人告了密,要不然,这帮人怎么会知道李廷元老上这儿来?还拿着相片来抓人?"韩其昌严肃地说。

"您说得对。今天多亏了您,要不然,我恐怕也得让那帮人抓走了!"韩俊义看着韩其昌,不知该说什么是好。

"你什么都别说了,我心里都明白,那个李廷元,他们不是没抓着吗?"韩其昌说。

"没抓着,李廷元昨天就走了。"韩俊义说。

韩其昌思索了一会儿,说:"现在最好的办法,是你赶紧去找李廷元,告诉他今天的事，然后你也能脱身了。"

"这倒是个办法，可是师兄，我要是走了，不就把您给连累了吗？"韩俊义担心地说。

"走你的！我军界、警界有的是朋友，他们不能把我怎么样，我才不怕他们呢。你就放心走吧！"韩其昌拍着韩俊义的肩膀，坚定地说。

"那就谢谢师兄了，天一亮我就走。"

"还等到天亮？那些人要是琢磨过味儿来，再回来了，你还走得了啊！现在就走吧！"韩其昌边说着，边进屋里拿出了二十块大洋，塞给了韩俊义。

韩俊义眼含热泪，和韩其昌握手后，消失在夜幕中。

从此，健族国术社是没人敢来了。那次宪兵包围国术社的动静太大，全北平都知道了。为了避免共产党嫌疑，人们都对国术社敬而远之。国术社萧条了，徒弟们也更少了，韩其昌的生计也成了问题。

第 22 章　大刀队

韩俊义和李廷元的平安离去，让韩其昌感到了极大的安慰。这件事并没有给韩其昌带来太多的麻烦，蓝衣社的人也没有再来搜查和纠缠。

宪兵团包围国术社以后，国术社萧条了几个月。在那段时间里，李健秋和刘志刚给了韩其昌精神上的鼓励和经济上的支持。有了朋友的接济，韩其昌的生活算是有了保障。

有人劝韩其昌关掉国术社，另寻其他途径谋生，韩其昌坚决反对。他坚信，国术社的困难是暂时的，过不了多长时间，国术社一定会东山再起的。果然不出韩其昌所料，不到半年，国术社就又兴旺起来了。

自从韩俊义离开之后，韩其昌就没有放松警惕和戒备。在国术社里，韩其昌每天还是和平常一样，带着徒弟们练武，出去给学生们上课，只是在和人接触的时候变得格外小心。他知道，自己稍有不慎，就会给国术社造成重大损失，这是韩其昌所不愿意看到的。

深秋的北平，秋风吹来了一片肃杀之气。满街的黄叶在秋风中翻滚、颤抖着，发出了阵阵干枯的声响。一辆吉普车疾驰而来，在健族国术社门口戛然停下。车上走下了三个穿军服的人，领头的一个身材魁梧，看样子是个军官；两个当兵的胸前挎着冲锋枪，紧跟在后面。军官走到国术社的门厅，问了几句话，就带着两个当兵的走进了国术社的大门。

韩其昌正在屋里和徒弟们聊天，看到几个军人走了进来，心中不由得一怔。是韩俊义和李廷元他们又出事了？不会吧？原来都是蓝衣社便衣来呀，怎么今天是军队来了？莫非是他们……？韩其昌心里急速地思考着，但脸上没有流露出任何紧张，他站起身来，走到了屋外。

三个军人已经走到了韩其昌面前。军官很客气地问道："请问您是韩其昌韩先生吧？"

"我是。长官您是……"韩其昌谨慎地答道。

"韩先生，兄弟我叫吉星文，今天是慕名而来，特意来拜访您的！"吉星文说着，"啪"地一个立正，给韩其昌敬了一个军礼。

韩其昌感觉有点迷惑，看着眼前这个面目和善、年纪不到三十岁的军官，又觉得不像是来找麻烦的样子，就顺口说道："那就请屋里坐吧！"

韩其昌将吉星文让进了屋，两个卫兵在屋外的门口站着。屋里的徒弟们看到师父有客人，纷纷往外走。韩其昌叫住了一个徒弟说："去！给长官上茶！"

徒弟答应了一声，端上了茶具。

韩其昌和吉星文相对而坐，吉星文先开了口："韩先生，兄弟我久仰您的武功，今天是特意从南苑来拜望您，并且有事相求啊！"

"长官请讲！"

"韩先生，兄弟我是来求学的，想请您传授武艺，求您赐教啊！"吉星文欠身向前说道。

"长官想学功夫？我是开国术社的，当然欢迎啊！不知您想学哪门功夫啊？"韩其昌还是没有摸清对方的来意，只得进一步试探地说道。

"韩先生，不是我一个人想学，是我手下的弟兄们都想学！想学大刀，练刀法！"

"学大刀？长官您是国军哪部分的？怎么想起学大刀来了？"

"啊！您看看！我光想着求学了，都忘了跟您介绍我的来历了！我们队伍的番号是国军二十九军三十七师一一〇旅二一九团，我们军长是宋哲元，师长是冯治安，旅长叫何基沣，我是团长，我叫吉星文。"吉星文一口气说完了部队的番号和长官的姓名。

第22章 大刀队

"二十九军？是前几年在喜峰口和日本人打仗的那个队伍吗？"

"就是我们！那一仗是民国二十二年打的，都过去三年了！那一仗我也去了，当时我是营长。"

"是你们呀！我早就听说过二十九军打日本人不含糊，还有大刀队，杀了不少鬼子啊！你也去了，你也是英雄啊！"韩其昌显得激动起来。

"英雄可不敢当啊！韩先生，咱们都是中国人，谁愿意受日本人欺负啊！"

"你们都是好样的！吉团长，听口音你不是北京人啊！"

"我老家是河南扶沟。当兵这么多年，口音还是改不了。"

"那你们什么时候到的北平啊？"

"刚到两个月，是换防过来的，现在队伍就驻防南苑。"

"南苑那边形势怎么样啊？"

"不好，我的团周围几里地，都是日本兵。这些日本人也是三天两头演习，就是冲着我们来的！我觉得，在北平，早晚还得跟日本人打起来！我也正是因为这事来找您的。上回喜峰口那一仗，我们大刀队痛痛快快地杀了一场，杀了不少鬼子，这事全国都知道了。可惜呀！大刀队的弟兄们剩下的也没几个了，都死在战场上了！现在，我的团里能使大刀的也不多了，还有些刚入伍的新兵，更得练呀！我来找您，就是想求您带着我的这些弟兄们多练武艺，赶快练好大刀。只要弟兄们都练好了功夫，要是真的跟日本人干起来，近战的时候咱们才不吃亏呀！咱们好再杀他个痛快呀！"吉星文越说越激动，从椅子上站了起来，用恳求的目光看着韩其昌。

听了吉星文的这一番话，韩其昌心中的疑云彻底散去。他现在是完全明白了吉星文的来意，原来是想请他向士兵们传授刀法的！

韩其昌也从椅子上站了起来，他拉住吉星文的手说："吉团长，你的意思我全明白了！你放心，为了打鬼子练大刀，只要是用得着我的地方，你尽管开口，我全力配合！"

"太谢谢您了！我得替全团的弟兄们谢谢您啊！"吉星文也紧拉着韩其昌的手。

"不用说这些，我是练武的，现在国家都成这样了，咱们都是中国人，怎么也不能看着日本人横行霸道啊，我练了这么多年的功夫，这时候不用啥时候用啊！你说怎么个练法吧，我听你安排！"韩其昌坚定地说。

"好好！您先坐下，咱们慢慢商量！"吉星文扶着韩其昌回到了座位上。

"你也坐！喝茶呀！"韩其昌坐下之后，情绪也缓和了些。

韩其昌和吉星文又相对坐下，端起了茶杯。

"韩先生，咱们得先商量个计划，到底怎么个练法才能尽快让弟兄们学会，然后就开始准备。"吉星文说。

"对，是得先把怎么练商量好了，这事才能办得顺利。"韩其昌说。

"怎么练，得听您的！您教了那么多徒弟，经验多啊！"吉星文说道。

"你们团里现在有多少弟兄？"

"两千多吧。"

"都学刀法？"

"都学。"

"原来有练过武的吗？有会使大刀的吗？"

"有倒是有，可是不多，就有二三十个吧！"

"我看这样，你先把这些练过武的、有点功夫的、会使大刀的都集中起来，人数在三五十人吧，我亲自教这些人，把他们教会了以后，让这些人再下连队，教弟兄们，这样就快了。我把这些人教会了以后，也能到各个连队去看看。你看这样行吗？"韩其昌说道。

"行，就按您说的办！韩先生，您对军队的情况还很熟悉啊！"

"是啊！我也当过兵啊！"

"您也当过兵？"

"对，民国九年我在保定当兵，在曹大帅的府里当武术教官。那年头当兵就是为了混饭吃，打仗也是中国人打中国人，那叫什么能耐呀，太没干头了！我当了两年兵，就不干了！要是换了现在，当兵打日本人，我肯定还在队伍里！"韩其昌说着，陷入了回忆之中。

"我说您怎么对军队那么熟悉呢！这就更好了，弟兄们学起来就更快了！这回我们还是请您当教官，给您的待遇和薪水也是按少校营级，每个月五十块大洋，吃住我们全包了，您看行吗？"吉星文说道。

"这都不必！吉团长，我不要钱！你们二十九军的弟兄们，为了打日本鬼

第22章 大刀队

子,死了多少人啊,哪一个是为了钱啊!我就是因为佩服你们这些好汉,才愿意教你们。只要弟兄们能把大刀练好了,能把日本兵打败,也算是我为打鬼子出了一份力!我就心满意足了!不用提钱,我分文不要,我要的是中国武术的威风!"韩其昌说着,又有些激动。

"好啊!韩先生,您真是英雄豪杰啊!佩服!那咱们就说定了,我回去就开始准备,挑人、选地方。您这儿还有武术社呢,也得准备一下。过几天,我亲自来接您,咱们去南苑。"

"好!我也准备准备!吉团长,你是一团之长,军务繁忙,就不必亲自来接我了!"

"不行,我必须得亲自来接您!像您这样的武林高手,能到我的团去教大刀,是我们全团弟兄们的荣幸,我亲自来接您,也更显得出我对练大刀的重视!说定了,您就在家等着吧,过几天我就来。我先告辞了!"吉星文站起来,又给韩其昌敬了一个军礼,转身走出了屋门。

吉星文的到来,让韩其昌的心里涌起了阵阵波澜。韩其昌是练武之人,他最佩服的就是不畏强暴、英勇抗争的搏击精神。三年前,当他听说二十九军的弟兄们用大刀杀得日本人尸横遍野的时候,他周身的血液为之沸腾!他从心里敬佩那些在战场上英勇杀敌、为国捐躯的勇士们,他恨不得立刻就提刀上阵,像师父李存义那样,挥刀痛杀洋鬼子!从那个时候起,他就一直想着,自己练武,应该为国家、为打日本鬼子出点力才对,那才是练武人的本分。现在,吉团长找上门来了,为国出力的时候到了!他周身的血液再次沸腾了。

韩其昌在院子里来回地踱着步,不知不觉地走到了兵器架的前面。他轻轻地拿起了兵器架上的大刀,翻动着手腕,注视着锋利的刀锋。猛然间,韩其昌一跃而起,舞起了手中的大刀。随着韩其昌脚步的纵横跳跃,他手中的大刀也上下翻飞,搅起了呼呼的风声。刀锋的寒光阵阵掠过,如风雨骤至、飞沙走石。此时的韩其昌,已经完全融入了刀光和风声之中。

北平南苑,二一九团的军营里,专门的大刀集训队成立了。

按照和韩其昌商量好的训练计划,吉星文从各连队抽出了近五十名士兵,让韩其昌直接训练。这五十人中,有些是练过武术的,职位最高的是个营长,叫金振中。吉星文将金振中委派为队长，负责组织这些士兵练刀。

几天的大刀基本动作训练之后，韩其昌开始了刀法的传授。韩其昌把步下花刀和对劈刀的精妙刀法巧妙结合起来，编成了一套既适合实战、又容易学会的刀法，一招一式地教给士兵们。他在讲解这些招式要领的同时，还着重强调，这些招式是在什么情况下、我方和敌方处于什么相对位置的时候使用。大刀集训队的官兵学得津津有味，就连团长吉星文一有空都来训练场和士兵们一起练大刀。

一个下午，吉星文正练着大刀，就见几辆吉普车驶进了训练场。前后几辆车上的士兵下车站好了位置以后，中间一辆车上的军官下车走了过来。

吉星文看清楚了，下车的军官是师长冯治安。吉星文放下大刀，整理了军装，跑步来到冯治安面前，立正敬礼："报告师长，我团集训队正在操练，请长官训示！"

"稍息！今天的训练科目是什么？"冯治安还礼后问道。

"今天是刀术训练！"吉星文答道。

"嗯，我听说你们团练大刀，还在北平城里请了一个武术高手，是谁呀？"冯治安又问。

"是韩其昌。"

"啊，是他呀！走，咱们看看他去！"冯治安边说边向前走。吉星文走在冯治安身边，后面跟着的是吉普车上先下来的卫兵。

韩其昌正在屋子外面自己演练大刀的动作，远远看见一群士兵簇拥着吉星文和另一个军官走来，就知道是来视察的大官。韩其昌放下大刀，看着这群人走近。

这群人走到了韩其昌面前，韩其昌看清楚了，和吉星文一起走来的军官，肩上佩戴的是少将军衔。

"这位就是韩其昌，这位是冯师长。"吉星文为他们做着介绍。

"韩先生，辛苦了！"冯治安先说道。

"长官客气，为国出力，应该的！"韩其昌说。

"韩先生，我久仰大侠英武，又闻练兵有方，佩服！不知大侠能否用你的刀法，和上了刺刀的步枪比试一番？"冯治安笑着说。

第22章 大刀队

"当然可以啊！听长官吩咐！"韩其昌也笑着回答。

"好！秦副官！"冯治安高声喊道。

"到！"一个身材魁梧的军官跑到了冯治安面前。

"拿上步枪，跟韩先生试试！"冯治安说。

"是！"秦副官答应着，从一个随从士兵的手中接过了步枪，退出了子弹。

秦副官是冯治安的警卫副官，自然是武艺不凡。

韩其昌回身捡起了大刀，和秦副官相对而立。

"请！"韩其昌说了句。

秦副官毫不客气，挺枪就是一记直刺。

韩其昌挥刀用刀背磕出了刺来的枪，急速转身，一个缠头裹脑式的裹进，就贴近了秦副官，一旦贴近对方，对方手中的枪就没有用武之地了，此时，韩其昌的大刀已抵在了秦副官的颈项。

"好！真不愧是武林高手！"冯治安一边拍手一边说。

"长官过奖啊！"韩其昌谦虚地说。

"要是把你的兵都练成这样，那咱还怕他小日本什么！"冯治安一边和吉星文说着，一边向训练场走去。

在不到三个月的时间里，韩其昌就走遍了二一九团的二十多个连队。每到一个连队，他都亲自示范刀法，并且亲自带领士兵们训练。二一九团大兴练刀之风，士兵们摩拳擦掌，韩其昌乐在其中，仿佛又回到了当年的军旅之中。

第 23 章 国术社里的特殊徒弟

民国二十七年（1938年）的夏天，北平异常炎热，暑气逼人。自从日本人进了北平，城里的街道就萧条多了。国民政府的达官要员们，能走的都走了，不能走的也都改换了门庭，不再张扬。他们或者隐居起来，或者深居简出，生怕日本人来找麻烦。

天气炎热，韩其昌和李健秋、刘志刚坐在院子里的凉棚下喝水聊天。提起这一年来的国事，从卢沟桥开战的时候起，一直到现在满街的日本兵，韩其昌也是长吁短叹，忧心忡忡。

兄弟三人正为国事担忧，就见门外进来一人，走进凉棚，问道："请问哪位是韩其昌老师？"

"我就是。"

"我是想在您的国术社里学艺，您看能不能收下我？"

"你是哪里人啊？现在做什么呢？"

"我叫陈振亚，浙江人，32岁。我原来上过军校，在国军干过，现在国军都散了，我也没事做，就想学练武。"

"那好吧，明天就来吧。"韩其昌说。

陈振亚第二天就到国术社学练武了，他很快和国术社的徒弟们熟识起来。

过了两个月，陈振亚头戴礼帽，身穿黑色绸布裤褂，鼻子上架着金丝边墨

第23章 国术社里的特殊徒弟

镜。肩上斜挎着盒子枪,大摇大摆地走进了国术社的大门。

"师兄,怎么这身打扮呀?现在您是在哪儿发财呀?"国术社的徒弟沈月松说。

"师弟,我现在在新民会混呢。"陈振亚说。

"就冲这身打扮,混得不错呀。"国术社的另一个徒弟方龙生说。

韩其昌听到院内嘈杂,就出来看。一看陈振亚这身打扮,韩其昌愣住了。

没等韩其昌说话,陈振亚忙说:"师父,我来了。"

韩其昌一脸严肃地说:"你怎么这身打扮?你现在在哪儿干呢?"

陈振亚忙说:"我现在在新民会给缪会长做事呢,我给他当侍卫长。"

"你说的缪会长,就是缪斌吧?他是个什么人,你知道吧?"

"我知道。现在人家都说他是汉奸。"

"那你还……"

"师父,我知道您想说什么。有好多话,我一直想跟您说,又不知道该怎么说。我不管别人怎么说,当着师父您的面,我就敢说,我是中国人,我不是汉奸!我现在是没办法,还有您所不知道的原因,我只能在缪斌手下混,但是我敢凭良心说,我没做过一件丧良心的事,我为中华民族做事,民族大义我懂。我从来没有帮着日本人欺负过中国人,更没干过对不起祖宗的事!"陈振亚说着。

"这我相信你!你是我徒弟,我知道你的为人,但我要看你的实际行动。"韩其昌把陈振亚让进屋里,坐了下来。

"师父,只要您相信我,别人说什么我都不怕!现在这局势您也看见了,从民国二十年日本人在奉天和中国开战的时候起,中国军队也没少跟人家打,结果怎么样啊?咱是真打不过人家呀!去年二十九军在卢沟桥跟日本人打了一仗,一开始还占了点小便宜,宋哲元话也说得挺大,可没过几天,人家日本人就调兵过来了,宋哲元一看打不过,就先跑到山西去了,把北平城的老百姓都扔下不管了!这都快一年了,他宋哲元怎么不说打回来呀?就知道说大话!要说二十九军,还真是没少跟日本人干,那战死的可太多了!副军长佟麟阁、师长赵登禹都战死了。卢沟桥那一仗,军人死了多少啊!您训练的那个大刀队,就没剩下几个弟兄!"陈振亚的声音开始哽咽了。

"你说什么？那些大刀队的都死了？那可是一千多人哪！"韩其昌盯着陈振亚问。

"可不是都死了吗！一千多人算什么！这七八年，光是死了的军人就得有个十万八万的，伤了的还不算！师父，这大刀队的功夫还真不错，可把日本鬼子吓坏了，卢沟桥打仗的时候，鬼子兵都戴上了铁围脖，怕大刀砍啊！可是师父，咱们大刀队功夫练得再好，日本人有飞机、大炮，咱们大刀队都死在人家的机枪前面了，您说，这实力差的是一星半点吗？这仗可怎么打！"陈振亚又开始激动起来。

过了半晌，韩其昌才说："大刀队的事，你怎么不早说？"

"我怕您听了难过，就没说。再说，跟您说了，您也救不了这些人啊！"陈振亚的声音低沉下来了。

"那，现在别的地方局势又怎么样呢？"韩其昌问。

"去年 8 月，国军在上海打了一仗，本来是想把河北、河南的日本兵吸引到东南的江浙一带去，这样日本人就不能很快地沿平汉路南下了，中国南方就不会很快被日本人占领。可是人家日本人从本土调来了兵，在杭州湾登陆了，不但占领了上海，还逆着长江而上，12 月就占了南京！南京一仗就死了好几十万人啊！他蒋委员长这些年也是天天唱高调，这么抗战，那么牺牲，说什么要死守南京 6 个月，结果呢？连 6 天都没守住！师父，我说的这些，您都能听明白吧？"陈振亚看着韩其昌说。

"我都听明白了！"

"师父，我是个军人，我刚才说的那些话，完全是出于军人的角度考虑，才说出来的。我要是一个普通老百姓，我这么说就肯定有人说我是汉奸！可是，师父，打仗凭的是什么？是实力！谁也不想当汉奸，可是这仗不是不想当汉奸就能打得胜的！也不是普通老百姓想象的，光不怕死就能打得胜的！打胜仗靠的是战略和战术！咱们都不怕死，可就算是都战死了，这仗还是打不胜啊！我的意思是，咱们现在实力不够，干不过人家，只能是把仇恨记在心里，只能是先忍着啊！不管怎么忍，总得先活着呀！只有活下来，才能有实力，才能等着机会，才能报仇啊！才能把日本人打出去呀！"

韩其昌又是半天没做声，他在屋里来回地踱着步。

第 23 章 国术社里的特殊徒弟

"振亚，你说得对！说得有道理！你比我知道得多，比我有眼光啊！"韩其昌过了半晌才说出了这句话。

"师父，您能明白我的心，我就什么都不怕了！"陈振亚兴奋地说。

陈振亚还是和平常一样，经常来国术社练拳，和师弟们一起聊天、说笑。他根本就不把满街的日本兵放在眼里，还常对师弟们说，这些日本兵早晚都得滚回家去。

国术社的徒弟们几乎都是整天待在国术社里。他们都知道，城里到处都是日本兵，稍不小心就会惹出事来，让日本兵抓走。

天刚亮，陈振亚就来到了国术社。一进门就看见师弟沈月松和方龙生在打扫院子。

"师兄！来了啊！"沈月松和方龙生与陈振亚打招呼。

"来了！师弟辛苦啊！"陈振亚答道。

"干这点活还叫辛苦啊！师兄每天那么早就来，那才叫辛苦呢！"方龙生一边扫地一边说。

"哎！我说师兄，你每天来得这么早，多麻烦呀！干脆就住这儿得了！咱们住一个屋，多好啊！"沈月松说道。

"那可不行！我晚上还有差事呢！"陈振亚很认真地说。

"什么差事啊？非得晚上做？"

"该不是去哪儿找姑娘玩去了吧！"

师弟们边说边笑，说得陈振亚不好意思了，他连忙板起脸说："找什么姑娘啊！我哪儿有那闲心啊！正经事还做不完呢！"

几个师兄弟说笑着就扫完了院子，开始练拳了。

几套拳练下来，太阳已经高高地挂在天空上了。炽热的阳光，很快就把国术社的院子烤得像蒸笼一般。

"不行不行！太热了！咱们歇会儿吧！"陈振亚招呼着师弟们。

"歇会儿！歇会儿！"师弟们纷纷拿起毛巾擦着汗。

"月松，强子怎么样了？"陈振亚问道。

"还在屋里躺着呢！都躺了好几天了，师父说是中了暑，得些日子才能好呢！"沈月松回答。

"走！咱们看看去！"陈振亚和师弟们走进了西屋。

屋里，韩其昌正在给强子把脉。

"师父！"陈振亚站在了韩其昌身边。

"怎么样了？见点儿好吗？"陈振亚轻声问道。

"不怎么见好。天太热，现在又不好抓药。"韩其昌叹了口气。

"强子，你现在感觉怎么样啊？"陈振亚拉着强子的手，轻声问道。

"师兄，我就是觉得喉咙烧得慌，又干又热。"强子的声音微弱，还时断时续。

"别着急！多歇几天就好了！"沈月松安慰道。

"龙生，师父给强子开的方子，缺那一味藿香，你找着了吗？"沈月松又问。

"没找着，我去了好几个药铺都没有，现在是战乱时期，药不好配呀。"方龙生说。

"强子，你现在想吃点什么？"陈振亚问。

"我现在什么也不想吃，我什么也吃不下。"强子的声音更加微弱了。

"那你也得吃点东西啊！你都病成这样了，再不吃点东西，得什么时候才能好啊！"陈振亚还是在劝强子。

"要是能弄几个西瓜给他吃，可就太好了。西瓜能解暑，吃点西瓜肯定能好得快。"韩其昌随口说道。

"师父，这些日子西瓜可不好弄了，日本人全给包了。往城里送西瓜的，到城门口就不让进了。西瓜必须得卖给日本人。"沈月松说道。

"有这么严重？这日本人总不能连一个西瓜都不让咱老百姓吃吧！"陈振亚愤愤地说。

"我去西便门看看去，说什么也得给师弟弄个西瓜啊！"陈振亚一边说着，一边往肩上搭了一件短褂，就走了出去。

"师兄！你可要小心啊！千万别惹事啊！"沈月松追在陈振亚的后面喊着。

"知道了！"陈振亚已经走出了大门。

快到中午的时候，陈振亚坐着人力车回来了，车上还装着十来个西瓜。

"龙生！月松！快帮我把车里的西瓜搬进来！"陈振亚一进门就喊着。

第23章 国术社里的特殊徒弟

师弟们听见陈振亚的喊声，都出来了，七手八脚地把车上的西瓜搬进了院里。

陈振亚给了车夫车钱，也进了院。

"师兄！还是你有本事啊！哪儿弄这么多的西瓜呀？"沈月松问道。

"西便门哪！你不是说那儿有吗！"陈振亚一边脱下短褂一边说。

"日本人没说不让买呀？"方龙生说。

"日本人说不让买我就不买啊？全听他们的还行？这是中国！日本人管得也太宽了！快点儿挑水去！把西瓜泡上几个，一会儿咱们就吃！"陈振亚拿了一把蒲扇，边扇着边说。

师弟们挑来了井水，又找来了几个水桶和木盆，泡上了西瓜。

刚过一会儿，师弟们就都等不及了，催着陈振亚赶快切瓜。陈振亚拗不过师弟们，只好开始切了。

"啊！这瓜不错呀！这半拉，先给师父和师娘送去。这几块给强子送去，告诉他，有的是瓜，让他使劲吃！"陈振亚吩咐着师弟们。

"现在该轮到咱们吃了！"陈振亚又拿起一个西瓜，放在桌上。他左手扶住西瓜，右手握紧了西瓜刀，刚要用力向下切，就听见一阵急促又杂乱的敲门声。

"谁敲门啊？这么大动静！"沈月松说着就要去开门。

沈月松还没走到门口，韩其昌就已经把门打开了。

进门的是警署的黄巡长，韩其昌认识他。还没等韩其昌问话，黄巡长身后的几个日本兵就冲进了院子，还有一个穿着便衣的、满脸大胡子的中国人。

"就是他！"大胡子指着陈振亚喊着。

"你们要干什么！"韩其昌大声喝问，徒弟们也都围了过来。

"干什么？抓人！"大胡子摆出了一副傲慢的样子。

"凭什么抓人？"徒弟们齐声问道。

"凭什么？你问问他！"大胡子指着陈振亚说。

陈振亚站了起来，手里还拿着准备切西瓜的刀，他冲着大胡子走了过去。

"是你带他们来的？日本人是你亲爸爸呀！"陈振亚说着，猛地飞起一脚，正踢到大胡子迎面骨。

"哎呀！"大胡子一声嚎叫，仰面倒地。

大胡子很快爬起来，掏出了盒子枪对准陈振亚。

"来呀！开枪啊！算你小子有种！老子玩枪的时候，你还不知道干什么呢！"陈振亚提着西瓜刀，逼近大胡子。

"你……你想造反！"大胡子边退边喊。

"哗啦！哗啦！"院子里的日本兵都拉开了枪栓。

又有几个日本兵从大门外冲了进来，机枪的枪口对准了韩其昌和徒弟们。

陈振亚看了看周围，手里的西瓜刀握得更紧了。

这时候，大胡子又恢复了刚才的神气，他冲着陈振亚叫喊着："看你这意思，你也是有点来头啊！要不你怎么敢打日本人？现在这阵势你也看见了吧？还是乖乖跟我们走，到了宪兵队，是骡子是马拉出来遛遛！你要是再敢动，这儿的人谁也别想活！"

陈振亚怒视着大胡子说："我一人做事一人当，跟这些人都没关系！我跟你们走！你们都把枪放下！"

"好！是条汉子！早就应该这样啊！我们放下枪，你也放下刀，咱们走，行吧？"大胡子盯着陈振亚说。陈振亚放下了刀。大胡子和日本兵押着陈振亚走出了院子，上了门口的汽车。

黄巡长没跟大胡子和日本兵一起走，还是站在院门口。

"怎么回事啊？黄巡长？"韩其昌问道。

"韩先生，您不是都看见了吗，您这徒弟今天这事可惹大了，他把日本人给打了！"黄巡长说。

"把日本人给打了？什么时候打的？在哪儿打的？"

"就是刚才打的，在西便门！因为买西瓜。您也知道，今年的西瓜日本人说都包了，今儿个他非要买，日本人不干，就打起来了！要说您这徒弟，功夫还真够厉害的，五六个日本人都让他给打趴下了，再也没人敢上了！"

"那日本人怎么找到这儿的？"韩其昌又问。

"这还用问哪，有人跟着来呀！就是刚才的那个大胡子，他是侦缉队的！您徒弟打日本人的时候，他就在旁边。他刚才一到警署，就把我找来，问了你们这儿的情况，然后就给日本宪兵队打的电话。日本宪兵来了一卡车，大胡子

第23章 国术社里的特殊徒弟

还逼着我给他们带路,我也不敢不来呀!"黄巡长一脸无奈地说。

"啊!是这样啊!"韩其昌紧锁着眉头。

"黄巡长,您看这事,日本人会怎么处理?"韩其昌又问。

"这我可说不好啊!现在是日本人说了算,他们可都是一帮畜生啊!在北平他们杀了不少人了!"黄巡长脸上露出了急切的表情。

"那,黄巡长,您看这事该怎么办才能救救我徒弟?"

"韩先生,您认识的人多,总能想点儿办法,就是得赶紧的!我只是个小警察,混饭吃的,能帮上您忙,您就吩咐一声!"

"唉。"韩其昌答应着。

韩其昌四处奔走,托人营救,当他走到宪兵司令部门口时,看见缪斌从里面出来。韩其昌心里明白:陈振亚没事了。

两天以后,陈振亚就回来了。陈振亚刚进国术社的大门,师兄弟们就围过来了。

"师兄,回来了!怎么回事啊!"

"没受什么苦吧?"

师兄弟们七嘴八舌地说着。

"你们不是都看见了吗?没什么大事,不就是和日本人打起来了吗!没事了!"陈振亚嘻嘻地笑着,一脸的轻松。

"还笑呢!那天来了那么多鬼子,我们可都替你捏把汗呐!"

"别瞎说了,我就知道大师兄什么事都没有!师兄,我还给你留着西瓜呢!"方龙生说。

"哈哈!就冲你给我留着西瓜,我也得回来吃啊!对了,强子怎么样了?"陈振亚说。

"好多了!多亏吃了那些西瓜!这两天就能全好了!"

"师父呢?"

"在屋里呢。师父这两天可急坏了,你快看看师父去吧!"

陈振亚赶紧进了师父的屋里。

"师父,我回来了。"陈振亚进屋就说。

"回来了就好,可把我急坏了!师兄弟们也都惦记你啊!"韩其昌高兴地说。

"我都看见他们了，都挺好的。师父，为了我的事，让您操心了！"

"回来了就好了！坐那儿吧！"

陈振亚坐下了，韩其昌也坐了下来。

"日本人把你抓走以后，带你去哪儿了？"

"日本宪兵队。他们也没怎么着我，待了半天，缪会长就到宪兵司令部说情去了，没过多久他们便把我放了。"

"该吃午饭了吧，今儿吃什么啊？我就不走了，跟你们一起吃。"陈振亚说。

"好，你可是好久没在这吃饭了，不过，最近咱们这可没什么好吃的，日本人限制粮食，咱们只能买点杂和面，这东西刮肠子，吃多了人受不了，你没看你的师兄弟们都面黄肌瘦的。"

陈振亚说："师父，您别着急，我想想办法。"

国术社在北平也受到了日本人的注意。日本驻军一个叫中村的少佐带着翻译官和几个日本武士来到了韩其昌的国术社，通过翻译官说道："韩先生，我久仰您的武功，特来拜师学艺。"中村说罢，深鞠一躬，等着韩其昌的答复。

韩其昌瞥了中村一眼，很快说道："我们梅花拳祖上传下来的规矩，是不能传艺给外国人的，我不能败坏了这规矩，不能教你！"

中村接着又说道："我并不是想学梅花拳的全部，只要您教我几招就可以了，我恳求您应允，这也算是为大东亚共荣做一点贡献吧，至于酬劳，您放心，除了您的日常吃用由我提供之外，另有大洋两千元，还有……"

不等中村说完，韩其昌很不耐烦地说："中村先生，您既是想学武，就该知道武林的规矩，练武的人是不能看中钱财的，您还是请回吧！"韩其昌说完就朝院子里喊了声："强子，送客！"然后头也不回地走进了屋里。

没过几天，陈振亚又雇了一辆人力车来了。

陈振亚一进门，又叫师弟们去搬东西。

"大师兄，这可是洋白面呀！这么好的东西，哪儿弄来的呀？"

第23章　国术社里的特殊徒弟

"哪儿弄来的？你说我还能从哪儿弄？这城里除了日本人有，还谁有这个？快！搬师父屋里去！"陈振亚对沈月松说。

沈月松和方龙生一人扛着一袋白面，进了韩其昌的屋子，陈振亚也跟了进去。没等韩其昌说话，陈振亚就说："师父，我弄了两袋白面，给您和师兄弟们吃。"

"你可真行！北平城里，也就你能弄来白面啊！"韩其昌说道。

"师父，他日本人吃白面，让咱们吃杂和面，还不让咱们吃饱，这也太不公平了啊！咱就不能自己想点儿办法，把他们的白面也拿点儿来吃？"

"嗯，好！今天让你师娘给你们擀面条，有些日子都没吃着白面了！"韩其昌也高兴地说。

"听见了吗？师弟，今天咱们也吃面条了！吃饱了咱就好好练功夫，练好了功夫，好跟日本人干哪！"陈振亚跟师弟们说道。

"对呀，练好了跟日本人干！"师弟们喊叫着，国术社的院子里一片沸腾。

吃完面条，韩其昌把沈月松和方龙生叫到了面前，指着桌子上的两个布口袋说："口袋里装的是白面，给你李健秋师叔和刘志刚师叔家里送去，让他们俩也尝尝。一定要小心呀，现在这白面可金贵呢！"

"您放心吧，师父！"两个徒弟拿着布袋走出了国术社。

第 24 章　爱好国术的隐居者

随着时间的推移，健族国术社成立已经五六年了。韩其昌和梅花拳在北平的武术界也声名远扬，为人称道。国术社门庭若市，车水马龙。国术社的访客中，不仅有武林高手，还有隐居之士。

北平的春天一向是来得早的。谷雨刚过，满城都飘起了纷纷扬扬的柳絮。

一辆黑色的吉姆牌轿车，停在了健族国术社的大门口。车上下来两个穿着长衫的人，径直走进了国术社的堂屋。寒暄了几句之后，其中的一人拿出了一封信，恭恭敬敬地递给了韩其昌。

韩其昌将信展开：

健族国术社社长韩其昌先生台鉴：

久仰先生大名，倾慕之至。本当亲往拜谒，奈途短扰多，成行不便。故冒昧致函先生阁下，能否于闲暇之际屈尊来寒舍一叙？倘能一睹先生风采及梅花拳雄姿，子玉之幸也！

专候拜呈　尚祈回音

吴佩孚　顿首

民国二十七年四月廿日

韩其昌读完了信，便问："二位是……"

第24章 爱好国术的隐居者

"受吴大帅差遣,等您的回话。"二人恭敬地答道。

"大帅明天可有时间?"韩其昌又问。

"大帅说,依您的安排,随时恭候。"

"烦二位回禀大帅,明天上午我就去。"韩其昌看着二人说道。

"是,明天一早我们就来接您。告辞了。"二人边说边鞠躬退了出去。

二人走后,韩其昌把徒弟沈月松和方龙生叫来说:"明天跟我去见吴大帅"。

"吴大帅?吴大帅是谁?"沈月松和方龙生看着韩其昌问道。

韩其昌说:"吴大帅叫吴佩孚。我年轻当兵的时候见过他,他可是个了不起的人物啊,为官清正,不敛财,原来也带几十万兵呢。后来仗打败了,也没有躲进过外国租界,有民族气节啊!现在住在东四,不管日本人怎么说、给多少钱,他都不给日本人卖命。听说东北的张少帅在北京见过吴大帅一次,就让吴大帅给骂跑了,吴大帅骂他孬种,丢了东北!"

"这个吴大帅还真厉害呀!师父,那咱明天带什么去呀!"

"什么也不用带,跟我去就行了。"

第二天,坐在轿车里的韩其昌回忆着当年在保定见到吴佩孚的情景。

从健族国术社到东四的什锦花园,路途很近。轿车很快就驶进了什锦花园十一号的吴公馆。轿车在院里的一座二层小楼前面停了下来。韩其昌下了车,早有人在门口迎候,引韩其昌进了小楼一层的客厅。吴佩孚站在客厅的鱼缸前面,正悠闲地观赏着金鱼。听到韩其昌进来,忙转身相迎。

"韩先生,久仰久仰!"吴佩孚笑着迎了过来。

"大帅!"没等吴佩孚走近,韩其昌就挺身立正,给吴佩孚敬了一个军礼。

吴佩孚有些诧异地看着韩其昌。

"韩先生,您不是军人,怎么行起军礼来了?"

"大帅,我当过军人,还见过您呢!"韩其昌仍然保持着立正的姿势。

"哦,咱们见过面?什么时候啊?"吴佩孚问道。

"民国八年吧,在保定的曹大帅府。我那时候是值日官,那天中午您找曹大帅,我在门口站岗,您还给我敬了一个军礼呢!"韩其昌回答。

"嗯,我想起来了,想起来了,是有这么回事!哎呀,这都二十年了,快坐快坐！"吴佩孚高兴极了，拍着韩其昌的肩膀大声说道。

"大帅先请！"

吴佩孚先坐到了沙发上，韩其昌也坐下了。

"真是没想到啊，现在您都是武林高手了，我请您来还真是请对了啊，咱们算是有缘啊！"吴佩孚大笑着说。

"有缘有缘！大帅！您怎么想起来要看梅花拳呢？"韩其昌也十分兴奋。

"啊，我也是听人家说的。这两年我总听人家说有个健族国术社，里边教梅花拳，拳法很不一般，见过的人也不多，我早就想见识见识。本来应该亲自去您府上讨教的，可我现在，咳！出去太不方便了，只好是把您请来了，失敬失敬啊！"

"哪里哪里！大帅，我到您府上来不是更好吗？"

"您练梅花拳多少年了？"

"三十多年吧。我老家在河北深县，才来北平五六年。我看北平没有练梅花拳的，才办了个国术社，教徒弟们练拳。"

"噢，那您算是北平梅花拳的祖师爷了啊！"

"那可不敢当啊！大帅，我只是想能让梅花拳在北平流传下去。"

"好啊！今天就先在我这儿流传一回吧！"吴佩孚哈哈地笑了。

"现在就练一趟给您看看？"韩其昌说着就站起身来。

"好！韩先生，咱们到楼外面的空场上练！"

二层小楼的大门口外面，有一处草坪。

吴佩孚让侍从们搬来了椅子，在草坪边缘坐定。

韩其昌抱拳施礼，练开了梅花拳。韩其昌身形矫健，展示了梅花拳的大开大合，大闪大化。只见他忽进忽退，忽上忽下，时而踢腿出拳，时而腾挪跳跃，动作舒展，步伐轻快，猛如饿虎扑食，轻似飞燕展翅。

坐在椅子上的吴佩孚，目光紧随着韩其昌的身形移动着，身体也不由自主的向前倾斜，端着茶杯的手一直悬在胸前。他看得太入迷了，竟然忘了喝茶。

韩其昌一个摘星布斗收势，抱拳施礼道："献丑了！请大帅指教！"

"哈哈哈哈！太好了啊！看得我眼都花了！好功夫啊！"吴佩孚站了起来，

第24章　爱好国术的隐居者

走近了韩其昌说道。

"大帅过奖!"

"韩先生,您这拳法这么好,您能不能再练一样兵器让我开开眼?"吴佩孚意犹未尽地说。

"兵器我学过几样,不知大帅想看哪种?"韩其昌笑着问道。

"大刀学过吗?"

"学过。今天到大帅府上来,不方便带刀。"

"刀还不好说,我这儿怎么也还有几百个兵呢!副官,去卫队找把大刀来!"

"是!"副官走了出去。很快就拿着一把大刀回来了,把刀递给了韩其昌。

韩其昌又回到了草坪中间,练起了春秋大刀。顷刻间,草坪上就寒光闪闪,风声阵阵。韩其昌手中的大刀上下翻飞,左劈右砍,真如关羽再世,万马奔腾一般。

吴佩孚根本就没坐下,他站在草坪边看得喜不自禁,大声地叫好。

韩其昌收刀抱拳。吴佩孚从草坪边上跑到了中间,拉住了韩其昌。

"快歇会儿吧!副官,快给韩先生上茶!"吴佩孚拉着韩其昌走到草坪边坐下。

"韩先生,这大刀练得可太威风了!我都多少年没听过这风声了!我这心里真痛快呀!今天我是又开眼,又提精神呀!"吴佩孚兴奋地说。

"大帅,您这精神不错呀,和在保定的时候没有多大变化呀!"韩其昌喝了一口茶说。

"是吗?不行了!我都六十多了,老了!我不带兵也有十来年了。这几年我在北平,也就是种种花、养养鱼,有时候还画几张画,读点佛经。我总以为这是清静高雅,可是日子一长,又觉得太平淡了,像缺点什么似的,索然无味,打不起精神来,身体也日渐衰弱。我之所以请您来,看您练拳,也是想添点英武之气,提提精神!您今天的拳和刀,让我是如愿以偿啊!"吴佩孚也端起了茶杯。

"大帅要是喜欢看练拳,以后我就常来您府上,再带几个年轻的徒弟来,看看年轻人练武,心里会更有劲。"

"好啊!"

副官走了过来,说午饭已经准备好了。

"走吧,咱们吃饭去!"吴佩孚说。

"大帅,您真是太客气了!"韩其昌推辞道。

"哎!咱们也算是故人了!他乡遇故知,人生一喜事也!何不趁此良机,小酌几杯?"

"那好吧!大帅先请!"

二层小楼的客厅旁边,有一个小餐厅,布置简单,但很雅致。吴佩孚和韩其昌相对入座,桌上已经摆好了酒菜。

吴佩孚先举起了酒杯:"为了咱们重逢的缘分,来,干一杯!"

"大帅请!"

吴佩孚和韩其昌都一饮而尽。

"今天真是太高兴了,咱们该算久别重逢啊!"吴佩孚自己斟满了酒。

"是啊!二十年了,大帅还是和当年一样啊!"韩其昌也斟满了酒。

"不提当年了,好汉不提当年勇啊!更何况我是个败军之将,这败军之将就更不可言勇啊!可是啊,韩先生,我是打了败仗,好歹我没败在日本人手里啊!就算是我落到这步田地,我也没买过日本人的账啊!"举着酒杯的吴佩孚有些感慨。

"大帅,您的心思我明白。那些日本人不是也没敢把您怎么样嘛!"

"他们还敢怎么样我!他们今天这个来,明天那个来,都是来劝我去那个什么华北自治政府,让我当官,让我带兵,我才不去呢!日本人给的兵,我要是带了,我不也是汉奸吗!死了都得让人家骂!"

"对呀,大帅,我佩服您这骨气!这才是中国人呢!我敬您一杯!"韩其昌举起了酒杯。

"好!今天不但是他乡遇故知,还是酒后逢知己啊!来,干!"

吴佩孚和韩其昌又干了一杯。

"你知道段祺瑞吗?"吴佩孚问。

"没见过面,我认识他的侍卫长,此人是练谭腿的,比我小十几岁,是个回民,我听他说过段大帅。我还听说,袁大总统曾经送给段大帅一所宅院,这

第24章 爱好国术的隐居者

宅院是袁大总统跟一个富商打牌赢来的。段大帅住了几年之后,富商死了,富商的后人拿着房契找段大帅讨要房产,段大帅二话没说就把宅院还给人家了。我对段大帅的为人和为官很是敬重。"韩其昌说。

"是呀,人总得讲点道义,有点骨气呀!我要是手里有兵,说什么也不能让日本人这样啊!我非得拉上队伍,和日本人痛痛快快地干一场!我就不信咱打不过日本人,可惜呀!他们那几个手里有兵的,唉!"吴佩孚的语调突然低了下来,"你看有咱们这样懦弱的民族吗?从历史上来看,100万蒙古人就能征服1亿汉人;100万满族人又征服了1亿汉人;4 000英夷人就能征服咱们4亿中国人;13万日军就横扫了咱们5亿中国人。我看追其原因,就在于咱们的儒教上,这些个没用的儒生啊,就知道教大家忍让、顺从。其实,儒家的早期思想是重武的,孔子就曾讲'有文事者,必有武备',他们习武练剑,敢于对抗强敌。可宋以后所谓的儒家则轻武重文了,他们自身手无缚鸡之力,完全为统治者服务,教化百姓忍让顺从。可他们常用心于算计,表面倡导忍让,其实就是个伪君子。大家从历史的变迁就可以看出他们的理论是祸国殃民的!他们把百姓培养成绵羊,不就等着虎狼来食吗?所以我认为,武之精神乃国之基础,是人之脊梁!如没了此精神,国则是弱国,人则是懦夫!就像现在,有些中国人见了日本人就直不起腰来。"

"大帅,您不用着急,日本人在中国也长不了,您肯定还有东山再起的时候!"

"好啊!借您吉言!我要是真有东山再起的时候,就请您当武术总教官!咱把兵练得棒棒的,咱也打到日本去!"

"对!大帅,咱也打到日本去!"

"干!干!"

"干!"

吃过午饭,吴佩孚又和韩其昌在客厅里聊了一会儿,已经是下午了。

吴佩孚到书房拿来了一幅画,递给了韩其昌。

"韩先生,这是我去年画的一幅孤舟笠翁图,送给您做个纪念吧,也请您多指教啊!"

"谢谢大帅!"

韩其昌向吴佩孚辞行的时候，又给吴佩孚敬了一个军礼。

另一个拜访健族国术社的隐居者是梅兰芳。

梅兰芳早年居住在北平。民国二十年，日本人在东北开仗，梅兰芳迁居上海。民国二十六年，日本人占领上海，梅兰芳又避难到了香港。民国三十年，太平洋战争爆发，香港也没能逃脱日本人的占领，梅兰芳只得又返回上海。

梅兰芳是个有骨气的艺人。在香港，为了表达对日本侵略军的不满，梅兰芳蓄起了胡须，坚决不登台演出。尽管日本人冻结了他在银行的存款，他也不为所动，靠卖画维持生计。回到上海之后，梅兰芳依然是杜门谢客，息影舞台。

民国三十一年，梅兰芳到北平小住。由于他在北平的房产已经卖出，就住在六国饭店。梅兰芳通过朋友找到了健族国术社，找到了韩其昌，提出了想学剑法的请求。

韩其昌对梅兰芳的风骨早有耳闻，也钦佩之至。二人一见如故，相谈甚欢，韩其昌当即答应将"奇门十三剑"传授给梅兰芳。考虑到在北平不能久住，以及自己身体和年龄的情况，梅兰芳无法学习奇门十三剑的全部剑法，只能想学些能用于舞台演出的招式。韩其昌便将奇门十三剑在梅兰芳面前全部练了一遍，让梅兰芳挑选其中的几个招式。

梅兰芳十岁时也曾练过些剑术，再加上聪明和勤奋，一个月的时间就掌握了这些招式。此后，梅兰芳回到了上海，潜心研究所学的剑术。在后来梅兰芳的纪录片中，就能看见他手持宝剑练习奇门十三剑的身影。这是民国三十五年以后的事了。

第 25 章　动荡的北平

韩其昌是从陈振亚那里听说日本人将要投降的消息的。他的消息一向很灵通。他告诉韩其昌，据他们掌握的情报，日本人已经准备接受波茨坦公告了，这就意味着日本人就要投降了。当时，韩其昌还是半信半疑，但几天以后，韩其昌在家里听到了无线电收音机的广播，才相信日本人真的投降了。

日本人占了北平以后，规定凡是商铺、社会团体等公共聚集场所，都必须购买收音机，以便聆听政府的训示。韩其昌的健族国术社也只好花了二十块钱买了一台。韩其昌经常打开收音机，收听新闻和戏曲。

这天，收音机播出的是日本天皇宣读的投降诏书。北平的日本兵，无论是在兵营里，还是在大街上，全都面朝东方，跪在地上，听着天皇的诏书。很多日本兵以头抢地，号啕大哭。日本人真的投降了。北平开始热闹起来，街道上的人也越来越多。

又过了一个月，受降仪式在故宫武英殿前的广场上举行。北平城满街的老百姓都举着小旗，上面写着"欢迎国军"、"庆祝光复"。

国军接收了北平。陈振亚又开始忙碌起来了。他好几天才能抽空来国术社一次，来了也很少练拳，总是心事重重的样子。

又是一个秋天的早晨。陈振亚来到国术社，没有练拳，也没有和师兄弟们聊天，直接进了韩其昌的堂屋。

"师父，我有事跟您商量。"陈振亚进门就说。

"说吧！"韩其昌坐下，等着陈振亚说话。

"师父，我想把我那两个闺女送到张家口去。"陈振亚坐在了韩其昌的对面说。

"送张家口去？送那儿干什么？"韩其昌问道。

"送她俩到共产党的队伍里当兵去！"陈振亚的语气很坚定。

"这事你肯定是考虑很久了吧？把你的想法说说吧！"韩其昌的语气很平静。

"师父，日本人投降以后，这两年形势变化得真是太快了。最近共产党又在东北和安徽打了两个大胜仗，国军一百多万部队都完了。"

"这你跟我说过呀！"

"师父，去年把缪斌给枪毙了，说他是汉奸，毙了也就毙了。今年年初，北平的接收大员刘乃沂也给枪毙了。听说刘乃沂贪污了好多接收来的财产，是委员长下令枪毙的。政府官员都这么贪污腐败，不管国家的兴亡和老百姓的死活，只顾着自己捞钱，那这个政府还不得倒台呀！这天下，早晚就得是人家共产党的了！"

"那也是应该的呀！得人心者得天下嘛！国民党大势已去，你也该想想后路了！"

"是啊！我现在没什么办法。我是军人，得服从命令啊！那就听天由命吧！我最担心的就是我那两个女儿，一个才十八，另一个也不到二十，她们都正是风华正茂的年纪呀，我可不能连累她俩。要是能把她俩送到共产党的队伍里去当兵，我也就没有什么后顾之忧了，将来不管我是死是活，不管我能怎么样，她俩都能有个好去处啊！"

"嗯，有远见！那你自己怎么办？"

"师父，我想过好多回。我在军统是搞情报的，我不搞共产党的情报，我是搞日本人情报的。我跟缪斌混了几年，也是为了搞日本人的情报。所以我不担心把我当成汉奸。我没抓过一个共产党，更没杀过共产党。共产党就是真的来了，把我抓了，也不会把我怎么样，我没有血债呀！要是真让共产党抓了就好了！我最担心的就是两军对阵，我得服从命令上战场，那子弹可不长眼睛

第25章 动荡的北平

啊!我要是有个三长两短,两个女儿可就没人管了!这就是我想把她俩送到共产党部队里当兵的原因!"陈振亚的眼睛湿润了。

"你考虑得对!我能帮你什么忙吗?"

"师父,我想求您找人把我那两个女儿送出去!我现在身不由己,脱不开身啊!"陈振亚用期待的目光看着韩其昌。

"嗯,我明白!"韩其昌站了起来,他背着手,在屋子来回踱了几圈,思考了一会儿之后问道:"你准备什么时候送她们走?"

"越快越好!现在东北共产党林彪的部队已经在休整,可是这休整能随时变成进攻啊!如果林彪的部队入关,用不了几天就能把北平包围了,那时候,谁都出不去了,到时想走都走不了了!"

"那好,咱们现在就办!你明天一早就把两个孩子送我这儿来,我找好两个徒弟送她俩走。明天你也和我那两个徒弟见个面,跟他们交代好了把孩子送到哪里、交给谁,把事情安排妥当。你看行吧?"

"太好了!师父,那我这就回家,给她们收拾收拾!"

"行,我现在就把送孩子的人安排好!"

陈振亚匆匆走了。

韩其昌立即找来了徒弟赵永峰和李桂亭,让他俩准备好第二天去张家口。

第二天一早,陈振亚带着两个女儿来到了韩其昌的国术社,与赵永峰和李桂亭交代清楚之后,陈振亚把孩子交给了他们,又急匆匆地走了。

过了十来天,赵永峰和李桂亭回来了。他们告诉师父,两个姑娘都已经平安送到了张家口,交给了陈振亚指定的人。陈振亚心里的一块石头终于落了地。

严冬的一个雪夜,陈振亚心急如焚地来到了国术社,敲开了韩其昌的房门。没等韩其昌说话,陈振亚就急速地说:"师父,我要走了,上哪儿去还不知道,大概是往南撤退吧!我这是偷着跑出来和您道别的!队伍随时都可能开拔,我就不能和您多说了,您多保重!如果我还能回来,我再来拜见您。"陈振亚说完,含着眼泪,跪在地上恭恭敬敬地给韩其昌磕了三个头。

"你也保重!"韩其昌扶起陈振亚。

陈振亚抹了抹眼角的泪水,头也不回地消失在了茫茫的夜幕里。

望着陈振亚离去的背影,韩其昌也流下了眼泪,心里默默祝福着陈振亚。

第 26 章 献艺新中国

战争的形势果然如陈振亚所预料的那样,东北解放军林彪的部队仅仅休整了几天,就火速南下入关,百万大军迅速对北平城形成了包围态势。北平守将傅作义献城起义,解放军兵不血刃占领了北平。

半年多以后,新中国成立了。开国大典那天,北平城里万众欢腾,载歌载舞。韩其昌、凤儿和国术社的师徒们内心也充满了喜悦,他们和北平的老百姓一起,沐浴在温暖的阳光下,期盼着新国家、新社会带来的幸福生活。

第一个来到国术社的解放军干部是韩俊义。韩俊义从吉普车上跳下来,直接就跑到了韩其昌的屋子里。

"师兄!"韩俊义一把抱住了韩其昌。

"哎呀!是你呀!"韩其昌也抱住了韩俊义。

"师兄,咱们又见面了!"

"太好了啊!你现在是解放军呀?"韩其昌看着一身军装的韩俊义说。

"是啊,我还是共产党呢!"

"我早就知道你是共产党!你什么时候加入的?"韩其昌一边笑着,一边给韩俊义端过了茶。

"我是1929年经李廷元和张麟阁二位介绍入党的。李廷元与我是同乡,他是1927年在天津入党的。张麟阁是大流村人,当时他是共产党河北省委的军

第 26 章 献艺新中国

事干部,当时我的直接领导就是他。入党之后,我就在本村发展党员,秘密建立了农村党支部,我担任党支部书记。同时开展革命工作,成立了穷人会,向富人借粮,反抗苛捐杂税,还在庙会上散发传单,张贴标语,还参加了高州、博野、蠡县暴动等活动。随着我们影响的逐渐扩大,这也引起了溪村区警察局的注意,他们还不断地恐吓我们。

"1933 年,中共保南特委范克明叛变,深县、饶阳等地国民党县党部大肆缉捕共产党员,形势紧迫,我只好离开家到天津投奔李廷元。李廷元不仅是我的入党介绍人,而且是我儿童时代的好朋友,他比我年长一岁,当时他在天津一家名为'义顺和'的成衣铺当工人。李廷元及时把我的情况向天津党组织作了汇报,党组织根据我的情况,利用我有武术的特长,还有师兄你又在北平教武术的便利条件,派我到北平去做地下工作,也就是建立党的地下工作联络站。这样我就来北平找你了。"

"你就把健族国术社当联络站了?"韩其昌问道。

"是啊,国术社这个联络站级别还挺高呢,由北平市委直接领导。那次暴露是中共中央召开全国职工代表大会,华北代表李廷元来北平,与北平朝阳大学一位姓赵的代表联络,联络地点就定在国术研究社我的卧室,接头时我也在场,他们联络好以后就先后离去。不料有叛徒出卖,这才出了这么大的动静。要不是当年师兄相救,我能不能活到现在还真难说呀!"

"你现在可是国家的功臣呀!当了大官了吧?出门都坐汽车了!"

"我这算什么大官呀!"韩俊义说。

"你是民国二十几年从我这里走的,这一晃就是十几年啊!快说说,这些年你都在哪儿呀?都是怎么过来的?"韩其昌关切地问道。

"从你这儿走了以后,我就去了天津,还是搞情报,做地下工作。卢沟桥和日本人开仗以后,我回老家拉起了一个有百八十人的游击队,跟小鬼子打了几年。日本人投降后,我在山西搞了两年土改。这两年我是跟着中央机关进的北平,现在我就在北平落脚了,在公安部工作。这下好了,咱们又能常见面了!我今天来,是先向你报个到呀!"

"好啊!这回咱们就能常见面了!"韩其昌高兴地说。

"现在咱们那个县和你认识的,还有跟你学过艺的,都闹革命回来了,有的还当了大官，你还记得韩培义吗？你还去天津监狱看过他几回呢。"韩俊义说。

"当然记得，那是咱们村的，还和我练过拳呢，他出事我能不看他吗？第一次去看他，狱卒不让我进。后来，我找了一个嘴上镶着金牙的人，好像是典狱长吧，也是死活不让我进去。我看他有些面熟，就问他可曾练过形意，老师是否叫张占魁。大金牙问我怎么知道的，我说我在天津见过他，我师父是李存义，张占魁是我师叔，咱们可是一家子，一家人还不通融通融。大金牙听了这话以后便说没问题，以后监狱我随便进。果然，我再去天津看韩培义的时候就让我随便出入了，这都是十几年前的事了。韩培义现在干吗呢？"

"他现在是十八兵团政委。"韩俊义说。

"好家伙，这小子当大官了，也不来看看我。"韩其昌说。

"你别急，他把部队安置好，很快就来看你了。还有咱们县的侯玉田，你认识他，年轻时你俩还不错。他本姓田，为了搞地下工作，才改名叫侯玉田的。解放以前，他就是冀中区公安局局长了。新中国成立以后，当了咱们第一任的劳保部部长。"

韩其昌听着心里特别高兴，多年不见的兄弟，这次又能团聚了。

韩俊义的话音刚落，侯玉田就大步走了进来。一见韩俊义劈头就说："你小子在这儿呢！你进城安顿好了没有？"

"安顿好了，您怎么今天有空？还找到这儿来？"韩俊义说。

"还不是你跟我说的呀！你那天说在这儿当过教练，还告诉我怎么走。今天我正好找韩大哥有正经事，就找到这儿来了。没想到，你小子比我还先到了！哈哈！咱俩光顾着说话了，还没跟韩大哥说几句呢！"侯玉田一边说着，一边坐下了。

"来了就好啊！不来是不来，一来你们都来了！好啊！正好也该吃饭了，你们俩都在我这儿吃饭，咱们一边吃一边聊，多好啊！"韩其昌高兴极了。

"行啊，那我就不客气了，多少年没吃着嫂子做的饭了！正好，我还带来两瓶好酒，是我的战友送的，咱们好好喝几杯！"韩俊义也兴致十足。

"那我也就不客气了！"侯玉田说。

韩其昌让徒弟去买了点下酒菜，让凤儿做了饭。兄弟三人边吃边聊，交杯

第26章 献艺新中国

换盏，十分亲热。酒足饭饱之后，三人又坐在一起喝茶聊天。聊天的话题又转到了练拳上。

"说起练拳，韩大哥，我还真有件事得跟你商量呢。我跟主席打了个包票，给他推荐一个武术教官，教警卫一师、二师，主席同意了。我是因为这事特意来找你的。"侯玉田对韩其昌说。

"这都什么年月了？练兵还用得着武术吗？现在都用机枪、大炮了。"韩其昌不解地问。

"大哥，这个部队不是作战部队，是警卫部队。警卫部队不打仗，就是在国家机关，还有重要的部门站岗放哨，他们使用武器是有纪律约束的，不许随便用枪，一旦遇到危险分子，用武术技法制住就行。像党中央、毛主席的安全，也都是这些警卫部队保护的。让这些部队的兵学点武术，不是能更好地完成保卫任务嘛！"侯玉田说。

"啊，是这样啊？这可是件大事啊！这些警卫部队的兵，不仅得会放枪，能站岗，还应该会擒拿格斗，这才能干好警卫工作呀。这个地方我得去教！"韩其昌也认真地说。

"那太好了大哥，明天我就让他们到你家来接你。"侯玉田兴奋地说。

"你刚才说的部队，有多少人哪？"韩其昌问。

"中央警卫一师和二师全加起来得有万儿八千人吧！"侯玉田答道。

"那么多人哪。那必须得先成立一个能住下千把人的训练营地呀，就叫训练团吧！把训练团先成立了，地方找好了，就好把那些兵分成几批送到训练团学习了！"

"大哥说得对！还是你对练兵有经验啊。那好，我先跟他们说好，把训练团准备好了，再来找你。我想着，要是成立训练团，也只能是在香山那边。"

"好吧，你就先让那师长准备吧，准备好了我就去！"韩其昌显得很有信心。

"行！今天我出来这么长时间了，也该走了。咱们过两天再找个时间，把我那战友也找来，一起喝两杯！"侯玉田说着就要走。

"这就要走啊？咱们也没多聊聊！"韩俊义说。

"今天我还有好多事没办呢，有时间咱们再聊吧！"侯玉田说。

"那好，我也走了，师兄，改天再来拜访啊！"

过了半个多月，侯玉田派车把韩其昌送到了西郊香山的训练团驻地。警卫一师的师长特意从几十里地以外的南口赶到了香山，与韩其昌商量练兵的事。

通过和师长的几番交流，韩其昌将受训士兵的基本情况了解得比较清楚了。两个师，近八千人，士兵年纪都在二十岁左右，都没有任何武术功底，多数是从野战部队调来的，士兵们虽然具有战场厮杀经验，但是缺乏武术技能。

韩其昌和师长商量好，每期训练一千名左右的士兵，训练的主要科目是徒手擒拿和格斗。

师长带韩其昌参观了训练团的营地、操场以及周边设施，韩其昌很满意。他也是个练武之人，对韩其昌十分敬重。他问韩其昌："能不能在开始训练之前，先给战士们做一个武术表演，也好让战士们增加些对武术的了解。"

"没问题！我这就回去准备，多带几个徒弟来！"韩其昌爽快地答应了。

韩其昌回到武术社，立即着手自己编了一套训练教材。在教材里，除了武术的基本功之外，还集中了各种拳法中简单、实用且易于掌握的擒拿和格斗的套路与招式。教材很快就编好了，韩其昌带领众徒弟演练了一番，觉得比较满意。

为了去训练团表演，韩其昌也让徒弟们准备了各自的节目。韩其昌的儿子韩建中已经九岁了，他跟韩其昌练武也近两年了。韩其昌想让儿子有个登台表演的机会，所以嘱咐韩建中准备一个节目。

部队派了一辆大客车，把韩其昌师徒接到了训练团。武术表演是在操场上举行的，操场的最北端搭起了一个木制的擂台。虽然时值初春，春寒料峭，但台下的两千多名士兵仍抱着极大的热情观看着表演。

韩其昌首先出场。他将所编教材里的全部动作和招式都演练了一遍，还在每套招数之后作了讲解，以此作为给训练团第一期学员的见面礼。韩其昌出场之后，徒弟们依次出场，有拳术、器械，还有对打、格斗。

台上刀光剑影，台下掌声不断。

轮到韩建中出场了，他表演的是梅花双刀。韩建中步伐轻快，连续地劈砍、跳跃。他目光敏锐,动作连贯。由于台下人多,韩建中又是头一次见到这么大的阵势,不免有些紧张,一不留神便把下一个动作忘了。韩建中虽然岁数小,但反应却很快。他胡乱地抡了几刀,便收势下场了。

台下仍然是一片掌声。

韩建中走到台口,见到在台口主持演出的韩其昌,低头红着脸道:"爹,我今天没练好,把动作给忘了。"

韩其昌笑道:"好孩子,没死在台上就行,不错!"

侯玉田担心韩其昌劳累过度,因营养跟不上而病倒,就把中央配给他个人的奶、鸡蛋、肉等给韩其昌拿来,这令韩其昌内心十分感激。

按照韩其昌的训练计划,中央警卫师的战士分期分批地来到了香山的训练团,接受武术训练。警卫团这第一炮算是打响了,韩其昌的名声迅速地传开了。公安部也想在全国推广训练公安民警的计划,也派人邀请韩其昌编纂全国公安干警的训练教材,韩其昌欣然同意。

没过多久,韩其昌便感到人单力孤,这两头的担子都很重,生怕自己有所闪失,辜负了领导的期望。

情急之下,韩其昌想到了河北武强县和自己一起练拳的师兄弟们,便迅速地写信求援。没过多久,一位身材不高、又黑又瘦、农民打扮的人找到了韩其昌,说:"我是武强县王家庄的,我叫王道龙,看到你的信,我便赶来了,师兄这次叫我来北京,想让我做什么,您尽管说。"

韩其昌一见来人,心里十分高兴,连夜跟他交流教公安民警的方案,并跟他讲:"咱梅花拳的架子就别教他们了,多给他们讲些手套、对练的技法。教案我已整理好了,你看一看,不懂的来问我。你这几天什么都别干,先备课,待你熟悉掌握了,我再向领导引荐你,以后警卫一师、二师就由你来带了。"

王道龙高兴地回答:"是,师兄,你就放心吧,我一定教好。"

1950年,抗美援朝战争爆发,北京各界人士纷纷解囊捐助。年轻人都怀着为国捐躯的壮志,报名当兵。演艺名流则举办义演捐款,最为著名的是常香玉捐了一架飞机,被传为美谈。

韩其昌在中山公园表演对剑。

武林界的各位朋友也按捺不住了，也学常香玉捐款购买飞机、大炮，并商议在中山公园为抗美援朝举行义演，为国出力。韩其昌带领众徒弟在百忙当中也多次参加义演，并多次捐出自己的积蓄，为国家分忧。武林界的这次行动充分地展现了武林志士的一片爱国情怀。

韩其昌每次义演，都带着徒弟王洪军和陈书祥。几次义演之后，韩其昌发现他俩精神有些萎靡，便问道："你们俩这几天怎么了？一点儿精神头都没有？"

"师父，我看人家都在给抗美援朝捐钱，我拿不出钱来，心里也不好受啊！"王洪军说。

"你还捐钱呢！自己都好几天没吃上饱饭了！"陈书祥对王洪军说。

"你不也是和我差不了多少吗？"王洪军也对陈书祥说。

听到两个徒弟的话，韩其昌明白了：他俩的生活确实是遇到难处了。

"别着急，我给你们想办法！"

韩其昌回到家就问凤儿："家里还有多少钱？"

凤儿说："我正想和你商量呢，政府通知了，截止到1951年年底，其他的货币就不让使了，国家要统一货币，你攒那几块大洋，我上银行问了，一块银元按一两银子计算，可换人民币三百元。现在咱家还有九百多块大洋，我正想过两天上银行换去呢！"

"别换了，都给我吧！正好把它花了！"韩其昌说。

"好吧，我也省得去换了！"凤儿边说着，边在箱子里找钱。

过了几天，韩其昌把王洪军和陈书祥叫到了家里，指着院子里的两辆三轮车说："你们俩一人一辆，蹬走吧！挣的钱够养家了吧？"

看着两辆崭新的三轮车，王洪军不知所措地说："师父，这是给我们买的？"

陈书祥说："师父，您给我们买了车，我们能养家糊口了，我们得按月给您份儿钱哪！"

"别说了！把拳练好了，就是份儿钱！快蹬走！"韩其昌不容两个徒弟说话，就挥起了手。王洪军和陈书祥含着眼泪，蹬走了三轮车。

安顿好了徒弟们的生活，韩其昌没有想到的是自己的生活却开始困难起来。

韩其昌的弟弟韩其晓从深县给他来了一封信，说父亲已经过世，让他赶快回家奔丧。韩其昌措手不及，只得向亲戚朋友们借钱回家。他匆匆忙忙赶到家里，迎接他的是他的弟弟。

看到父亲的灵柩，韩其昌悲伤的心情难以抑制。一阵大哭之后，他突然问弟弟："娘呢？"

"早就不在了。"韩其晓回答。

"什么时候走的？"

"十多年了，爹说你出门在外，不想让你伤心，就一直不让告诉你。"

韩其昌听了以后更加伤心，和弟弟一起把父亲的丧事办了，在父亲和母亲的坟前烧香叩拜。

办完丧事，韩其昌和弟弟整理着父亲的遗物。

"这是爹给你留的。"韩其晓指着一个关帝像和几张画说。

韩其昌捧起关帝像，这是一个做工精美的关帝像，他小的时候就见爹做过这样的塑像，塑像的骨架是用秫秸秆制成的，骨架的外面敷上了胶泥，然后再涂彩。在父亲的手下，关帝像栩栩如生。

那几张画，画的也是神仙，有文武关公，还有菩萨像。

"爹说这些是留给你的，你是练武之人，让你别忘忠义二字，这才给你塑的关公像。你又出门在外，有这些神仙，好保着你，爹临走前让我交给你。"韩其晓说。

看着父亲留给自己的关公像和神像画，韩其昌禁不住再一次泪如雨下。

第 27 章　燕北翁

随着韩其昌在北京的影响日益扩大,他也越来越忙碌。

上午,韩培义来看韩其昌,两人在家里吃了午饭。本来想下午一起去看侯玉田的,可是还没等他们走出家门,就来了一个身穿西装的人,说是北京大学马校长派来的,请韩其昌去北京大学开会,轿车就等在院外面。

"只能是改天再去老侯那儿了!"韩其昌遗憾地对韩培义说。

"你也是太忙了,不光是部队请你,连大学都请你啊!"韩培义笑道。

"没办法,都去了好几次了,怎么也得去呀!"韩其昌说。

"那好吧,你先忙着,过两天我再来!"韩培义告辞了。

韩其昌上了轿车,轿车直接开到了北京大学的行政办公楼下。等韩其昌从办公楼走出来的时候,已经是下午 4 点了。他一进家门,顾不上擦去脸上的汗水,就把带回来的聘书打开看。聘书的抬头印着北京大学的校徽,正文是漂亮的楷书:

兹聘请韩其昌同志为本校武术教员。

校长　马寅初

一九五二年八月十日

聘书的背景是金色的花纹图案,落款处还盖着北京大学的公章。

韩其昌拿着聘书，看了一遍又一遍。他叹了口气，轻轻地把聘书放到了桌子上。

凤儿走了过来，看着韩其昌犯愁的样子，轻声问道："看的是什么呀？翻过来掉过去地看了好几遍，看完又叹气？"

"是聘书，人家请我当老师。"韩其昌头也没抬，又叹了一口气。

"人家请你当老师是好事啊，怎么还发愁啊？"

"唉！请的人多了，就不好选择呀！我现在不是在公安部给他们编教材，还教课吗？今天北京大学又要请我当武术教师，你说，我该去哪儿干呢？"韩其昌望着凤儿说。

在韩其昌的遗物中发现的在北京大学证件上的照片，摄于20世纪50年代的北京。

"两家都去不行啊？你原来不是也在好几家教课吗？"凤儿问道。

"不行。原来都是给人家代课，上完课就没事了，很自由。这回公安部和北京大学都是聘请我当正式员工，和从前可不一样啊，只能选一家。"韩其昌很认真地说。

"依我看，你还是去教大学吧！"凤儿想了一会儿，说道。

"为什么？说说你的理由啊！"韩其昌总是愿意听凤儿的主意。

"我记得那年你办国术社的时候说过，要在北京传播梅花拳。你如果去大学，那里的学生多，你带的徒弟就多，再说那大学里的学生天南海北的都有，他们学会了又哪儿都去，那传播的就快、就广呀！再说大学里都是知识分子，有文化、有远识，才能把梅花拳传播、发扬。你以前在家里教的那些人没文化，就知道自己练，不会整理资料和系统地教人，所以传得就慢。你不是总说想把梅花拳传遍全中国吗？这些大学生肯定就是你最好的帮手啊！"凤儿一口气说出了自己的理由。

听了凤儿的话，韩其昌激动地一拍大腿，站了起来，说："你说得太对了！真是有道理呀！好，就听你的，我去北京大学！"韩其昌声调高起来了。

第 27 章　燕北翁

"就凭你的功夫,到了那儿一定能干好的。"凤儿说着,也站了起来。

"哎,等会儿!要是去,人家校长说了,大学有宿舍,在中关村 106 号,咱得搬那边住去。这些日子咱得收拾收拾啊,过几天就搬过去。"韩其昌说。

"搬家倒是好办,最多的东西就是你那些刀枪剑戟了,还是你自己收拾吧,这些可是你的宝贝,我还真怕给你弄坏了呢!可是搬了家,建中上学怎么办啊?"凤儿说。

"那还不好办!那边有的是学校,条件也都比这里强!对了,到了那边,还有个好处,就是医院也多,你就抓紧把你的病好好看看,大学里也有好大夫呢!"韩其昌说。

"孩子上学不耽误就好。我这病,这两年也没少上医院看,药也没少吃,就是没见怎么好,我看也就这样了。"提起看病,凤儿脸上显出了一丝忧郁。

"到了那边肯定能看好的!咱这几天就收拾,收拾好就搬家。现在正好是放暑假,9 月份就该开学了,咱就得住到那边了。"韩其昌看着凤儿,关爱地说道。

"行,这几天收拾!"凤儿说。

"建中怎么还没回来?"韩其昌问。

"这些天总是出去玩,过会儿就回来了。这孩子放假了,就是贪玩啊!你歇会儿吧,我做饭去!"凤儿边说边走了出去。

韩其昌正式成为北京大学的武术教师了。他主动关闭了健族国术社,一心一意在北京大学担任武术教师。

北京大学和燕京大学是一年以前合并的,北京大学由北京的沙滩迁到了西郊的燕园,燕园原是燕京大学的校址。合并以后,两校的教师和学生也作了相应的调整,但出于习惯,学生们对原来燕京大学的校址和设施还是称为燕大,对北京大学迁来的人员和扩建的设施,则叫做北大。对扩建后两校混合后的部门,统称为燕北。

北京大学有着习武的传统,很多教师都有一定的武功,学校还设有武术队。武术课是北京大学低年级学生的选修课。新的学期开始后,学生们听说武术课是由一位很有名的老拳师讲授,就都踊跃报名,一时间,武术课炙手可热。

韩其昌给学生上的第一课是在操场上，内容是让学生们体验武术。学生们列队之后，身穿胸部印着"北京大学"字样运动装的韩其昌站在队前讲话。

"同学们！我叫韩其昌，这个学期的武术课就由我来上。今天是第一课，我想让大家先对武术有个感性认识，有个大概的了解。最重要的是要让大家明白，练过武术和没练过武术是有很大区别的！"韩其昌停顿了一下，接着说："我练过几年的武术，功夫也就一般。今天咱们体验武术，就从打我开始吧！"

学生们都瞪大了眼睛，看着韩其昌。

"我说的可是真的啊！我真的让你们打，而且我还不还手，连躲都不躲！想试试的，咱们马上就可以开始！我先说明白，千万别跟我客气啊！打我的时候，有多大劲就使多大劲，想怎么打就怎么打，别怕使劲大了把我这老头给打坏了啊！我不还手才是怕把你们给打坏了呢！现在你们有一百来个人吧，你们最好是分成几拨，一拨五六个人，也好施展啊！要是你们这百十号人一起上，不但是伸不上手，还容易把自己人给打伤了，对吧？"

学生们都笑了。

"来吧，解散，开始吧！"韩其昌很随便地说道。

学生们开始向韩其昌围拢。

"谁先来呀？我可等着呢！"

"韩老师，那我们可真打了啊！"

"来呀！"

两个身材健壮的小伙子一前一后，抡起了拳头，冲着韩其昌的前胸和后背一阵猛击。

韩其昌还是站在原地，纹丝未动。"再来，使劲呀！"

两人又是一阵猛击，累得气喘吁吁，打完后问韩其昌："您这身体是肉长的吗？我们的手打在您身上像打在铁上一样。"

"哎呀，不行不行！打不动啦！"两个小伙子一边揉着拳头一边说。

"打累了？换一拨人再来呀！别光用拳头，用脚踢也行啊！"

又上来几个小伙子，一阵拳打脚踢，韩其昌只是纹丝不动地站着。学生们不再进攻了，都在三三两两地议论着。

"这韩老师功夫真是不一般呐！"

第27章 燕北翁

"咱们要是拿上个刀枪，能打过韩老师吗？"

"你根本就靠近不了人家，还想打人家呢！现在人家不还手，你都打不动人家，要是拿上刀枪，还不是给人家预备的呀！"

"韩老师，您能让我们看看，您要是真打我们，会是什么样吗？"一个学生走近韩其昌，好奇地问道。

韩其昌没有说话，他看见操场不远的角落里有一棵碗口粗细的树，他就朝树那边走去。韩其昌走近那棵树，挥起了一掌，只听"咔嚓"一声，碗口粗的树就齐腰折断了。"啊！"学生们一片惊叫之后，都目瞪口呆。

韩其昌走了回来，大声地说："你们理解武术的功夫了吗？站好队！"学生们停止了议论，很快地站好了队。

韩其昌站到了队前，说道："刚才咱们是体验了一下，说明什么呢？说明练过武术和没练过武术，是不一样的！我之所以敢让你们打，也是我长期练武的结果。中国武术讲究内外兼练，只有内气充实了，才能应对来自外部的击打，这是中国武术的独到之处。你们刚才打我的时候为什么打不动呢？这是因为你们没练过武术！练武讲究的是以巧破千斤，而不是练蛮力。这练武必须得从基本功开始练！咱们下边的课程，就是武术的基本功，包括窝腰、踢腿等。没有这些基本功，要想练好武术，那是不可能的！好，现在咱们就先练窝腰！"

韩其昌开始指导学生们窝腰、压腿。

下课了，学生们还是围在韩其昌身边，问这问那。学生们对武术的热情，让韩其昌感到了极大的鼓舞，也使他信心倍增。

又是一节武术课。操场上，韩其昌在指导学生们练习出拳。站在学生队列外面的韩其昌，忽然听到了背后的方向有响动，他立刻警觉了起来，他头都没回，凭着多年练武的感觉，就在那脚接触到自己屁股的一瞬间，韩其昌猛然绷紧身体，向后一顶。"咕咚"一声，进攻者被弹出了几步远，重重地摔在了地上。韩其昌却一动也没动。

学生们在惊呆了片刻之后，全都哈哈大笑起来。韩其昌回过头去，看到仰面朝天摔在地上的是个年青的男人，身上也穿着印有"北京大学"字样的运动装。

"没受伤吧？"韩其昌走过去，伸手要扶他起来。

在当年老北大红楼时的合影,左一为韩其昌。

没等韩其昌靠近,那男子猛地收腹,蹬腿,一个鲤鱼打挺,自己站了起来。"没有没有!韩老师,真不好意思,我是想领教一下您的功夫,现在我是相信了!您先忙吧,咱们有空再聊!"不等韩其昌说话,那男子就匆匆走了。

"韩老师,您认识他吗?"

"不认识。"

"他是马老师,教体操的。"

"啊,我说呢!功夫不错,侧踹劲道也不小,倒在地上自己还能那么快就起来,身体柔韧性很不错!"韩其昌说道。

"马老师总跟我们打听您呢!"

"哈哈,好啊,后生可畏啊!今天这是以武会友,我们以后会是朋友的!好了,咱们接着练五花炮吧!"

学生们又开始练了起来。

韩其昌与这个体操教师马翼德还真成了朋友,此后他们经常在一起聊天,一起到郊外打猎,友情日深。

第27章 燕北翁

到北京大学当教师，韩其昌不仅站住了脚，而且还扎下了根。在任教期间，还接受了清华大学的邀请，在清华大学兼教武术。由于教学任务的繁重，韩其昌将自己的徒弟王志忠推荐给了清华大学，担任武术教师。王志忠后来就一直留在清华大学任教，直至退休。

不管是在原来的燕京大学校园，还是在新建的北京大学校园，人们经常能看到身穿中式裤褂的韩其昌，让学生们围在中间，和学生们有说有笑。学生们还经常到韩其昌家蹭饭吃，凤儿拿这些学生当自己的孩子，那边学生练拳，这边饭菜早已准备好了。韩其昌和学生们一起生活，一起练武，亲如一家。他的亲切、谦虚、和蔼和友善，总是给人以难忘的印象，令人肃然起敬。燕大和北大的师生们都亲切地叫他"燕北翁"。

第 28 章　永别凤儿

凤儿得的是心脏病。日军占领北平的时候，凤儿由于长期劳累，再加上缺乏营养，患上了心肌炎。由于当时医疗条件恶劣，凤儿的病久治不愈，转成了慢性心脏病。

韩其昌再一次带着凤儿就医。医生在做了全面检查以后，毫不犹豫地开出了住院单。从医生的表情上，韩其昌早已看出了病情的严重。凤儿不愿意住院，韩其昌百般劝说，凤儿才很不情愿地来到了住院病房。

办完了住院手续，韩其昌扶着凤儿躺在了病床上。病房里住了六个病人，凤儿的床位是三号，靠近门口。看着躺在病床上的凤儿，韩其昌心里阵阵难过。他强忍住眼中的泪水，怕让凤儿看见。凤儿过早地衰老了，虽然只有五十多岁，可她的头发已经变白很多了，暗灰色的脸上布满了皱纹，眼睛也显得黯然无神。

"不想住院，你非让我住。"凤儿紫色的嘴唇轻轻张开，发出了无力的声音。

"先住着吧，在这好好养养，病就好了。"韩其昌轻声地安慰道。凤儿不情愿地点了点头。

"你快回去吧，建中该放学了。"凤儿叮嘱道。

"行。你好好躺着，晚上饭我给你订的是面条，你多吃点啊！"

第28章　永别凤儿

凤儿又点了点头。

"那我走了啊！明天我给你送东西来。"韩其昌边说边走出了病房。

第二天，韩其昌带着凤儿的衣服和脸盆，还特意买了些草莓带给凤儿。

"吃吧，我都洗干净了，你爱吃这个。"韩其昌拿起一个草莓，递给凤儿。凤儿吃了一个草莓，韩其昌又递给她一个。

"不吃了，现在什么都吃不下去，你拿回去给建中吃吧！"凤儿说。

"他才不爱吃这个呢！过两天我把他带来。"韩其昌说。

"不用带他来，让他专心上学吧。我这一住院，得花多少钱啊！我也照顾不了家了，家里就全靠你了，你还得上班，还得给孩子做饭，够你忙的了，别让孩子来了，我这不是挺好吗？"

"不来就不来。你在这儿好好养着，多住些日子，病就好了。"

"我这病呀，要想好，恐怕没那么容易吧？医道你比我懂得多，你说呢？"凤儿似乎已经感觉到了自己病情的严重程度。

韩其昌没有说话，他低下了头，把一颗草莓塞到了嘴里。

"啊！真酸！"韩其昌说。

"要是我死了，你就再找一个，得把孩子拉扯大啊！那孩子还小，怎么也得有个人照顾。"凤儿苦着脸说。

"你怎么说这话呀？"韩其昌的声音很低，带着些埋怨的语气。

"我知道我得的是什么病，这个病房里都是这种病。昨天我就听他们说了，住这病房的能活着回去的可不多。我也就这命了，这人不信命不行啊！"凤儿叹了口气。

"别听他们瞎说！你的病没那么严重，会好的，好了咱就出院啊！"

"那当然好了！我巴不得现在就出院呢！我才来一天，就不想在这里住了，这里可憋得慌了，死气沉沉的，再说，我也惦记着家里和孩子。"

"你就安下心来吧！我和孩子不用你操心，你把自己的病养好了比什么都强！"韩其昌知道，在这个时候，除了说些安慰的话，自己什么都做不了。

"那个，还有那个，和我是一样的病，连吃的药都一样，她们都来了快半年了，也不见好。"凤儿指着靠窗户的两张病床说。

"哎呀，你就别瞎想了！这人和人能一样吗！听话啊，就好好在这养着，别多想,好吧?"韩其昌拉着凤儿的手说道。

"嗯!"凤儿点了点头了。

"这就对啦!"韩其昌笑了。

韩其昌的笑容很快就消失了。他看得出来,凤儿在点头答应的时候,泪水却在眼睛里打着转儿。

"暖壶里还有水吗?没有的话我去打!"韩其昌岔开了话题。

"有水,现在还不到打水时间呢,还得等会儿。我在这儿闷得慌,咱们上外边的花园里走走吧!"凤儿坐起来,就要下床。

"好吧!"韩其昌扶着凤儿下床,走到了花园。

韩其昌扶着凤儿,在花园里走了一圈又一圈。他看到凤儿累了,就扶她坐到了椅子上。在花园里,凤儿没再说话,韩其昌也没说话,他们彼此都十分清楚对方在想什么。

几天以后,韩其昌又去看凤儿,他一走进病房走廊就感觉到了异样的气氛。走廊里一片宁静。推开病房门,凤儿坐在病床上,她已经把自己的东西全都收拾好了。

"你可来了,我等你半天了,快去办出院手续吧,我是说什么也不在这里住了!"看见韩其昌进来,凤儿走过来着急地说。

"怎么了?病还没好呢,这么急着要出院?"韩其昌不解地问。

"昨天夜里,那个床的病人犯病,折腾了一夜也没抢救过来,死了。"凤儿指着靠窗户的病床,轻声说。

"今天上午,那个也死了。"凤儿又指着靠近里面墙角的病床说。

"这……"韩其昌不知说什么好。

"从昨天夜里到现在,这哭声就没停下来。哎呀!撕心裂肺的,听了真让我心里难受!我真受不了啊!这不,刚把那个抬出去,你进来的时候刚安静一会儿。我可真受不了这刺激了,我一天都不能在这儿住了,在这儿住着闹心!再说,我住这儿也是白浪费钱,我也想家啊!我要是还在这儿住着,那下一个抬出去的肯定就是我。我求求你了,带我回家吧,让我安静几天吧,我就是死,也想安安静静地死在家里!"凤儿抓着韩其昌的胳膊,乞求般地看着他。

"好,咱回家。"韩其昌无奈地说。

第28章 永别凤儿

回到了家的凤儿心情好些了。韩其昌又带着她四处求医问药,但是始终没有什么收效。

冬天的一个早晨,凤儿平静地离开了人世。

凤儿的离去,韩其昌虽然有思想准备,但还是感到这一切来得太突然。韩其昌难以接受这个现实,总觉得这不是真的。这难道真如凤儿所说的,是天命?凤儿走得太快、太早了,她还不到六十岁呀,就这么走了!韩其昌悲痛欲绝,任凭止不住的泪水在脸上流淌。他扶着墙,一步一步地向屋外走去。

韩其昌自己也不知道要走到哪里。他眼前熟悉的街道、房屋,好像随时都会出现凤儿的身影。他想起了凤儿出嫁时的明眸皓齿、一颦一笑;想起了和自己四十年的恩爱岁月、相守相依;想起了和凤儿一起经历的风风雨雨、艰难坎坷;还有在天桥卖艺时和自己共同经历的苦日子。往事历历在目,昔日的朝夕相处如今变成了阴阳两隔!韩其昌的心都碎了。他失去的不仅是一个好女人、一个好妻子,更是一个好知己、一个好伴侣,一个与他几十年相濡以沫、同甘共苦的贤内助。

天空飘起了小雪,韩其昌还是漫无目的地走着,任凭雪花飘落脸上,化成的水伴着泪水一起流淌。

夜深了,韩其昌久久地凝视着凤儿的遗像。拿起笔,写了一首《七律·悼亡妻》

> 两小无猜恰同龄,
> 灵犀互映心又明。
> 本为相扶共白发,
> 岂料红颜竟成冰!
> 昨日倩影依旧在,
> 今夕泪眼迷街亭。
> 愿化蝴蝶空中舞,
> 冥河再诉相思情!

韩其昌把写成的诗,轻轻放在凤儿的遗像前,他再也抑制不住内心的悲痛,号啕大哭,泪流如雨。

出殡的日子到了。韩其昌的同事来了，朋友们来了，徒弟们也来了。

"走吧。"韩其昌低沉的声音中带着呜咽。

十几个徒弟一起伸手抬棺材，那棺材却纹丝不动。人群里不知是谁说了一句："建中啊，你妈是不放心你啊！你才15岁，还太小啊！你在前边喊几声，你妈就放心了！"

韩建中跪倒在棺材前，边哭边喊着："妈，您放心去吧！妈，您放心去吧！"韩建中连喊了几遍，徒弟们这才抬起了棺材。

韩其昌紧跟在棺材的后面走着。他的心想着凤儿，念着凤儿，随着凤儿。

棺材上了灵车，一路朝深县院头村的韩家坟驶去。家里的人早已把墓穴挖好。

安葬了凤儿，韩其昌默默地伫立在坟前。"你好好歇着吧！在这儿等着我！"韩其昌流着眼泪，对凤儿诉说着。

第 29 章 言传身教

凤儿的离去，使韩其昌的精神受到了巨大的打击，他终因忧伤过度病倒了。韩其昌的徒弟们日夜守护在他身边，每天推着自行车送他去医院看病的是他的学生李铭清。

李铭清是广东人，1954年考入北京大学，因为上武术课而迷上了武术，从此练功不辍。李铭清大学二年级时进入了北京大学武术队，就想拜师学梅花桩，韩其昌当时并没有答应，只是对他讲解了梅花桩的入门规矩和遴选徒弟的标准，并鼓励他继续苦练。

在韩其昌的鼓励下，李铭清练武更加勤奋，他几乎把所有的课余时间都用于练武。从清晨到夜晚，其他同学都去看电影、跳舞了，李铭清却在操场练拳。勤奋加刻苦，使得李铭清的武艺进步极快。

韩其昌并没有因为患病而中断给学生上武术课。每次上课的时候，韩其昌给学生们讲解的同时，李铭清就在旁边做出示范动作。这样的授课方式持续了几个月。

1957年，韩其昌正式收下李铭清作为梅花桩的入门弟子，并将棋盘大枪、五虎神钩断门枪、连环套刀等几项绝技悉数传授给了李铭清。李铭清品行兼优，因此是韩其昌得意和器重的弟子之一。

李念周也是韩其昌的徒弟。花园里，韩其昌练完一趟剑术，把剑收回鞘里。

"师父，您跟我说说形意拳的劲道吧，今天您打我一下，让我感受感受形意拳的发力！"李念周说道。

"行，今天就让你感受感受！"韩其昌把剑挂在了树上。

"我开始练了啊，你就在那儿站好就行了。你可站稳了啊！注意看这形意拳的劲道。"韩其昌边说边练起了拳。

"哎！"李念周答应着，站到了一旁。

韩其昌拉开了架势，时而虎形，时而鹰形，腾飞跳跃，拳如疾风。看得李念周眼花缭乱，目不暇接。临近收势的时候，韩其昌一记鹰熊前扑，疾步靠近了站在一边的李念周，手掌轻轻拍在了李念周的左肩，李念周立刻翻滚着飞出了几步以外。韩其昌收势站稳，李念周也爬起来走到了韩其昌面前。

"怎么样啊？看明白这形意拳的劲道了吧？"韩其昌笑着问道。

"师父，看是没看明白，您这拳练得太快了。不过这劲道还真是体会到了。您肯定是只用了二分的劲，我却飞出去那么远，这形意拳还真是厉害呀！"李念周拍着身上的土说。

"这形意拳可不是那么好练的，得先有点基础，才能练出来。对了，你还记得我教过你的劈拳吗？"

"记得啊！那是两三年前您教我的。"

"练一遍我看看啊！"

李念周站稳起势，练了一遍。

"嗯，不错。这不是我教你的，你是跟谁学的呀？"韩其昌问。

"您都看出来了啊？是跟师哥刘朝江学的。"李念周老老实实地说。

"跟刘朝江学的？他早就不在北京了啊。"

"我回老家的时候去看过他，他让我练一遍劈拳，然后就教了我这些。"

"啊！好好，练得不错。把这劈拳再练练，我就教你钻拳，学完了钻拳，就教你崩拳，你看好吧？"

"太好了啊，师父。那我就赶快把劈拳再练练！师父，我听师哥说，有一次您也是在他的肋上打了一下，他转了三圈也没化出去，有这事吗？"

"哈哈，有啊。那天他也是想试试钻拳的劲道。"

第29章 言传身教

"这钻拳也这么厉害呀!"

"什么拳练好了,都厉害!只要你功夫花到了,就能练出来神功!"韩其昌一边说着,一边又练起了钻拳。

这时韩建中走了过来,叫道:"爸,我饿了,有吃的吗?"韩其昌看着儿子,脑海里浮现出凤儿的面容,有她在该多好啊,这些事都不用自己操心。凤儿把家里家外料理得井井有条,锅碗瓢盆擦拭得如同新买的一般。可现在,一片狼藉,就连儿子也饥一顿饱一顿地疏于照顾,不禁感慨万千。韩其昌一把将儿子揽了过来,说道:"儿子,今天爸带你下馆子去!"

在同事和朋友们的反复劝说下,也考虑到儿子韩建中需要人照顾,1957年韩其昌又娶了高惠兰为妻。高惠兰出身于富贵家庭,人还算贤惠,过门没多久便和徒弟们打成一片了,有时她也随韩其昌去中山公园看徒弟们练拳。

中山公园是韩其昌传授梅花拳的一个固定场所。他每个星期天都要去一次中山公园,利用授课之余的休息时间给梅花桩的弟子和学生们授课。很多想学梅花拳的人,每个星期天也都聚集在那里学习。韩其昌有教无类,孜孜不倦。

这天,韩其昌一进公园的大门,几个学生就迎了上来。

"韩老师,您来了!我们正等着您呢!"

"韩老师,里边有个卖艺的,说是练鹰爪功的,谁都打不过他,您去看看吧!"

"韩老师,您看看去吧!"学生们七嘴八舌地说着。

韩其昌跟着学生们走到了公园里面。在五色土的南边,果然有一个卖艺的,在场子里面连说带比划,场子外面也有几个观众。

"我练的这功夫叫鹰爪功!这功夫是当今天下第一神功,只要练成了我这功夫,其他不管练什么武功的,到了我这里,就都得像兔子见了老鹰一样,束手就擒!"卖艺的壮汉一边说着,一边将双手弯成了鹰爪的形状,前后左右地走动着。

"各位!我的功夫绝对是真的,哪位不信,可以上来试试!不过我可先说明白了啊!我尽量少使劲,不使劲,要真是让这鹰爪功给伤着,可别怨我呀!我绝对不是有意要伤着人哪!各位,请多多捧场,多多捧场啊!哪位先上来呀?"壮汉得意地吆喝着。

"韩老师，他这话说得可够大的啊，他真有那么神的功夫吗？"

"韩老师，您上去试试，看看他到底有多大功夫，是不是吹牛？"

学生们你一言我一语，劝说韩其昌上场比试，韩其昌却是气定神闲地看着那壮汉。

壮汉也听到了学生们的话，走了过来。"哪位是老师呀？欢迎上来试试呀！放心，我肯定不会使劲的，不会伤着你的！"壮汉说着，来到了韩其昌的面前。

"请吧！"不等韩其昌说话，壮汉就把韩其昌让进了场子里面。韩其昌走进场子，也没再说话，只是轻轻地伸出了胳膊。壮汉舞动手臂，变换鹰爪，在韩其昌的胳膊上左右上下啄了几下。韩其昌既没出声，也没动地方，只是站在原地，看着那壮汉。壮汉转了几圈，猛地跳跃起来，此人虽然身形高大，但身法却是轻巧灵快无比，他连续出爪，猛击韩其昌的胳膊。韩其昌还是没动，就在那壮汉抓住韩其昌的胳膊、想要再次进攻的一瞬间，韩其昌用被壮汉双手抱住的那只胳膊向前一伸，便将壮汉摁倒在地。

"哈哈哈哈！什么鹰爪功啊！就这样啊！"

围观的人群发出阵阵倒彩声。

"没伤着吧？"韩其昌拉起壮汉。

"没事没事！"壮汉满面羞惭。

"你卖艺是为了混饭吃，可不能把话说得那么大啊！天下好把式处处皆是，你可不能觉得自己练过点什么就污损别人呐！连我这功夫不怎么样的都能摔倒你，你还说天下武士到了你这里都得像兔子见了鹰一样束手就擒，这哪儿像卖艺的呀！怎么混饭吃呀？"韩其昌声音不重，却让那壮汉听后心服口服。

"拿着吧！真对不住，今天我算是踢了你的场子了，这点钱算是我给你赔罪。我也卖过艺，知道你的苦处！"韩其昌拿出了身上所有的钱，塞给了壮汉。

学生们簇拥着韩其昌，走到了五色土的北面。学习班的学生们都到齐了，却怎么也安静不下来。他们都在议论着刚才的事，有的还在拆解着韩其昌摁倒那壮汉的动作。

"韩老师，您这功夫真好，一只胳膊就把那卖艺的给摁地下了！"

"韩老师，这梅花桩拳是不是最好的功夫啊？"

第29章 言传身教

"韩老师,您是用的什么招法?给我们讲讲吧!"

看到学生们的神情,韩其昌明白,现在就是让他们练,他们也不会专心。

"好!讲讲就讲讲!"韩其昌说道。

学生们围了过来。

"刚才的事,你们也都看见了,至于用的是什么招式,咱们过会儿再讲。我先给大家讲点儿练武的道理。"韩其昌看着周围的学生们,继续说道,"咱们现在练的是梅花桩,这只是中国武术中的一种。中国武术历史悠长,种类繁多,门派自然也就多,门派多技法也就丰富多彩,这是多好的事啊!武术里的各个门派、各种拳法,都有它的特长,都是中华民族的宝贝、精华,都应该继承,都应该学习。一个练武的人,说别人的拳法不好,只能说明自己无知,说明你不懂人家拳法的奥妙。天下把式是一家,要懂理知艺,要取人家的长处,这样才能进步。今天你们跟我学,我是梅花桩门的,以后你们还会遇到各门各派的拳师,不管你们跟谁学,都要尊重每一个拳师、前辈,不管你们练出了多好的功夫,都永远要谦虚,都要多向别人学习,这才是练武人的基本德行。"

学生们瞪大了眼睛,默默地记住了韩其昌的话。

"好了,都站好队形!咱们先讲讲刚才的招法,然后就接着上回的脚法继续练啊!"韩其昌大声说道。

学生们散开了,韩其昌继续教他们练拳。

日复一日,年复一年。韩其昌教徒授艺费尽了心血。他从不因徒弟们的尊卑贵贱而有所区别,只要是真心学艺、刻苦练武的学生,他都精心指点,言传身教。他对每个徒弟的人品、学识与武艺程度都有深入和全面的了解,还能准确地记住传授给每个徒弟的拳法招数。韩其昌精心培育弟子,广受尊敬和爱戴。

1961年,韩建中19岁了,这些年他随父亲练拳,功力日进。不过在当时的社会背景下,他不想成为一名拳师,他想参军,成为一名人人羡慕的军人。有一天他瞒着父亲,拿了父亲的图章和户口本,报名参军了。

第 30 章　文化大革命

1960 年，中国遭受了严重的自然灾害，天灾仍然不能避免人祸。几年之后，毛主席戴着红卫兵的臂章，在天安门城楼上振臂一呼："我支持你们！"文化大革命就如暴风骤雨般地席卷了全国。

1967 年，文化大革命已经持续了一年。广播里播送的是激昂的歌曲，街道两边挂满了大字报。公园的空地上搭起了公开批斗用的审判台。所有的大学都已经停课，开展革命大批判。

练武被说成是"资产阶级封建文化的流毒"，遭到了坚决彻底的批判。韩其昌常年传授武艺，无疑是"传播封资修毒草"，他的家被说成是"牛鬼蛇神大本营"。革命委员会勒令他停止一切活动，在家听候批判。韩其昌百思不解，只好闲居在家，听凭命运安排。

失去了练武空间的韩其昌，如同离林之鸟，失水之鱼。他整天抑郁寡欢，忧思惆怅。百无聊赖之际，韩其昌想到了读书。他开始研读毛主席的著作，并且深深地被毛主席著作中的军事理论所吸引。他将毛主席著作中的战略战术和武术巧妙地结合，也常引用毛主席的话。韩其昌怕别人说他练武是传播"封资修"，有人问及练武的事时，韩其昌就说："我这是用练武的形式宣传毛泽东思想！"

逆境之中，韩其昌寻找到了新的精神寄托，探索出了新的习武途径。这样

第30章 文化大革命

的平静仅仅延续了半年多,很快就被打破了。

在一次批判马寅初新人口论的会上,韩其昌为马寅初的观点说了几句好话,立即就被定为资产阶级保皇派,革命委员会勒令韩其昌反省。韩其昌受到了不公正待遇,搬出了中关村的北京大学宿舍,移居到健族国术社旁边的红庙附近,住在锁链胡同二号。

徒弟们帮韩其昌搬完家,就问韩其昌:"您被那些贼人所害,多冤哪!"

韩其昌笑了笑说:"这不算什么,在历史上我这算轻的了。当年的张自忠,曾经就有人骂他是汉奸,可他背着汉奸的骂名和日本人血战,最后战死疆场。而那些骂他汉奸的人,却有不少投靠了日本人,成了真正的汉奸。一个人不应该在乎别人说什么,而应该在乎自己做了什么,做什么事都要问心无愧,别人愿意说就让他说去吧!"

搬到了锁链胡同二号后,韩其昌琢磨着:现在的社会风气都在大破四旧,家里的古玩字画细软,也都是四旧,便对高蕙兰说:"咱家现在已经是牛鬼蛇神大本营了,我现在又成了这样,目标太大,随时会来抄家。咱们家这点细软,你全拿走,回娘家躲两天去吧!"

高蕙兰连夜整理了细软,第二天便坐火车去了娘家。家里只有韩其昌一个人了,这让韩其昌稍许感到了些许轻松。

祸不单行,更大的打击又接踵而至。

闷热的夏季,韩其昌在家里一边扇着扇子,一边比划着梅拳的招式。一阵急促的敲门声骤然响起,门外还有人在高喊着:"韩其昌!出来!"韩其昌连忙打开院门。门外站着二十来个红卫兵。

这些红卫兵都穿着草绿色的军装,戴着军帽,左臂上戴着红底黄字的红卫兵臂章。

"你就是韩其昌?"一个红卫兵高声喝问道。

"我是。各位是?"韩其昌平静地问。

"我们是执行革命委员会的指示,今天要彻底清算你的罪行!"

"我有什么罪?"

"你还装傻!你传播封资修文化,是资产阶级的忠实捍卫者!今天你必须老实交代你的全部罪行,接受革命群众的监督批判!"

红卫兵们冲进了屋里。韩其昌也跟着进了屋。

"你们要干什么？闯进我家？"韩其昌说话的声音依然很平静。

"干什么？你是资产阶级的捍卫者，你的家就是资本主义的大本营，就得彻底查抄！"几个红卫兵说着，就开始翻动起来。一个红卫兵一眼看到了摆在柜子上的奖杯，他拿起来看了看。

"赛孟贲啊！民国十八年！还有国民党的国徽呢！"一个红卫兵一边念着，一边问，"这是你的？"

"是我得的奖。"

"好啊！现在是共产党领导下的新中国，你在家里还藏着国民党反动派发给你的奖杯！你这是心怀不满，妄想变天是不是？"

韩其昌怒视着这些红卫兵，没有说话。

"这些刀枪，也是你的？"红卫兵又指着几个兵器架子问道。

"是我的，那是练武用的。"韩其昌答道。

"什么练武用的！你在家里留着这些刀枪，就是要武装复辟资本主义！""你必须老实交代你的罪行！""坦白从宽！抗拒从严！"红卫兵们喊叫着，围住了韩其昌。

屋外又跑进来一个红卫兵，进门就大声说："卫东！宋主任说把屋里的刀枪都装车！"

"知道了！"

屋里的几个红卫兵还在翻腾着，另外几个把兵器从架子上取下来，堆在地上准备往外拿。

"韩其昌，你还有几本拳谱没有交出来！"那个叫卫东的红卫兵又说。

"我没有啊！我不知道什么拳谱！"韩其昌冷冷地说。

"你还敢抵赖！实话告诉你，我们是掌握了充分的证据才来的！""交出来！""顽固到底，死路一条！"几个红卫兵喊叫着，另外几个就向屋外搬运兵器。

韩其昌拦住了他们："你们不能搬走啊，那是我练武用的，不许动！"

红卫兵们又开始大喊大叫："韩其昌，你抗拒革命委员会的指示，就是反对无产阶级文化大革命，就是现行反革命！""你是顽固不化的走资派！""把

第30章 文化大革命

他拉出去批斗!""敌人不投降,就叫他灭亡!"红卫兵们喊叫的声音一浪高过一浪,有几个还拿起了地上的兵器。

面对手持兵器的红卫兵,韩其昌十分镇定。他是个武术高手,又是个久经沙场的勇士,多少次面对刀锋,面对强敌,他都毫无惧色,勇往直前,更何况是面对这几个根本就没有任何武功的红卫兵呢!只要他稍一变化步伐,一出手,那几个红卫兵顷刻间就会满地爬!

但是韩其昌站在原地没有动,他只是紧盯着那几个拿着兵器的红卫兵。过了好一会儿,韩其昌才挥了挥手说:"你们不就是想要这些东西吗?拿去吧!"

红卫兵们如释重负,七手八脚地把兵器和奖杯以及所谓的四旧黑货搬到了屋外,足足装满了四车。

"横扫一切牛鬼蛇神!""誓死捍卫毛主席革命路线!""把无产阶级文化大革命进行到底!"红卫兵们高喊着口号,跟着四辆车走了。

入夜,一阵狂风过后,窗外电闪雷鸣,大雨如注。韩其昌辗转反侧,难以入睡。白天发生的一切都历历在目,令他悲愤交加,思绪翻滚。

韩其昌自幼习武,从不贪恋钱财,最爱的就是兵器。每当他看到一件好的兵器,即使价钱再贵,哪怕是倾家荡产也在所不惜。几十年下来,他所收集的兵器已经有几百件了。刀枪剑戟,件件都称得上是绝世珍品。在韩其昌手中,这些兵器都已经被他赋予了生命、赋予了情感,也赋予了希望、赋予了遐想。每当他看到这些兵器,就好像是看到了自己所学到的十八般武艺的归宿一般。他会和这些兵器说话、交流。他在观赏、把玩这些兵器的时候,就会久久地陶醉在自己挥动着这些兵器,于万马军中纵横驰骋、斩将搴旗、建功立业的想象之中。这些兵器是韩其昌多年的心血,也是他的精神寄托。

韩其昌有一件极其精美的兵器,叫做"二人夺",那是三十多年前他偶然遇到的。这个"二人夺"刀身造型优美,刀刃异常锋利,寒光逼人,刀柄上还镶嵌着玉石珠宝。韩其昌拿在手里试了试,无论是刀的长度还是重量,都极其适合他使用。几经讨价还价,韩其昌用两袋洋白面的代价,换得了这件爱不释手的兵器,为此他和全家人过了几个月半饥半饱的生活。此后,韩其昌一直就把它带在身边,视为珍宝。就在昨天的早晨,韩其昌还把它擦拭了一遍,抚摸着它优美的刀身,看着寒光闪闪的刀刃享受了一番。

"失之不会再复得了！"韩其昌自言自语地安慰着自己。窗外风雨如磐，雷鸣电闪。韩其昌悲愤交加，老泪纵横，彻夜不眠。

几天以后，韩其昌的三个徒弟李念周、陈书祥和王月和来了。

"师父，听说是那个姓宋的带人来抄的家？"王月和一进门就说。

"是他。"韩其昌木然地说。

"这个孙子，欺师灭祖！咱找他去，我打死他！"陈书祥说着就要走。

"算了吧，理他干什么！自有天报应！"韩其昌拦住了徒弟们。

"那，就这么算啦？"

"不算了还能怎么样？不就是几样兵器嘛！生不带来死不带去，为了这几样东西，再去惹祸，把你们都打成现行反革命可就不值了！"韩其昌淡淡地说道。

"师父，您那些兵器，随便找出一件都是宝贝啊！别的不说，砍铁锹就像切菜一样，现在上哪儿找这么好的东西去呀！"李念周惋惜地说。

"还有更好的呢！你们都没见过啊！"韩其昌轻声叹息道。"好了，不提那些兵器的事了！你们不怕受我连累，能来我家看我，我就知足了！"韩其昌又说。

师徒四人都不做声了。沉默了好一阵之后，韩其昌突然问："那些抄走了的兵器，都给弄哪儿去了？"

"您还问呢，当天就装上卡车，送到石景山钢厂炼铁去了！"陈书祥说着，流出了眼泪。

"师父，我看见那把雪花双刀和宝剑让那个姓宋的拿走了。您忘了，那回有一个徒弟拿了一把日本战刀来比划，那刀是蓝靛钢做的，寒光逼人，当时您不是叫我拿雪花双刀跟那日本刀对了一下吗？一对就听'啃'的一声，日本战刀就给弄了个大豁口，您那把双刀真是削铁如泥呀！有人说这是武松用过的刀，也不知是真是假。那小子早就知道那刀是宝贝！还有那把宝剑，那天您在中山公园带我们练完拳，背着宝剑看一个给毛主席敬献宝剑的展览，那个解说员看见您背着剑，非得让您把剑拿出来，跟献给主席的剑比试比试，您用宝剑轻轻一磕，那把献给主席的剑也是给磕了一个大口子，弄得解说员没法向上头交代，当时那小子也在场啊！这个孙子，早就惦记上了您的这些宝贝！"王月

第30章 文化大革命

和越说越生气，还要去找那姓宋的。

"算了吧，事儿都过去了，别再提这些了！"韩其昌声音虽然不大，可徒弟们听了却都不敢再说话了。师徒四人又都不做声了，都在默默地伤心。

师徒四人的沉默，很快就被高蕙兰的哭声打破了。高蕙兰进屋的时候，头发被剃成阴阳头，衣衫零乱，一进门便大哭不止。

在韩其昌的安慰下，高蕙兰诉说着：回到娘家没几天，她娘家也因为是资本家出身，被抄家了。从北京带去的细软也一并被抄走了。为了避免被当成资产阶级后代遭到批斗，她只好又回北京。在回来的路上，因为穿着时髦，还留有长发，被红卫兵在街上拦住，被批为资产阶级思想严重，当场被剃成了阴阳头。

安慰了高蕙兰一番后，韩其昌笑道："这回好了，咱们真是无产阶级了，家里可是什么都没有了，又回到了我刚来北平的时候了！"

文化大革命后期，韩其昌平反了，门外贴着"受人唆使错误查抄韩其昌家"的大字报。没过多久，军代表带韩其昌到查抄物品暂存的仓库认领自己的物品，去了半天的时间韩其昌却空手而归。高蕙兰问："怎么什么都没有领回来呀？"韩其昌说没看到自家的东西。此时，韩其昌心里还琢磨着跟随他多年的兵器哪里去了！

在仓库，军代表曾劝过韩其昌："既然你对练武用的器械这么念念不忘，这里的器械、值钱的物件多着呢，你随便挑几样吧！"可韩其昌却拒绝了，说："不是我的我不要。"

时间过去一年多了，直到1968年孙子韩超的出生，韩其昌的精神才得到了新的慰藉。

韩其昌看徒弟看拳时的照片。

第31章 祖孙情

1968年,73岁的韩其昌添得长孙韩超,自然是乐不可支。韩其昌将韩超视为心肝宝贝,疼爱有加,还给他起了名和字号,韩其昌高兴地说:"我希望他比别的孩子强,能超越别人,就叫韩超吧!我给这孩子算了命,这孩子五行缺水,字就叫沛沅吧,也好给这孩子补点水气。咱们梅花拳发源于昆仑山一带,这孩子的号,就叫玉昆吧,象征着昆仑山的一块美玉。"

韩超的父母都忙于工作,对孩子疏于照顾。这时的高蕙兰则回到了南京去照顾他妹妹的孩子去了,家里就剩下韩其昌一人闲着,照顾年幼孙子的重任便落到他的肩上。

韩其昌在锁链胡同2号的家,有一个不大的小院。他在院子里种了几根葡萄藤,还搭起了葡萄架。夏季,葡萄藤

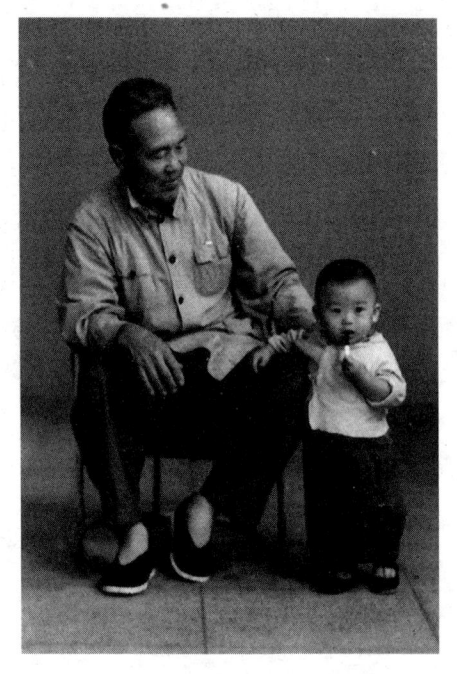

1969年韩其昌与笔者在北京东方红照相馆的合影,时年笔者1岁,口衔之物为韩其昌的烟袋,烟袋嘴是由上好翡翠制成。

第31章 祖孙情

缠绕攀援,在葡萄架下遮起了一片绿荫。为了防止徒弟们在练武的时候摔打受伤,韩其昌还特意在院子里垫上了厚厚的一层黄土。

韩其昌家的屋子不大,也就有二十多平方米,晚上或者是阴天下雨的时候,韩其昌就在屋子里一边照看着韩超,一边给徒弟们讲拳法。

韩超开始能在床上爬了。看着韩其昌和徒弟们在屋里比划着拳法,韩超瞪大了眼睛就往床头爬,眼看着就要掉到床下了,韩其昌眼疾手快,一个疾步冲过去,把韩超抱在了怀里,嘴里还说着:"乖呀,别闹啊!"

韩其昌一边照看孙子韩超一边与来客交谈。

韩超一岁的时候,韩其昌就喜欢让他趴在自己的腿上,用小勺刮着苹果泥,一口一口地慢慢喂他。韩其昌一边喂,还一边抚摸着韩超的头说着:"别闹啊!快吃吧,孩子,吃了好快点长啊!"

韩超六岁的时候,高蕙兰回到了北京,开始料理家里的生活。韩其昌琢磨着,孙子都六岁了,是时候教他练拳了。

韩其昌带着韩超到街上散步,一边走一边问:"小超,想跟爷爷练拳吗?"

"不练。"韩超撇着小嘴说。

"为什么呀?"

"天天看您带徒弟练拳,又苦又累的。"

"那是你不知道这其中的乐趣呀,会练拳的不苦!就说窝腰、抻筋吧,只要是方法掌握得好,不但不苦,还很舒服呢!今天爷爷就带着你练,让你感受一下,你看怎么样?"韩其昌拉着韩超的手说。

"那好吧,我就试试!"韩超答应道。

回到院子里,韩其昌就耐心地教给韩超如何下腰,如何抻筋。韩超就开始跟着爷爷一起练拳了。

正像爷爷说的那样，韩超刚开始练的那几天，确实感到了有些疼，但很快就适应了。又过了几天，韩超就感觉到，要是每天不练练下腰和抻筋，浑身就有发酸、不舒服的感觉，练完抻筋，就觉得特别舒服。从那时起，每天不用爷爷叫，韩超都会自己走到院子里练下腰和抻筋。

看到韩超自己在练，韩其昌非常高兴。他拿来了一盒点心，说："吃吧！孩子，今天我教你练五花炮拳，练练身体的协调性！"就这样，在韩其昌的带领下，韩超逐渐爱上了武术。

笔者与韩其昌在院中练完拳时的合影，时年笔者6岁。

七岁的韩超开始上小学了。韩其昌并没有要求韩超整天练拳。多数的时间，都留给了韩超自己写作业、玩耍。韩超每天中午回家吃饭，吃完饭躺在床上和爷爷一起休息，此时爷孙俩的共同爱好是听单田芳的评书。每逢单田芳说到激烈处，韩其昌就给韩超演绎书中的武打情节。

待到韩超下午放学回家，韩其昌就问韩超："今天书里说的不懂三脚猫儿、四门斗儿，不敢闯江湖，你知道这三脚猫儿、四门斗儿是什么功夫吗？"

韩超说："不懂。"

"想不想学呀？"

沉浸在评书传奇中的韩超当然羡慕书中的英雄好汉，便产生了想学的强烈愿望。于是爷孙两人就开始比划起三脚猫儿、四门斗儿来。当评书说到夜战八方藏刀式的时候，晚上韩其昌就把夜战八方藏刀式教给孙子。就这样，在韩其昌的谆谆教导下，韩超的武功也随之进步着。

星期日，韩超看到韩其昌在院子里摆弄着一个特别大的葫芦，韩超好奇地跑到了院子里。

第31章 祖孙情

"爷爷,您拿这么大的葫芦干什么呀?"韩超跑到韩其昌身边问。

"哈哈,玩啊!"韩其昌逗着韩超。

"我见过人家玩的葫芦,都特别小,能装在兜里。您这个这么大,都快赶上饭锅了,这可怎么玩呀?"

"这你就不懂了吧?玩法不一样啊!下午你就知道了!"韩其昌还是逗着韩超。

下午,韩其昌带着韩超走出了院门。韩其昌骑自行车,韩超抱着大葫芦坐在后车架上。玉渊潭公园绿树成荫,湖水清澈,湖里挤满了游泳、戏水的游客。韩其昌带着韩超来到了湖边,换上了游泳裤。他用一根绳子拴在了葫芦的腰部,还用绳系出了一个环,用作拉手。一手拎着葫芦,一手拉着韩超下了水。

这是韩超第一次下水游泳。下水走了几步,韩其昌就把葫芦交给了韩超。

"小超,看看你能把这葫芦摁到水里不?"韩其昌笑着说。

韩超接过葫芦,两手抱住就往水里摁,却怎么也摁不下去。那葫芦就像是逗着韩超玩似的,总是飘上来。

"呵呵,这回知道这葫芦是干什么用的了吧!这叫水上漂!你刚学游泳,就抱着它先在水里练蹬腿扑腾吧!记住啊,就在这儿练,别嫌这儿人多,不许往水深的地方去啊!"韩其昌叮嘱着。

韩其昌向远处走了几步,回过头来对韩超喊着:"这儿水就深了,你别上这边来呀!听见了吗?"

"听见了!"韩超答应着。

看到韩超抱着大葫芦开始在水里扑腾了,韩其昌双臂奋力划水,向湖中心游去。韩其昌的水性极好。他游一段,就停下来,踩着水,向岸边观望。看到韩超离得稍远了,就折回头向岸边游来。

暑假的每天下午,韩其昌都是带着韩超到玉渊潭游泳。暑假快要结束的时候,韩超就已经不再满足于在岸边浅水处扑腾了,他的技术足以达到向深水进发的程度了。韩其昌让他跟在自己的后面,拽着葫芦游向了湖心。

玉渊潭公园是韩其昌去得最多的地方,他在这里辅导学生们练拳。这里的学生武艺程度不一,习练的拳法也不尽相同。韩其昌每次辅导学生,都要先讲一遍拳理，然后一遍一遍地给学生做示范动作，同时还耐心细致地给学生们讲解每一个动作的要领。

韩其昌在玉渊潭公园练拳。

韩其昌在玉渊潭公园
指导李念周练拳。

"咱们练的这个拳，现在是刚开始，所以我就把这拳理多讲给大伙听听。这叫未学艺，先学理。理不明，艺不通；言不明，艺不精。我尽量把动作做慢点，把拳理多说点，这样大伙学得就快了！"韩其昌站在队前说着。

1976年的盛夏。睡梦中的韩其昌被一阵剧烈的摇晃惊醒，还没等他反应过来，就听见屋外的人在喊："地震了！地震了！"

韩其昌连忙穿上衣服，听到外面都是杂乱的脚步声、凄厉的尖叫声和墙倒屋塌的轰隆声。韩其昌跑到院子里时，韩建中正好也跑了出来。

"爹，地震了，快往外跑！"一家人跑到了胡同口。

胡同口聚集了黑压压的人群，韩其昌心神不定地在人群中搜寻着。人群骚动着，声音嘈杂，韩其昌一把拉过了韩建中："小超呢？"

"不是昨天去他姥姥家了吗！"

"啊！我都急糊涂了！"韩其昌抹了一把脸上的汗。

"香山那边怎么样啊？"韩其昌又问。

"还不知道。冲咱们这边的动静看，这回的地震小不了。咱们胡同的房子有倒的，还没听说砸死人的。刚才有个街坊说，东边光明楼一带的楼房都倒

第31章 祖孙情

了,死了不少人。"韩建中的声音既急促又不安。

"啊!这么厉害呀!"韩其昌担忧地摇着头、叹息着,在一边走来走去。

胡同口外的人越聚越多,人们都在议论地震的事。韩其昌在议论的人群中穿梭着,总是想打听到香山一带的消息。

天快亮了,余震还在继续,人们都在胡同口聚集着。韩其昌终于沉不住气了,他叫来了韩建中:"建中!我还是不放心小超。你赶紧骑车上香山他姥姥家去一趟,要是没大事就把小超接回来!"

"行,我这就去!那您呢?我也不放心哪!"

"我在街上你还有什么不放心的?我这不是什么事都没有嘛!快去快去,我等着你回来!"韩其昌催促着。

韩建中骑上自行车,箭似地奔向香山。韩建中刚走不一会儿,韩其昌就走到了马路的十字路口,不停地向西面张望。快到中午的时候,韩其昌终于看到了满头大汗的韩建中骑车回来了,自行车的后车架上带着韩超。韩其昌心里的这块石头总算是落了地。

从小学一年级到四年级,韩超先后学会了五花炮拳、金刚拳、四形拳和罗门八步。

这天,韩超放学回来,一蹦一跳地进了家门。看到爷爷在屋里,就跑到了爷爷面前。

"爷爷!您看,我的奖状!"韩超从书包里拿出了奖状。

"啊!好啊!"韩其昌高兴地接过奖状仔细看着。

"嗯,不错!西城区少年武术比赛第二名。"韩其昌一边念一边笑。

"爷爷,有奖励吗?"韩超调皮地问道。

"有啊!小超,你这是第几次得奖了?"

"第三次吧?去年也是第二名,前年是第三名。"

"名次并不重要,只要你能坚持练,就是好样的!我对武术的理解与他们不同。在他们看来,踢腿就得踢多高、多直。我就不这么看!孩子你记住了,腿一旦要是踢得过高,那就成了花拳绣腿了,筋一旦抻得过分,身体就会变软失去爆发力,这就超出了武术的范围!就拿踢腿来说吧,如果就是想用于表演，取悦于人，那当然是踢得越高越好，要是想用于武术，那就是越实用越好。孩子，你知道，你练武的目的是什么吗？"韩其昌看着韩超问道。

"不知道。"韩超摇着头说。

"第一，练武是为了健体强身；第二，是能用于防身；第三，是以武修道，让自己的思想上境界，千万不要练成武夫。练武的人身上有点功夫了，往往性格秉性就发生变化了，就有瞧人不顺眼、七个不服八个不忿等这种行为的发生。如此时不加以转换，将后患无穷。我认为练武如养虎，练不好，这只虎就会伤着自己。孩子你明白了吗？练武是要研究武术的拳理，最终做一个有德行的好人。你现在是练完了小拳，你要是把桩功练好了，就能有大的提高。"韩其昌用期待的目光看着韩超说。

第二天，韩其昌就开始教韩超练习梅花拳了。

1979年的春节刚过，韩其昌就迎来了喜事。十一届三中全会召开以后，各项政策开始逐步落实。韩其昌也在落实政策的范围内。有关部门派专人陪同韩其昌到国库认领当年被查抄的物品。韩其昌没有找到一件当年从家里抄走的东西，一件未拿就回来了。

依照国家政策，发给了韩其昌几千元的补偿金。韩其昌拿到钱后，给家里的每个人做了一身新衣服，还在家里举办了一个盛大的聚餐，将剩下的钱交给了高蕙兰，说："一定把这钱收好了，这是我的棺材本，等我死后打具棺材，给我送回老家去。"

三个月过后，国家体委副主任、分管武术工作的徐才，代表国家体委慰问北京老武术家，亲自来到了韩其昌的家里。

徐才一进韩其昌的家门，就拉住韩其昌的手，说："韩老啊！辛苦啦，我是代表国家体委来看望您老的，您老为国家的武术事业作出了巨大的贡献，我是来表示慰问的。"

韩其昌忙说："谢谢，请坐，请坐。"

徐才紧接着说："我本来也姓韩，闹革命的时候，为了安全起见，才改名叫徐才的。"

韩其昌说："好呀，咱们是一家子。"

"那么多年，您受委屈了，以后您可有用武之地了，您还要多发挥作用

第31章 祖孙情

啊!"徐才说。

徐才给韩其昌带来了慰问金,和韩其昌相谈甚欢,日后成为了好友。

徐才走后,韩超问爷爷:"国库里那么多好东西,您随便拿出一件、两件就值好多钱,您怎么一件不拿呢?"

韩其昌说:"孩子啊,不是咱家的咱们就不要。我之所以去,一是看看我从前的宝贝兵器还在不在,如果还在,拿回来好给你练武的时候用。二是我爹给我留下的那尊关公像和几张画,如果能找回来,就再好不过了,那是我的一个念想,我想我爹的时候就看看。至于查抄走的其他东西就无所谓了,我也不心疼。孩子,记住,要多长本事,日后凭着本事,咱们家什么都会有的。"

韩超默默地记下了爷爷的话,点了点头,又问:"您当时认识那么多的大官,他们为什么没有一个出面保您一下呢?"

韩其昌叹了口气说:"他们都自身难保呢,咱们别给人家添麻烦就行了。"

"孩子,现在正是练拳的好时候,快练拳去吧!"韩其昌摸着韩超的头接着说。

笔者在锁链胡同2号院里练拳时,韩其昌拄着拐杖坐在门洞里评说,此场景众徒弟至今记忆犹新。

半年以后,韩俊义来看望韩其昌。兄弟相见,又是一番感慨。

韩俊义说:"我也落实政策了,国家派我去安徽工作,过几天就走。我这是刚从老家回来,家里练拳的师兄弟都想你,问你好,我还特意从深县给您带了两个蜜桃来。"

韩其昌看着蜜桃,说:"这可是咱老家的新鲜物,自古就是给皇上的贡品。就那十亩地里长的,才叫蜜桃,这桃果肉细嫩,个大汁多,一个都一斤重。之所以叫蜜桃,是因为咬一口以后汁液不外流,甜似蜜啊,出了那十亩地的,就叫水蜜桃了,口感和甜度可就差远了。看你这两桃的个头、分量,一定是十亩地以里的吧?"

韩俊义笑着说:"那是当然啊!这十亩地里的蜜桃啊,是给中央特供的,挂完果就有数往上报,我这是央求深县的领导,根据我革命的老资格,特批了两个,我就给您带过来了。"

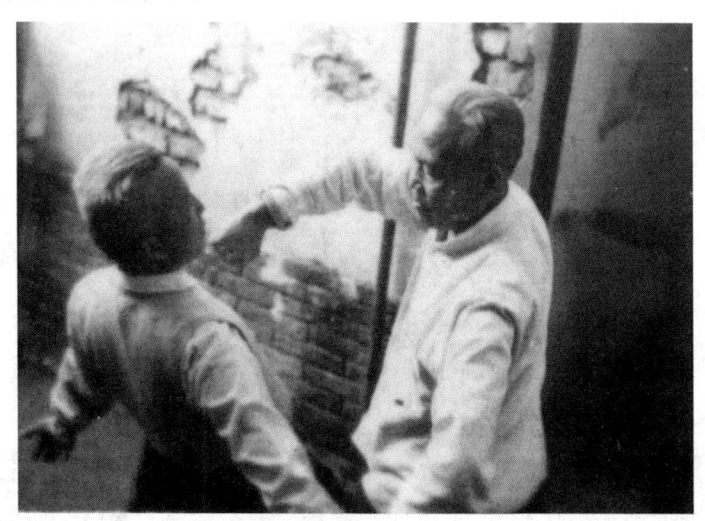

韩其昌用栽捶与韩俊义对打练习。

韩俊义走后,韩其昌对韩超说:"一个给你爹留着,另一个你吃了吧。"

韩超第一次吃到这么好吃的蜜桃,吃得狼吞虎咽的,不一会儿工夫,就只剩下桃核了。

韩其昌看着孙子吃完,吧唧吧唧嘴,笑着说:"这么快就都吃了,你倒给我留一口啊!"

每到星期天,韩其昌就带上韩超,到月坛公园去练拳。跟韩其昌学拳的人越来越多,韩其昌家的小院常常是热闹非凡,为了让更多的人能有机会学拳,

第31章　祖孙情

韩其昌就想出了到公园讲拳的办法，那里的场地宽阔，空气也很新鲜。当韩其昌讲解了一番以后，学生们就都各自在场地上练习，韩其昌则坐到了路边的椅子上看着学生们练习。这时，有几个年轻人嘻嘻哈哈地说笑着，来到了韩其昌面前。

"喂，老头，你有多高功夫？教教我呀！"一个小伙子很不客气地叫喊着。

这样的年轻人和这样不礼貌的言语，韩其昌不只一次遇到过了。韩其昌不愿意搭理这样的人，便头也不抬地说了句："我是老弱病残，可教不了你。"

小伙子自讨了个没趣，却不依不饶地接着说："人家都说你是武术名家，功夫可不一般，今天怎么也得教我两手，要不，我可不走啊！"

韩其昌听到这里，瞥了一眼那小伙子，慢悠悠地说："你都练过什么呀？看你这样子，倒像是有点力气。"

小伙子立刻扬起了头，撇着嘴大声说道："我是练摔跤的，两个膀子有三百来斤的力量，还拿过全国第一呢？"

"全国第一？"韩其昌坐在椅子上，说："你说你有三百来斤的力量，我就一百来斤，我伸出一个手指头来，你用三百斤的力气，看能不能撅动它？"

小伙子说："好啊！老头，这可是你说的啊！"小伙子伸出右手，攥住韩其昌的右手食指，就开始用力撅了。

韩其昌坐在椅子上，一动也没动，任凭小伙子撅。

"嘿！老头，你劲挺大呀！"小伙子再次抓住韩其昌的手，双手狠命一撅。韩其昌笑道："撅不动吧？你看我的！"

话音未落，只见韩其昌合拢右手，攥住小伙子的右手，向下一摁，只听得"哎哟"一声，小伙子跪在了地上，不能动弹。韩其昌说道："你懂这叫什么招吗？这叫对掌腕，是拿法的一种，你如果有机会呀，多找高人学，你就会了。"韩其昌说罢，松开了手。小伙子站起身来，不停地活动着自己的手腕。

小伙子吃了亏，便不敢再出狂言，改口说道："哎！老……老师傅，您还真有两下子！教教我行吗？"

"我哪儿教得了你呀！"韩其昌还是头也不抬地说道。

小伙子还是不肯罢休，他绕着韩其昌打转，嘴里不停地说着："是我错了，我是有眼不识泰山，得罪了您老人家，您别和我一般见识，教我两招吧，我拜您为师，您看行吗？"

小伙子非要拜师，韩其昌问道："你真的想学武术？"

"真的想学，您教教我吧！"

韩其昌站了起来，脸色陡然一变，说道："学练武，得先练武德！懂吗？照你这样，总想显摆自己，总想惹点事，别说我没什么本事，就是我真的有本事，我也不会教你！"

小伙子不再做声，可还是不肯离去。

"怎么？还不走呀？要不咱们再试试？"韩其昌说着，又伸出了手。

"别别！可别试了！您真是不愿意教我，我也没办法！"小伙子喃喃地说。

"那就先回去吧！回去先学好怎么做人、怎么说话、怎么行事，学好了再来找我！"韩其昌语气缓和了些。

小伙子悻悻地离开了。

秋天，公安部派人找到了韩其昌，跟他说："现在中央决定成立国际政治学院，主要的培养对象是中央领导的贴身警卫人员。要求每个学员都是文武双全，能开车，能驾驶飞机。公安部领导指示，让我找您老，请您老给推荐几个得力弟子，要求功夫高，既能打又能组织教学的人员。不光是您推荐，我们也在武林界走访、选拔。您推荐的人也要参加这次考核，考核不合格，我们不会录用的。您老理解吗？"

韩其昌听明了来意，笑着说："我理解！我老了，教不动了，我就推荐我儿子韩建中，我徒弟徐裕才、卢恭礼，我徒孙魏巍、安家臣，叫他们去吧。"

韩其昌在给爱子韩建中纠正梅花拳大式。

第31章 祖孙情

一个月后，儿子韩建中高兴地向父亲汇报说："咱们几个练梅花拳的表现优异，几经考核，最终在北京武林界的众多高手中，五个人全被选中了。爹，我们没给您丢人！"

韩其昌笑道："好孩子，到那儿好好教。编写教学大纲时，有不懂的来问我。多教他们些对打的要领和擒拿的手段。"

韩建中说："爹，您放心吧，我一定会教好的！"

转眼快过年了，韩其昌的徒弟们纷纷送来了点心匣子，一时间，韩其昌家的点心匣子堆满了屋子。韩超闲着没事，把好几个点心匣子都打开了，专挑自己爱吃的点心，一阵猛吃，那些不爱吃的，就咬一口放在一边。

韩其昌教儿子韩建中擒拿术。

韩其昌看了这些点心匣子，很不高兴地说："小超，这都是你干的吧？你怎么就不知道爱惜粮食啊？东西这么糟践可不行。点心匣子有的是，但是要吃完一个再打开一个，哪能这么浪费呀！都打开了，还怎么给别人吃呀？今天你有的吃有的喝了，还有人吃不着呢。有的徒弟家里困难，爷爷还得拿几个送人哪！

"孩子，一个人这辈子吃多少是有定数的，老天爷早就给你安排好了。如你不珍惜，过度浪费自己命中注定的份额，你会短命的。再者生命在于运动，如不运动，老想吃好的，也会短寿的。我给你讲一个故事啊。从前有一个财主，每天斤斤计较，甚至连自己的生活也算计。他舍不得吃，舍不得穿，用现在的话说十足一个守财奴。可他家有一个长工，平时帮他种地，自己家里又养了一大群鸡。这个财主经常看到这个长工没事就杀一只鸡吃，很是羡慕。他开始琢磨，我这一辈子省吃俭用，赞那么多钱干什么？难道我的命还不如长工吗？他都能隔几天吃一只鸡，我为什么不行？于是叫家里人也炖了一只老母鸡，他撕下一条鸡腿，狼吞虎咽地大嚼起来，嘴还不停地说真好吃。可他一不留神，被鸡腿上的刺卡住了咽喉，顿时喘不过气来，没一会工夫愣被活活憋死了。他到了阴间，见了阎王后很不服气地说，难道我的命就不如一个长工吗？他能隔三差五地吃鸡，我怎么吃一只就没命了呢？阎王看着他笑了笑，打开生死簿子叫他瞧。他一看傻眼了，自己的名下就一只鸡，而那个长工有几百只鸡。他不解地问阎王，为什么我才一只，可他就有那么多呢？阎王说，你家长工平时出力干活，多有行善积德的记录，所以他命长福厚；可你平时疏于运动，又斤斤计较，善于算计他人，所以你命短福簿，只有吃一只鸡的命。孩子，这辈子你要想吃好的，就得平时多积德、多练武才行，否则你也会变成一个短命鬼了！"韩其昌说完看了看韩超。

这是韩其昌第一次教训韩超，虽然话语不重，但韩超知道爷爷真的生气了，嘟起了小嘴跑到了院子里。

挨了说的韩超很不开心，自己在院子门口踢着石头子玩。他看见院子里爷爷的徒弟在练站桩，突然一时兴起，捡起一把石头子，一个一个地向徒弟们扔了过去。站桩的徒弟们看到是师父的孙子，也就没有说什么，继续练习着。

韩其昌看到这些，一气之下，提着一块小竹板，抓住韩超就是一顿揍。待徒弟们慌忙拉开时，韩超的胳膊上和屁股上已经布满了印痕。这是韩其昌第一次打韩超。

韩其昌在屋里自己生了一会儿气，还是来到了韩超身边，说："爷爷今天打你，该不该？"

韩超撅着嘴，看着爷爷说："我上次淘气，往邻居家一锅米饭里扔了一把沙子，您都没打我，这次为什么打我这么狠？"

"你也练过站桩，你也知道站桩的时候要凝神纳气，最烦别人打扰。徒弟们站桩，你在那儿调皮捣蛋，我能不揍你吗？"韩其昌说。"对了，你不提扔沙子的事还罢了，你为什么往人家锅里扔沙子？"韩其昌接着问。

"是因为他们欺负咱们家那只大白猫。"

"说说怎么回事，怎么还有猫的事？"

"爷爷，您不知道，咱家猫上他们家偷鱼去了。他们家新买的五斤带鱼，都让咱家猫一点一点地偷进咱家厨房去了，这猫特聪明，偷完了以后佯装不

第 31 章 祖孙情

知,还大摇大摆地在院里溜达,邻居要做鱼,发现鱼没了,就四处找,有人说,是不是猫叼走了?邻居说不会呀,这猫不是在这儿趴着吗?它要叼走了,还不守着那儿吃去?是奶奶买菜回家,看见厨房一堆带鱼,就问是谁的,邻居说是他们家的,这才把鱼还给人家。邻居知道是猫偷的,打了猫两笤帚,我一时气不过,心里想,鱼也还你们家了,还打它干吗,这才趁他们家不注意,往他们家锅里扔了一把沙子。"韩超愤愤地说。

韩其昌说:"你要知道粮食来之不易呀!我小时候饿急了,看见床缝里有一个剩馒头渣都捡起来吃,那味道现在回想起来还香呢。三年灾害期间,因为没粮食吃,饿死多少人哪!你做得不对啊,抽空找人家赔礼道歉去!"说完,韩其昌拿起一块萨其马,递给韩超说:"吃吧,孩子,打疼了没有?让爷爷看看!"

韩超一边吃着萨其马,一边说:"咱们家比邻居家穷多了,咱们家什么都没有,人家都买上九寸黑白电视了,听说红卫兵拿走咱家兵器,还有大洋、金元宝呢,那些东西要是还在,多好啊!咱们家也能买一台呀!"

韩其昌严肃地说道:"钱财是身外之物,要是学会了武艺,才是自己的,才能随你一生。有了武艺可以行走天下。财,可以用武艺来换。咱家实在揭不开锅了,我带你上天桥卖艺也能维持生计。想看电视,爷爷想办法给你买一台。"

韩超又问:"爷爷,您年轻的时候为什么练武啊?"

"我那个时代社会混乱,民不聊生,各地土匪横行。有钱有势的人雇用镖局和保镖保护财产和生命安全,穷苦百姓就只能自己组织起来,学一门实用的功夫来强身健体,保护自己的家园。当时,不会武术就要受人欺负,我就是那个时候跟着大伙一起练武的。"韩其昌说。

"现在咱们家的兵器都没了,我拿什么练哪?"韩超说。

"兵器没了,咱可以自己做,爷爷一会儿给你做把刀,教你春秋大刀如何?"韩其昌说。

"好呀!"韩超擦了擦脸上未干的泪珠,笑着说。

韩其昌拿了一个塑料瓶,一脚踩扁了,瓶口绑上一根木棍,做成了一个简易的大刀,开始教孙子练大刀了。

随着韩超年龄的增长,韩其昌对他拳艺的要求也逐步提高。韩超14岁时,韩其昌对他的要求已经到了极其严格的程度,不管是动作、姿态,还是力度、神情,都必须一丝不苟地加以完成，达不到要求立即重新开始，直至达到要求为止。

初冬的北京，大雾弥漫。韩超刚要出去练拳，韩其昌拦住了他。

"小超，别练了。今天这么大的雾，练拳会伤身的！"

"啊！大雾天练拳不好啊？那就不去了，我正好有些不明白的事，想问您呢！"

"好，你说吧！"韩其昌坐下了。

"爷爷，这些日子我是先练戳脚拳，再练形意拳，然后是练梅花桩。我练完一样接着练另一样的时候，总是适应不过来，浑身的肌肉酸疼，还使不上劲。是不是这几种拳的劲道不一样，还是我没练好呀？您看这是怎么回事呢？"韩超说出了困惑已久的问题。

听了韩超的话，韩其昌呵呵地笑了："好啊！你能问到这些，说明你还真是用心去练拳了。表面上看，这几种拳是不一样，可实际上是一样的。这戳脚、形意、梅花桩都是内家拳，内家拳重在内力，不在外力。你现在练拳的这些感受，说明你练拳还是重在姿势上。你在练每种拳的时候，都只在动作上用力，在姿势上较劲，用的是肌肉，变换拳种的时候，肌肉用力的方式不同，所以你就会感觉到疲惫和酸疼。以后再练拳的时候，你试着身体不用力，把肌肉放松，这样才能把身体里边的真力发出来，用真力练拳，就不会出现这些状况了。"

"爷爷，这个真力在哪儿啊？"韩超问。

"在丹田。你没听我跟徒弟们讲吗？精养灵根气养神，养功养道见天真，丹田养就长命宝，万两黄金不与人。当你丹田练出东西来，你身上的真力自然就有了。"韩其昌说。

"丹田还能练出东西来？"韩超不解地问。

"这当然了，不光是人，连动物也都知道练。我年轻的时候，要走好几十里地去找老师练拳，等练完了，天色已晚。有一天，皓月当空，我练拳晚了，凭着月光在田地里走着，忽然看见一只狐狸，两个前爪抬起耷拉着，坐立在地上，头朝上仰，嘴里有一个红火球，向上吐出又吸回，只见那红火球上下翻滚着。我当时觉得奇怪，想靠前看个究竟。狐狸发现有人，迅速把红火球吞到了肚里，掉头就跑了。第二天，我把此事向师父赵英廉说了，师父告诉我说他也

第31章 祖孙情

见过，说这是狐狸在炼丹呢，你如果造化大，在它吐出丹的刹那间，迅速抓住吞于腹中，你的道行就会大涨。不过，那狐狸可就惨了。"韩其昌说完，撩起了自己的上衣，露出了肚子。就见韩其昌一运功，肚子里果真有一个球状的东西上下翻滚。

韩超看呆了，问爷爷："这功该怎么练呢？"

韩其昌笑着说："你现在练的拳，都是用真气外发制敌，劲道是向外使的。等你再长大点，能收心了，性情能够静下来的时候，我再给你讲真气内收之法。你把它练会了，再结合咱们梅花桩的桩功，丹田自然就有东西了。孩子，练拳千万不要傻练，练拳是讲究技巧和方法的，这样才能把拳练出来。再一个，要多学习古人的经典，这对练拳是有帮助的，我师叔尹墨池曾给我讲过一个故事，我现讲给你听听？"

韩超忙说："太好了。"

韩其昌接着讲道："曾有一位武林前辈，功夫很深，声名远扬。一日，他家中盖房子，要上房梁，这时有一位好事之人与老前辈较劲，一个劲儿地用话刺激老前辈，让老前辈自己一个人把房梁抬上去。那巨大的房梁四五个普通人抬着都困难，何谈独自上梁了，老前辈功夫再好，毕竟只是一个人呢。老前辈被激得没办法，就应了下来，不过他有一个条件，叫那好事之人多叫一些人来看才行。不多时，消息传开，全村都轰动了，'呼啦'一下子，村里人就把小院围了个水泄不通，人声鼎沸。这时老前辈来了精神，甩掉上衣，稳步走到大房梁的旁边，此时周围的人立刻安静了下来，一个个瞪大了双眼，屏住了呼吸，全场的目光全都聚集在老前辈的身上。老前辈不慌不忙，弯下腰，用双手托住房梁，先是'哼'的一声，把房梁移动，然后就看他随着'哼'声一点一点地把房梁举起。全场的人凝神注目，随着老前辈的'哼'声及动作，提心用力，就好像自己在上举一般。在老前辈顺着梯子一点一点地上完房梁的一刹那，周围的人爆发出了一阵震耳欲聋的喝彩声，随即只听得扑通、扑通几声，好几个看热闹的人却口吐鲜血，摔倒在地，而老前辈则若无其事，如同没举过一样，这不禁让所有在场的人都竖起了大拇指，连声赞叹老前辈的功夫了得。孩子，这个故事听起来虽然觉得有些不可思议，但是它所表达出的这种现象，就是咱们内家拳所特有的天人合一的理论，即通过精神来借助自然的力量与他人的能量。你要是把拳练到这个份上，就算是大成了。"

"孩子，你知道这种拳理出自哪里吗？"韩其昌问道。

韩超不解地看着爷爷回答道："不知道。"

韩其昌起身从枕头下拿出一本旧书，纸张已经变黄变脆了，他小心翼翼地翻开一页，韩超看到此页还夹着一张小纸条。韩其昌看了一眼孙子说道："这是道家经典《阴符经》，我给你念念其中一段。"说完便读了起来："天以始万物，地以生万物，然既生之，则又杀之，是天地即万物之盗耳；世有万物，人即见景生情，恣情纵欲，耗散神气，幼而壮，壮而老，老而死，是万物即人之盗耳；人为万物之灵，万物虽能盗人之气，而人食万物精华，借万物之气生之长之，是人即万物之盗耳。大修行人，能夺万物之气为我用，又能因万物盗我之气而盗之，并因天地盗万物之气而盗之，三盗归于一盗，杀中有生，三盗皆得其宜矣。三盗既宜，人与天地合德，并行而不相悖，三才亦安矣。三才既安，道炁长存，万物不能屈，造化不能拘矣。然此盗之秘密，有一时之功，须要不先不后，不将不迎，不可太过，不可不及，坎来则离受之，彼到而我待之，阳复以阴接之，大要不失其时，不错其机，故曰：食其时，百骸理，动其机，万化安。食其时者，趁时而吞服先天之炁也；动其机者，随机而扭转生杀之柄也。食时则后天之气化，百骸皆理，可以全形；动机则先天之气复，万化俱安，可以延年。时也，机也，难言也。要知此时即天时，此机即天机，苟非深明造化，洞达阴阳者，焉能知之？

"孩子，《阴符经》揭示了人与自然之气相互之间的关系，并阐述了如何调养的道理，其实武术里的天人合一的思想是离不开《阴符经》的。武术从刚练拳时的'松'即不使蛮劲，到有所成时的功力雄厚，再到大成时的借化之劲，都蕴含着丰富的道家哲理。让我们设想一下，如果没有刚练时的松，那么人的功力是如何通过积精累气不断地增长呢？一个没有内功的武术家何谈借化之劲呢？所以，孩子，你知道了解经典的必要性了吧！"

韩超眼睛睁得大大的，看着爷爷。

韩其昌接着又说："其实，古人的思想逻辑是一个天、地、人立体的大文化圈，从不基于一点，因为古人的学识是从生活实践中来的，其中包括天文、地理、星象、政治、医学、音律、养生、武术、神学、占卜等多个学科。这些学科既是单独的,又是统一的,其中每个学科都有内在的联系,缺一不可,而且不管哪种学术,学到最后都会走向统一,即'天人合一'的思想。以后等你长大了,书读多了,这个你自然就明白了。我再给你讲个故事。有一个修佛的,修的痴迷了,他辞别了父母家人,四处寻找佛祖以求自己能有一个美好的未来,可他四处寻找总是不见。转眼一年过去了,身上的盘缠也快花光了,情急之下,看见路边有一个算命先生,便走上前去,施礼问到:'先生,您能告诉我,我在哪里能找到佛祖?'算命先生看了看他,便说:'你径直往家走,你若看见身披长衣、倒穿着鞋的人,那便是佛祖了。'年轻人听完此话很是兴奋,谢过算命先生后便往家走去,一边走一边留神身边那位身披长衣、倒穿着鞋的人,可是一个月过去了,他怎么也没找到这位穿着怪异的人。有一天,天很晚了,他终于看到了家的大门。他举手拍门喊道,'爹妈,开门,我回来了',他的母亲听到了儿子的声音,兴奋地披了一件外衣,倒穿着鞋就跑了出来给儿子开门。儿子看到此景当时顿悟,原来我的父母才是真佛啊!我要好好孝顺他们,才能有美好的将来。走,孩子,咱们出去练拳去。"

韩其昌说完,就站起身走向了屋外。

笔者与祖父韩其昌和父亲韩建中的合影。时年笔者 16 岁,摄影时笔者刚与父亲练完梅花拳对打,祖父在旁指导。

第 32 章　乡土亲情

韩其昌走到了屋外，拄着拐棍，站在门口四处张望着。有一个农民打扮的年轻人，一只手拎着一个篮子走到了韩其昌面前。

"向您打听点事，这是锁链胡同 2 号吗？"

"是啊。"韩其昌答道。

"那请问韩其昌是住在这儿吗？"

韩其昌看着来人，说："我就是啊，您是？"

来人一听站在面前的长者就是韩其昌，连忙施礼说："大伯，我是韩其晓的儿子，我叫韩铁成。"

"是铁成啊，你爹来信还提过你。我说我刚才怎么总是心神不宁，感觉总是有事，原来是你来啦。你怎么来的啊？"韩其昌说。

"我是赶大车来的，赶了三天两夜才到。"

"哎呀，受罪了，这么远的路。大

韩其昌在院里晒太阳时的照片。

第32章 乡土亲情

车呢?"

"这不是在胡同口停着吗?"铁成说。

"有人看着吗?"

"和我一起来还有一个人,他看着呢。"

"那就好,快进屋里坐。"韩其昌拉着韩铁成进了屋里,对韩超说:"这是老家的亲人,你管他叫叔。"

"叔。"韩超叫了一声。

"吃饭了吗?韩其昌问。

"还没吃呢。"铁成说。

"蕙兰,赶快做饭,下点面条,铁成来了还没吃饭呢。多下点啊,外头还有一个人呢。"

"哎。"高蕙兰答应着,捅了炉子开始做饭。

"大老远的,你干什么来了?"韩其昌问。

"我拉了一车梨,想到这里卖呢。"铁成一边说着,一边把篮子递到了韩其昌面前,说:"这是咱家自个儿养的鸡下的蛋,您尝尝。"

韩其昌说:"这么大老远带这么多干吗呀。给我一个尝尝我就知足了。"

铁成放下手里的鸡蛋篮子,对韩超说:"小超,跟我上车拿梨吃去,带上个家伙啊。"

韩超抱着一个筐跟着铁成,到胡同口的马车上装了一筐梨,抱回了家。

回到屋里,韩其昌说:"铁成你就跟着我睡吧,让小超再送个被子给外边那个,别让他受凉了。要不然也让他回家来睡得了。"

铁成说:"不行啊,那马要喂,车上东西没人看着可不行。"

"你打算在哪里卖梨啊?"韩其昌问。

"就在胡同口卖。"

第二天,铁成起了个大早,在胡同口支摊卖梨,他吆喝着:"尝尝啊,河北的梨,好吃又便宜。"

到了晚上,一车梨都卖光了,铁成一边数着钱一边算着账。算完账后,铁成拍拍脖子,胡噜着脑袋,苦着脸说:"大伯啊,这梨可是卖赔了。"

韩其昌一边笑一边说:"我就知道你挣不着钱,古人说的好,百里不贩鲜。深县离这儿三百多里，这一走好几天，连磕带碰损耗得多少，听说你卖梨还先尝后买，秤头也准，分量给得高高的，没骗人。不过虽说买卖是做赔了，但赚了个实诚人，也好！"接着又从内衣兜里拿出了二百块钱递给铁成说："我现在也没什么工作，全靠徒弟们周济，这二百块钱你先拿着，贴补一下家用。"

铁成忙说："不行啊，大伯，您也不容易啊！"

"行了，拿着吧。要不回去怎么交代啊。"韩其昌转身对高慧兰说，"蕙兰啊，把家里的衣服收拾收拾，不穿的衣服都给铁成拿走。"

"还有这两盒点心，是我今天上午去稻香村给你装的，你拿回去给家里人吃吧。"韩其昌指着桌上的两盒点心说。

"蕙兰啊，今晚炒几个菜，我和铁成喝两盅酒，聊聊家常。"

酒桌上，韩其昌问得最多的就是家乡亲人们的情况："你爷爷奶奶的坟可好？你婶子的坟你们照顾好了吗？"

铁成说："大伯，别提了，'文化大革命'这几年破四旧，坟头都给推平了，这不，最近这几年才重新又给堆上了。"

韩其昌"嗨"的叹息了一声："回家别忘了到坟前烧烧香，帮我祭奠祭奠。"

"大伯，您就放心吧，我一定办到。"

第二天，韩铁成辞别了韩其昌，赶着大车高兴地回家了。

韩铁成走后，韩其昌对韩超说："家乡的人苦啊，光靠种地活着，太艰难了。你要想出人头地，就非得长本事才行啊！你要是想吃武术这碗饭，必须得下苦功夫，要不别人不服你啊！你的形意拳要想打出劲道来，非得练大枪才行，从枪上找形意拳的劲，这才能打出个样来。明天我教徒弟们练六合大枪，你跟着一块练吧。"

韩其昌习练梅花桩短兵器文棒。

第32章 乡土亲情

"好。"韩超答应着。

一个风和日丽的星期天,韩其昌心情格外愉悦,看见孙子从屋里出来,就问:"你今天练拳了吗?"

"练完了。"韩超说。

韩其昌高兴地说:"好孩子,今天爷爷教你骑自行车如何?"

韩超兴奋地说:"好啊。"

"跟我走,推车咱去胡同里练去。"韩其昌说。

爷孙俩就在胡同里练开了。只见韩超坐在车座上,双手扶着把,歪歪扭扭地骑着,韩其昌手扶着后车架,掌握着平衡。

这景观引来路过之人羡慕的眼光,大家都喊着:"老爷子身体真棒,都这岁数了,还能跟着车后边跑呢!"

韩其昌笑笑道:"还小,还小!"

第二年,铁成又来了,一进门韩其昌就问:"上次的教训还不够啊,这次怎么又来了。"

"大伯啊,我是没办法,村里让我带头致富,他们选举我在村里当了个小头目,让我给大伙想想招。今年咱们村种的西瓜丰收了,我来这儿一是卖瓜,二是想借这机会看看您,我还给小超带了点炮仗来,都是我自己做的。大伯您放心,这回卖瓜都是事先联系好了的,我给人送去就行。"

"做炮仗的手艺是谁教的?"韩其昌问。

"是我爹教的。"铁成说。

"你爹从你爷爷那都学了什么手艺啊?"

"有做礼花、照相还有看病。"

"修表没学啊。"

"没学。"

韩其昌笑了,说:"我跟你爷爷学了修表,也学了看病,你看我们家的表坏了都是我修的,做礼花可危险啊,要注意安全,你知道配横药、竖药吗?"

铁成说:"知道,这要不懂,装反了,会炸着人的。"

"那好,你就放一个,让我看看你的手艺。"

铁成拿了一个炮打金灯的礼花,在院子里点燃了。只听"嗵"的一声,一股火球升到了半空,炸开后五彩缤纷,缓慢落下。

韩其昌很高兴地说:"手艺真不错。"

铁成说:"大伯啊,这回我给您带来的是咱们家乡的三白瓜。"

"还是以前的老样子吗?白籽、白皮、白瓤,这西瓜可好呀,还有消炎利尿的作用。"

"就是这种瓜,这回我给您多留几个。"铁成说。

"你爹现在还好吗?"韩其昌又问。

"还好,在新疆呢,前些日子他来信说快回来了,他还说回家之前上北京来看您。"

"那好,我等着他。"

"你这次来北京还在这里住不?"

"不了,我这回把瓜送到首钢就得连夜赶回去了,我联系了好几个地方,人家都等着要瓜呢,家里还等着卖瓜的钱分呢。"

铁成喝了几口水,放下了几个瓜就匆匆地走了。

五六年以后,韩其晓不想在新疆住了,打算回归故里,先到了北京看望哥哥韩其昌。兄弟相见,分外亲热,总有说不完的话。

"哥呀,这回咱俩是有些年都没见面了。"

"是啊,今年我都90了,你比我小11岁,也是快80了,咱们都老了!"韩其昌感叹着说。

"头两年我姐姐还在,现在也走了。"韩其晓也叹了口气。

"是啊,这人老了不都有那一天嘛。"韩其昌也感慨着。

"哥呀,咱们哥俩还算是命大呀,咱们那四个姊妹都没活到咱这么大岁数,这都是命!咱俩能有今天多不容易啊。咱俩是跟爹学了手艺,算是有点本事,出外谋生,才能这样,姊妹们光在家种地,连饭都吃不饱,哪儿还能长寿啊。"韩其晓也叹着气说。

"爹的那些手艺你都继承下来了,还真是不错,我就光顾着练武了。家里的父母也没怎么照顾,父母在世的这些年,兄弟你多受累了,我现在也没有什

第32章 乡土亲情

么值钱的东西了,只有这个烟嘴,虽不值几文钱,但也跟随了我几十年了,你拿去留个念想吧,也让我心里有所安慰。"韩其昌说着,就从烟袋上卸下了烟嘴,递给了韩其晓。

韩其晓把烟嘴攥在了手里,仔细看着说:"哥呀,这翠的成色不错呀,怎么也能值几千块钱。"

韩其昌说:"你拿去吧,我老了,要它没用了。你要觉得能卖钱,便卖了吧,也好用它把父母院子的院墙修修,我上次回去看墙都塌了。"

"哥呀,你就放心吧,我这次回家就叶落归根,我就守着父母了,哥,你就放心吧。你要不放心,就跟我一块回去吧,咱俩一块给父母上上坟,再说,咱们都老了,没有几天活头了,趁自己还能动弹,给咱爹娘送点钱花吧。"

"好,明天咱们就买票,我也给爹娘烧点纸。小超,你去给我买点高粱纸,再买点香和蜡烛。"韩其昌说。

不一会儿,韩超就把纸、香烛蜡买回来了。兄弟两个默默地在桌子上剪着纸钱。他俩相对无语,眼眶都闪烁着泪花。

第33章　梅花桩研究会

韩其昌从深州上坟回来，进了屋，还没坐好，就问韩建中："怎么没看见我孙子小超啊？他上哪儿去了？"

韩建中答道："您就别提了，您走这几天，他在外面跟朋友们胡吃海塞，这不，得了急性黄疸肝炎了，现在在'二传'住着呢。"

1986年，笔者患急性黄疸肝炎，从第二传染病医院出院后，韩其昌在家精心照料笔者合影。

第33章 梅花桩研究会

"住了多长时间了？"韩其昌锁紧眉头问。

"快二十天了。"

"你快去医院把他接回来，这病重在调养，我来给他调吧。男怕伤肝女怕伤肾，这孩子怎么得了这病啊！"

在韩其昌的督促下，韩超出院回家了。

韩其昌一见到韩超，就说："你在外面结交朋友，爷爷不反对。但你要知道，要交有意之友，绝无意之朋啊！这个意呀，不是义气的义，而是意义的意。你交这个朋友，无论是武术还是学习方面，要考虑能不能助你上进，对你有没有帮助，你们在交往中有没有相互学习、取长补短，不能结交那些每天只知道吃吃喝喝的酒肉朋友。人的一生是短暂的，你要把时间多用在学习和练功上，最终你会得到好的结果。如结交一些吃喝玩乐的朋友，你的一生将一事无成。孩子，你记住没有？"

韩超低着头，红着脸道："记住了。"

韩超在家休养的日子里，韩其昌每天都亲自为韩超煎中药、熬绿豆汤。看着韩超喝了药，韩其昌给他盖好了被子，说："这些日子，你就躺在床上安心养病，什么也别想，过些天，我教你练八段锦。"

练习八段锦的时候，韩其昌生怕韩超有所闪失，每天都要问问韩超的感受。几个月后，韩其昌又教韩超练习了十三太保功法。从此，韩超开始领悟到了什么是内家拳。韩超一有闲暇之余，就会帮着祖父教徒弟。因为韩其昌年岁已高，有些难度大的动作便由韩超示范。

一次练武之后，徒弟李念周说："师父，现在北京练梅花拳的也有几千人了，别的门派都纷纷成立了协会，咱们梅花拳也申报一个吧。"

韩其昌说："好，这事就由你来办吧，需要提供什么资料，我给你准备，咱们梅花拳也该有个组织了。"

李念周和徐裕才开始了筹备工作。

1984年秋，北京梅花桩研究会获得了批准。北京梅花桩研究会的成立大会是在历史博物馆礼堂召开的，北京市武术名家李天骥、李子鸣、袁景全、冯志强、王培生、张凯、张宏基、刘忠奇、李秉慈、曹佑甫、刘学博、盖殿熏、洛大成、王道龙、韩俊义参加了大会。国家体委副主任徐才、北京市体委领导

韩其昌在天坛公园与北京市武术名家合影。

刘哲、范宝云等专门到会祝贺。大会选举韩其昌为会长，韩俊义、李念周为副会长，韩建中为秘书长。白云观的十几名道士也来参加了大会。

大会开得异常隆重，韩俊义代表梅花桩研究会宣读了章程、宗旨和成立的目的，大会结束后还有梅花拳师兄弟的献艺表演。韩超表演的节目是镗耙。

看着韩超的表演，韩其昌对徐才说："这是我孙子，我把我所有东西都传给他了。"

徐才说："好啊，一定要后继有人，把您老的武艺传下去。"

散会回到家，韩其昌对韩俊义说："任俊杰师爷的愿望咱们实现了，咱们可以告慰他老人家的英灵了。北京现在梅花拳已经是遍地开花了，我死而无憾了。"

韩俊义说："您多活两年吧，身子骨还壮着呢，你还得多教几个徒弟，离死还早着呢。"

梅花桩成立大会以后的三年中，梅花拳在北京得以快速发展，师父带徒弟，一代代传播着梅花拳。

转眼韩其昌的生日又到了，众徒弟们说，今年要大办寿宴，韩其昌婉言谢绝了，说："要过就在家里过吧，现在虽然生活好了些，咱们也要节省，不能浪费。各支出几个代表，到我家来热闹热闹就行了。"

第33章 梅花桩研究会

前排左一为于宽,左二为李念周,左三为韩其昌,左四为韩俊义,左五为陈书详,左六为王志忠,中排左六为韩建中。

在家办寿宴的事一定下来,最忙碌的就是高蕙兰,她到处向街坊邻居借凳子和碗筷,和徒弟们一块做饭、忙活。

寿宴开始了,徒弟们纷纷给韩其昌敬酒,祝师父生日快乐。徒弟们逗韩超说:"你这当孙子的,给爷爷准备什么生日礼物了?"

90多岁的韩其昌与家人及徒弟们的合影。

韩超摸着脑袋突然灵机一动，跑到屋里，写下了"福如东海，寿比南山"的几个楷书大字，递到了爷爷面前。

韩其昌看了高兴地说："给我贴墙上，我孙子毛笔字见长了，我今天也喝一小口吧。"

众徒弟们都在寿宴上欢声笑语，有一徒弟突然兴起，说自己跟师父练的金钟罩铁布衫厉害非凡。他摆好了骑马蹲裆势，让别人随便踢他的裆部，他却面不改色，纹丝不动。然后他脱去了上衣，光着膀子，手拿着一把筷子，弓箭步站好，把筷子抵在墙上，让众人在他身后推他，只见他一声吼并发力，筷子全部折断。众人拍手惊叫道："好功夫！"

这徒弟还未尽兴，他站在那儿，肚子一鼓，如同锅盖一般，让师兄弟们随意捶打，还说他现在练就了金刚不坏之体，不怕任何人捶打。

徒弟此言一出，韩其昌听到后说："你过来，到我面前来。"韩其昌此时正坐在椅子上，说："你可把气运好了啊，我可准备打了啊。"

"运好了，打吧，师父。"

只见韩其昌轻抬右手，一发拳，一抖搂，就听"嘭"的一声，那徒弟就钻到八仙桌底下去了。这回洋相可出大了，桌底下的痰盂也打翻了，徒弟脸色煞白，喘不过气来。魏巍、安家臣连忙将他从八仙桌下拉出来，扶他到院里溜达、运气。待了半晌，那徒弟才缓过气来。

韩其昌把众徒弟叫到了面前，说："你们都得记住一句话，人外有人天外有天呐，不管你们练到什么时候，都要身似处女，不能随便让人捶打。出拳打人的劲道多种多样，要是碰到一个懂得怎么打的，你就要吃亏了。平时要跟不会练拳的一样，要懂得含蓄、谦恭，不要横着膀子，显示自己有多能耐。你们都记住了吗？"

众徒弟一致点头称是，通过这次教训，那个徒弟的张狂劲也就收敛多了。

没过几天，家里突然接到一封来自上海的信。韩其昌打开来信，看过后不禁老泪纵横。韩超看到此情景，上前问道："爷爷，上面写的啥？您怎么哭了呀？"

韩其昌看着孙子，笑道："这是你陈振亚大伯来的信，他是在武林杂志上看到介绍我的文章，然后去杂志社打听到我的地址，这才给我写的信。孩子，

第33章 梅花桩研究会

咱们赶快回信,请他尽快来京一聚。"

信很快就发出了,几天以后,对方发来电报说:陈振亚坐14次列车于10月26日早9点到京,望来人接站。韩其昌马上安排安家臣等徒弟去北京火车站接站,然后通知众徒弟届时来家里与陈振亚见面。

在等待陈振亚到来的这些天里,韩其昌心情焦急,度日如年,恨不得马上就让陈振亚出现在自己的面前。

26日上午,徒弟们纷纷到了韩其昌家里,准备与上海来的师兄见面,为此,韩其昌还穿了一件新做的中山装。眼看就快到12点了,等待多时的

《武林》封面上的韩其昌。

韩其昌有些按捺不住了,自己小声嘀咕着:"怎么还没到呀?建中、小超、念周,你们跟我一起到胡同口迎迎去。"说完,韩其昌提着拐棍就走到了院外。在锁链胡同口,他拄着拐棍向前方张望着。

半个小时过去了,韩其昌终于看到了魏巍、安家臣等一群人的身影,其中有一个满头白发的老人甚是醒目。白发老人走到韩其昌跟前,下跪施礼道:"师父,终于见到您了。"

韩其昌赶忙搀起陈振亚,仔细地端详着。陈振亚的眉目之间,依然是年轻时的英武和刚毅。韩其昌不禁叹道:"咱们都老啦!你这些年是怎么过的呀?"

还没等陈振亚作答,一旁的韩建中抢先说道:"爹,咱们先回家,回家再聊去。"

两位老人互相笑道:"对对,咱们先回家喝水去。"两位老人相互搀扶着向家里走去。

来到家里,韩其昌向众徒弟介绍道:"这是陈振亚,你们的师兄,是我在北京开健族国术研究社时的徒弟,他的功夫不错,你们要多亲近,多向他学习。"说完,把陈振亚拉到炕上,让陈振亚倚靠着被子,韩其昌自己盘腿坐在

炕上，两人开始叙起了旧事。

新中国成立后韩其昌与陈振亚第一次见面时的合影。

陈振亚1945年从北京随国民党军队撤退之后，辗转流落到了上海，并且顺利地脱去了军装，隐姓埋名在上海的一家纱厂里当上了工人。上海解放之后，纱厂经公私合营，变成了上海国棉二厂，陈振亚继续在这家工厂工作。"文化大革命"期间，陈振亚曾在国民党军队服役的历史被查出，受到很大冲击，但因其没有血债，并没有对他进行严苛的处罚，批斗了几次之后，还是留在了厂里工作直到退休。他是偶然间从武林杂志看到了介绍韩其昌的文章，思念师父心切，就通过徒弟多方打听，才找到了恩师的下落，联系上师父，就急匆匆远赴北京，以了却多年的心愿。

陈振亚问："师父，您这几年是如何过来的？看您的气色还和以前一样，您都90多了吧，您的黑头发还这么多呢，看您的身子骨还很硬朗。"

韩其昌说："这些年我也比你强不了多少，那几年，家也被抄了，你那时候练拳的兵器也都没了，算了，这些都是过去的事了，咱不提了。今天能见到你，我真是太高兴了！"

陈振亚环顾了一下又问道："师母呢？怎么没见师母啊？"

"师母没了。"韩其昌低声答道，"她先离咱们而去了，我给你引见新师母。"韩其昌说完便向屋外叫道:"蕙兰啊,你过来见见陈振亚。"话音刚落,高蕙兰笑着端着茶走了进来:"大老远来的你也不让人先喝口水?就跟人家聊起来了。"高蕙兰边说边把茶递给了陈振亚。陈振亚连忙起身接过茶,连声说道:"谢谢师母,谢谢师母。"

韩其昌对高蕙兰说:"在北平咱们最困难的时期全靠他帮助了,想当年凤儿最喜欢他。你去问问徒弟们,饭准备好了没有,咱们先吃饭,吃完饭咱们再聊。"

徒弟们端上了饭菜,陈振亚斟满了一杯酒,敬给了韩其昌,韩其昌接过酒杯,笑着说:"我这岁数,酒是不能喝了,咱们意思意思吧,这几年功夫丢没丢呀?我教给你的东西还记得吗?"

陈振亚笑道:"您教我的功夫可是宝贝,我哪儿敢丢呀!现在我在上海也教徒弟了,这不,随我来的两个人,都是我的徒弟。"说完,陈振亚对徒弟说:"参见一下,这是你们的师爷,过会儿,你们下场给师爷练练,让师爷看看,你们练的玩意儿对不对。"

两个徒弟应声走到了院里,两人练起了梅花拳对打,韩其昌看到此景,心里很是欣慰,并问陈振亚:"你在上海教了多少徒弟了?"

前排左二为韩其昌,左三为韩俊义,左四为陈振亚。

陈振亚说:"有一百多人了吧。"

韩其昌说:"好啊,你把这些徒弟组织起来,在上海也搞一个梅花桩拳研究会吧,这样有组织了,便于传承,也便于师兄弟们交流切磋。"

陈振亚说:"师父说的是,我回上海就办。"

陈振亚在韩其昌家中住了三天,师徒二人同榻而寝,每天都有说不完的话。三天之后,陈振亚恋恋不舍地回到了上海。

1988年,北京市为了迎接奥运会,举办了评选武术之家的活动。韩其昌说:"咱们家至少三代练武,这评选咱也应该参加。"

韩超说:"爷爷,您这都94了,还能上台练吗?"

韩其昌笑着说: "没问题,我不练别的,我在台上展示一下十三太保功吧。"

韩其昌在北京市首届武术家庭表演大会上表演十三太保功。

韩其昌又问韩超:"你打算练什么?"

韩超说:"我想练一套金刚拳。"

韩其昌答:"北京练单刀拐的少,你就练趟单刀拐吧。你爸双刀练得好,让他练双刀,然后你们俩再表演一趟梅花拳对打,这不就够了吗?"

"好。"韩超说。

第33章 梅花桩研究会

按照韩其昌的布置,全家报名参加了评选,且被评为北京市武术家庭。上台领奖时,韩其昌说:"让我孙子领奖去。"

笔者在评选完武术之家后于北京市武协领导合影。

韩超站在台上,手捧着锦旗,内心涌起了生在这样家庭中的自豪感。

回到家里,韩其昌有些闷闷不乐,他突然对孙子韩超说:"小超啊!我都九十多了!早晚我也得有那一天啊!"

"爷爷,您别这么说!您离那天还远着呢!"

"远什么!我越来越觉得力气不如从前了,力气不够了,老了,总有个死的时候啊!人生自古谁无死啊!"韩其昌看着韩超,接着说:"我死了以后,我教你的那些拳法,你什么都能忘,就是梅花桩不能忘,五势不能忘。因它能保住你的功夫不会丢,并能让你活得长远。至于说器械,忘了也就忘了,只要明白器械的用法就行了。你能根据它的用法重新编排套路,因为现在这些套路也是古人根据用法编的。你记住了吧?"

"记住了!爷爷。"

韩其昌不说话了。

 韩其昌在家中给徒弟们讲人生。

 韩其昌在床上演示拳法。

第34章　难别人世间

天有不测风云。

1988年8月的一个晚上,韩其昌带徒弟们练完功,回到了房间。时值夏秋之交,天气尚热。韩其昌端了一盆温水,在屋子里擦拭身体。"小超啊,能帮爷爷擦擦后背吗?"韩其昌叫着孙子。

"来了啊!"韩超走过来,帮韩其昌擦拭着后背。

"呵呵,好孙子啊,爷爷没白疼你!"韩其昌高兴地笑着。

擦完了身体,韩其昌对韩超说:"把门和窗户都关上,爷爷要歇一会儿!"

"哎!"韩超答应着,关好了门窗,走了出去。

韩其昌为徒弟演示拳法。

韩其昌睡了没多久,忽然就被一阵凉风吹醒了,他立刻感到了身体很不适。抬眼一看,门窗都大敞着。原来是高蕙兰回到家后,闻到屋子里有霉味,便打开了门窗通风换气。

韩其昌与高蕙兰的合影。

看到高蕙兰,韩其昌很生气地说:"我再三跟你叮嘱过,练武的人最怕风!你在我睡觉的时候大开门窗,让过堂风吹我,要是凤儿还在,绝干不出这种事!"高蕙兰听到这话也是生气:"我嫁给你这么些年了,你心里还是只有那个凤儿,压根儿就没有我!"老两口你一言我一语,争吵起来。

韩其昌受了风寒,再加上动了气,突发高烧。

"爷爷,您吃点感冒药就好了!"韩超拿着感冒药,送到韩其昌的面前。

"我不吃,我死了,就找你以前的奶奶去!"韩其昌还在生气,"孙子啊,你可记住了,我死后,一定要给我和你以前的奶奶并骨,我们俩得葬在一块儿!"

"爷爷,您这是何必呢?怎么这么说呀!"韩超劝着爷爷。

"孩子啊,你还小,你不懂。等你要是娶了媳妇,一定要讲究这个!要不然,人就不如畜类了!你看那大雁、天鹅,它们一旦相好了,如果你打死一只,那一只不是飞起来一头撞在地上殉情,就是不吃不喝守在尸体旁,悲哀鸣叫,直到饿死、累死。咱们人不能没有这样的情感。咱们练武的人,一旦要是嫌弃自己的妻子或离婚,是要让人耻笑的!"韩其昌说完这些话,心情稍微平

第34章　难别人世间

静了一些。

第二天，韩其昌突然开始哮喘。韩建中和韩超赶紧将韩其昌送到了邮电医院，医生立即开出了住院通知书。躺在病床上的韩其昌持续高烧，面色灰白，但神志还算清醒。

"急性肺炎。这么大年纪的老人，恐怕……"面对神情焦急的韩建中和韩超，医生坦率而又无奈地摇着头说。

韩超守护在爷爷的病床边，看着爷爷清瘦的面容，不禁想起了一年前爷爷曾经说过的话。"难道真的是像他自己说的那样，离那一天已经近了？"韩超不愿再往下想了。

韩超几乎问遍了前来给韩其昌诊治的每一个医生，得到的回答几乎都一样。韩建中还从主治医生婉转的回答中得到了准备后事的暗示。

20岁的韩超，还没有经历过人生的生离死别。他猛然想起，自己有一个朋友是广济寺的能持法师。于是便连夜跑到广济寺，和能持法师商量做法事的事宜。

第二天一早，广济寺的明哲方丈率众僧侣为韩其昌做了一场平安延寿的法事。法事一结束，韩超就赶回了医院，直奔病房。韩其昌高烧已退，呼吸也顺畅了，正在吃早饭。

"爷爷，您好多了吧？"韩超扑向爷爷。

"嗯，好多了！"韩其昌边吃边回答。

"这可太好了！爷爷，这真是感动上苍了！"韩超忙去找医生来看。

"这老爷子，还是身体素质好啊！练武的就是不一样！要是能保持个十天半个月，老爷子就能出院！"大喜过望的医生也感到不可思议。

"老爷子要是能出了院，这就是医疗史上的奇迹了！我得把治疗的经过详细写出来，作为医案，还能写出一篇精彩的论文！"医生也为韩其昌病情的好转而高兴。

在韩超的搀扶下，韩其昌开始下床走动。这天，韩其昌跟孙子韩超说："你搀着我，我练几个五势养养气。"

这时，徒弟李念周走了进来："师父！好些了吧？"

"好多了！本来就没什么大毛病，就是受了点寒，让你惦记了！"韩其昌边说边坐了下来。

"看您的精神还是挺好的啊!"李念周坐在了病床边说。

"嗯。人活着是要有点精神啊,没有精神,那活着也就没什么意义了。"

"师父,您总是那么乐观。"

"念周呀!放心,我没什么大事,你们用不着放下工作来这里看我!"

"师兄弟们都惦记您,他们怕人多了医院不让进,也怕人多了您休息不好,就让我代表他们来看望您。您挺好的我们就放心了,回去我把您的情况也和师兄弟们说一声。"

"可别让他们来了啊!"

"好,师父您歇着,好好养些日子啊!"李念周说着走出了病房。

见到父亲病情好转,韩建中也倍感欣慰。他又向病床上的父亲透露了一个好消息:"下个月要在汉城开奥运会,中国也派了代表团参加。奥运会组委会有意在奥运期间搞一个国际文化交流活动,每个国家出一个节目,搞一个世界大联欢,通过太平洋上空的卫星向全世界转播。咱们国家选了梅花拳参加这次活动。我正在跟中央电视台谈舞台设计的事,和他们商量如何展现咱们梅花拳的风采。"

笔者在中央电视台录制现场。

第 34 章 难别人世间

笔者在中央电视台录制现场。

笔者在中央电视台为汉城奥运会世界大联欢节目录制梅花桩拳。

听完韩建中的讲述，韩其昌缓慢地从病床上坐起来，极其严肃地对韩建中说："这个活动一定要搞好！这可是向全世界展示咱们梅花桩的大好机会！这个事你要亲自带队，在梅花门里选拔人才，让小超也参加。一定要把这个事办得漂漂亮亮的！"韩其昌的话音一如平常，语气也坚定有力。

"好，就按您说的办！"韩建中答应道。

"不是说下个月就开奥运会吗？就有一个来月的时间，得赶紧准备啊！你就别在我这儿耽误了，现在就去准备吧！"韩其昌催促韩建中离开。

考虑到高昂的住院费用，韩其昌认为自己现在已经能动弹了，还是回家自己调养的好，就萌生了强烈的出院念头。

医生坚决反对韩其昌出院，说："您老现在的病情，还需要稳定一段时间，现在怎么能急着出院呢？"

韩其昌说："我在这儿受刺激呀！您没看见，我边上的那个，昨天走了吗？"

医生笑着说："您跟他可是不一样啊！"正说着，护士走进病房，整理了病床，又一个病危的老者被抬了进来。

两天以后，韩其昌又开始发高烧，高烧的同时还伴有神志不清。医生的诊断是肺部二次感染。

韩其昌的鼻腔插上了氧气管，胳膊也插上了输液管。

韩超找到了北京最有名的老中医霍大夫。听了韩超介绍的病情，霍大夫说道："我有个方子，也许能有效。只是你得想办法找到犀牛角，只要你找到犀牛角，我就有办法！"韩超跑遍了北京所有的中药铺，都没能找到犀牛角，只找到了代用品水牛角。

他请霍大夫开了方子，将药煎了，端给爷爷服用。但是韩其昌服了中药也没见明显效果。

早晨，医生查过了病房，都默默离去了。

韩其昌清醒了一些。看到床边只有韩建中，他用微弱的声音说："这回我恐怕是出不去了！孔子说过，朝闻道，夕死可矣！生吾顺事，没吾宁也。我已经是九十多岁的人了，我不愿意留下什么遗憾。我死后一定让我和你娘并骨。"

9月1日上午，韩建中和韩超守在病床前。韩其昌说："我死了以后，给我写评语，不要写那些套话，什么治学严谨、为人正派，这些词用在什么人身上都行，没有特点啊！"

天色将晚的时候，韩其昌突然睁开了眼睛。"小超，你赶快回家，把我床头的那些拳谱收好，你赶快回去一趟。"韩其昌看着韩超说。

第34章 难别人世间

"我知道。"韩超答应着。

"你现在就去，快去！"韩其昌的声音微弱了。

韩建中向韩超使了一个眼色。

韩超此刻实在是不愿意离开爷爷身边，看到韩建中的眼色，又看看爷爷的表情，韩超还是遵从了爷爷的意愿。韩超跑回了家，很快又跑回了医院。回来的时候，韩其昌的脸上已经罩上了白布。

韩建中只对韩超说了句："你爷爷已经走了。"父子俩抱头痛哭不止。这时，天空突然变暗，顷刻间大雨如注。

回到家里，看到爷爷的遗物，韩超悲痛万分，沉浸在对爷爷的思念之中。练功的时间到了，他没有心思练，自己转悠到了胡同口。

一个白发苍苍的驼背老者，走到了韩超面前。

"韩其昌是住这儿吗？"老者颤巍巍地问。

"是，他是我爷爷。您老贵姓啊？"韩超搀住了老者的胳膊。

"我姓段，是练谭腿的，以前在段祺瑞府里当过侍卫长，和你爷爷有交情啊！这么多年没见着面了，我在报纸上看到写他的文章，才四处打听到他的住址。我是专程从美国费城来这儿看他的，找了好久才找到这儿啊！你爷爷还好吧？"老者说话的声音有些沙哑。

"我爷爷他……已经过世了！"韩超哽咽着说出了这句话。

"啊？什么时候走的？"

"昨天。"

老者愣住了，半晌没有说话。

"缘分呐！今生我们哥俩是无缘相见哪！"老者抹着眼泪，就要往回走。

"老人家，您已经来了，就进屋歇歇，喝口水再走吧！"韩超拉住老者。

"不了，不给你们添麻烦了。进了屋，聊多了，我更伤心哪！"老者拄着拐杖，一边走一边抹着眼泪。

看着老者缓慢离开的身影，韩超禁不住泪流满面。秋风又吹起了。韩超回到了院子里，练起了梅花桩。

第 35 章　魂归故里

　　遵照韩其昌的遗愿，儿子韩建中、孙子韩超、韩越以及韩其昌的徒弟们，将韩其昌的灵柩送回深州，在韩家墓地与凤儿合葬。细雨蒙蒙的晚上，灵车缓缓启程了。灵车出了北京，奔大兴，经固安，过霸县，一路向南。雷声阵阵，雨越下越大，灵车在公路上行进着。北京到深州只有二百多公里，司机对通往深州的道路也还算熟悉。为了防止夜间行车迷路，司机还是特意带上了地图和指南针。

　　在雨夜里行驶了六个小时，天色渐渐发亮，可还是雾蒙蒙的。司机估计已经到了深州境内，就把车停靠在了路边。

　　"小超，现在应该是深州了，你下车找个人问问，去那个村怎么走，也省得咱们走冤枉路。"司机说。

　　"哎！"韩超用沙哑的嗓音答应着，下了车。迎面走来一个拾粪的老汉，韩超忙迎上前去："大爷，这是深州吧？"

　　"是啊！"

　　"请问到北院头村怎么走啊？"

　　"不用走了，这儿就是！"

　　"谢谢您了！"

　　韩超回到车上，告诉众人：已经到了北院头村。众人感叹：怎么这么顺利

第35章 魂归故里

就到了？到达院头村的过于顺利，让众人有些吃惊。众人下了车，眼前的景象再次让他们惊讶：一路都在下雨，可眼前的地面仅仅略显潮湿，而且还十分干净、整洁，就好像有人刚刚打扫过，并以净水泼洒了一般。

韩建中进了村，找到当地的亲戚们，依照当地的习俗，把棺材抬进了家门。韩铁成上下忙碌着，家人们一起把韩其昌和他的妻子凤儿葬在了一起，圆了韩其昌的心愿。叶落归根，魂归故里，韩其昌回到了他故去的亲人身边。

韩其昌魂归故里时，灵柩在他幼年生长的院落停放，图为笔者与父亲韩建中在灵前垂立。

韩建中在回家前还特别嘱咐：不要告诉乡亲们，给乡亲们添麻烦。可是消息还是不胫而走。饶阳、武强、安平县练武的几万乡众，自发地从各个村落涌向了墓地，来给韩其昌送行。看到这样的场面，看到淳朴的乡亲们，韩建中、韩超和众徒弟无不潸然泪下。

上万名乡亲送韩其昌出殡。

1988年,来自深县、武强、饶阳、安平各县的几万名练武乡亲自发为韩其昌送葬,当时人数众多,拥满田野,照片仅为场景一角。

第 35 章 魂归故里

依照当地习武人的风俗，笔者与师兄弟们在韩其昌坟前练拳。

笔者恋恋不舍地在韩其昌坟前练拳告别。

按照当地习俗，安葬后，要在坟前练拳以祭奠先人。众徒弟纷纷献艺，最后练拳的是韩建中和韩超的梅花拳对打。完毕之后，在场的乡亲们纷纷感叹："韩其昌的武艺传下来啦，总算后继有人啦！"

在祖父灵前笔者与父亲表演梅花桩拳对打。

祭奠了韩其昌，天已近傍晚。韩建中和众徒弟想上车，返回北京，村里的长者说："你们不在这里守灵三天呀，这可是我们这儿的风俗。"

韩建中说："能不能不按老理？因为大家都有工作，在这里守灵三天，会耽误大家工作，给徒弟们添麻烦。"

老者说："那好吧，你们走吧，注意安全啊。"

韩建中和乡亲们恋恋不舍地告别了。车刚开到村口，突然又起了大雾。暮色中的大雾，似乎把一切都隐住了。司机在村口转了好几圈，还是没有找到出村的路。无奈之下，韩建中只得返回村里，找到堂弟继武，请他带路出村。继武从小在村里长大，对村里的道路了如指掌。

继武上车后，指挥司机前行。十多分钟后，继武大喊着："停车！停车！"司机连忙把车停下。

"怪了啊！我怎么就没来过这个地方？这是到了哪儿呀？"继武自言自语道。

车上的众人都不知所措。这时，在朦胧的雾色中缓缓走来一人。待来人走近，继武摇下车窗玻璃，喊道："这是啥地方啊？"

"这是韩家坟！"来人头也不抬地说。

第35章 魂归故里

"妈呀！我这也是遇着鬼打墙了，这路我可带不了啦！"继武拉开车门，头也不回地跑了。

车上的众人面面相觑，都不说话。韩超猛然想起，爷爷曾经对自己讲过，小时候练迷魂巴掌，怎么也练不会。夜里回家经过坟地，遇到了鬼打墙，怎么也走不出去，就在坟地里睡着了。后来梦见一个白胡子老头，教他练会了迷魂巴掌。

"爷爷说的故事，这次真的应验了。"韩超思忖着。司机拿出了地图和指南针，对韩建中说："咱们现在只能是往北开了，不管什么路，只要是向北就行，就能回去。"

"也只好这样了！"韩建中说。

"儿子，你爷爷最疼你，你念叨着，让爷爷放心。"韩建中对韩超说。

"爷爷我们走了，过两年我们来看你。"韩超一路念叨着。

司机发动了汽车。几经周折，汽车终于驶出了村口。上了大路，众人总算是松了口气。"老爷子现在真是成神了！"徒弟们感慨道。上了大路没走多远，汽车就又不听使唤了，车速一上三十公里，车身就开始打摆子。天色已经微明，汽车才开到任丘，却再也开不动了。司机下了车，打开机器盖一看，机油早就漏干了，发动机拉缸了。

"走不了啦。我这是新车呀，怎么能拉缸呢？"司机诧异地说。

"是老爷子舍不得咱们走啊！"

"我找个地方住下吧！明天修好车我再走。你们大家坐长途车回去吧。"司机无奈地说。

众徒弟说："还是听长辈的好，这无形中咱们还是在河北陪了老爷子一夜。"

回到北京，众人心中感慨万千。一代武林宗师虽已魂归故里，但他的音容笑貌却依然留在人们的心间，直至今日。

送走了爷爷的韩超，从爷爷坎坷、传奇的一生中感悟到了人间的酸甜苦辣，领略到了世事的纷繁。他的脑海里突然想起了一首歌：

> 白云黄鹤道人家，一琴一剑一杯茶。
> 羽衣常带烟霞色，不染红尘桃李花。

常世人间笑哈哈，周游四海你为啥。

苦终受尽修正道，不染人间桃李花。

常世人间笑哈哈，争名夺利你为啥。

不如回头悟大道，无忧无虑神仙家。

清静无为是吾家，不染凡尘道根扎。

访求名师修正道，蟠桃会上赴龙华。

从此，顿悟了的韩超，便一心修仙了道。他坚定一个信念：爷爷已经修成正果成神了，正在天上俯视他，护佑着他，因为他知道，爷爷的武功一定要从他这里传承并发扬光大、绵绵不绝。

吾之真功汗水凝，日积月累才能行。

身正步稳拳不离，气沉丹田苦修行。

天地给我浩然炁，心运神功赤子生。

文武二火勤变换，神形合一大道成。

九十多岁的韩其昌练梅花桩拳大势。

韩其昌练梅花桩拳拗势。